# Carta a Christophe de Beaumont

E OUTROS ESCRITOS SOBRE A RELIGIÃO E A MORAL

Jean-Jacques Rousseau

# Carta a Christophe de Beaumont

E OUTROS ESCRITOS SOBRE A RELIGIÃO E A MORAL

Organização e apresentação
José Oscar de Almeida Marques

Estação Liberdade

Copyright © Editora Estação Liberdade, 2005

|  |  |
|---|---|
| *Tradução* | Adalberto Luis Vicente, Ana Luiza Silva Camarani, José Oscar de Almeida Marques, Maria Cecília Queiroz de Moraes Pinto |
| *Preparação de texto* | Adilson J. Miguel e Tania M. Maeta |
| *Composição* | Johannes C. Bergmann / Estação Liberdade |
| *Capa* | Estação Liberdade |
| *Assistente Editorial* | Iriz Medeiros |
| *Editora-adjunta* | Graziela Costa Pinto |
| *Editor responsável* | Angel Bojadsen |

A presente seleção de textos foi retirada das *Œuvres complètes de Jean-Jacques Rousseau*, Bibliothèque de la Pléiade, Éditions Gallimard, a quem agradecemos.

CIP-BRASIL. CATALOGAÇÃO-NA-FONTE
SINDICATO NACIONAL DOS EDITORES DE LIVROS, RJ.

R77c

Rousseau, Jean-Jacques, 1712-1778
   Carta a Christophe de Beaumont e outros escritos sobre a religião e a moral / Jean-Jacques Rousseau ; organização e apresentação José Oscar de Almeida Marques ; tradução de José Oscar de Almeida Marques... [et al.]. – São Paulo : Estação Liberdade, 2005
   240p.

   Apêndice: Carta Pastoral de Christophe de Beaumont, Arcebispo de Paris (1762)
   Inclui bibliografia
   ISBN 85-7448-110-6

   1. Rousseau, Jean-Jacques, 1712-1778 – Correspondência. 2. Filósofos – França – Correspondência. 3. Filosofia francesa. 4. Religião – Filosofia. 5. Ética. I. Marques, José Oscar de Almeida. II. Título.

05-3206.                                            CDD 194
                                                   CDU 1(44)

*Todos os direitos reservados à*
Editora Estação Liberdade Ltda.
Rua Dona Elisa, 116   01155-030 São Paulo-SP
Tel.: (11) 3661 2881   Fax: (11) 3825 4239
editora@estacaoliberdade.com.br
www.estacaoliberdade.com.br

# Sumário

| | |
|---|---|
| Apresentação | 9 |
| Cartas a Malesherbes (1762) | 17 |
| Carta a Beaumont (1762) | 37 |
| Carta de J.-J. Rousseau ao Senhor de Voltaire (1756) | 119 |
| Cartas morais (1758) | 139 |
| Carta ao Senhor de Franquières (1769) | 175 |
| Fragmentos sobre Deus e sobre a Revelação | 191 |
| Apêndice: Carta Pastoral de Cristophe de Beaumont Arcebispo de Paris (1762) | 217 |

# Apresentação

José Oscar de Almeida Marques

Os dois textos mais conhecidos de Rousseau que articulam o tema da religião a suas investigações sobre a política e a moralidade são, respectivamente, o capítulo sobre a religião civil do *Contrato social* e a "Profissão de fé do Vigário da Sabóia", no Livro IV do *Emílio*. Publicados ambos em 1762, esses trabalhos foram preparados por uma lenta maturação cujos inícios remontam à época da reforma moral e intelectual do autor, associada à "iluminação de Vincennes"[1], e à redação de seu *Discurso sobre as ciências e as artes,* de 1750.

Desse período de maturação datam diversos escritos que têm não apenas um significado histórico para o estudioso da evolução do pensamento de Rousseau, mas apresentam grande interesse intrínseco pela profundidade e pelo alcance da reflexão neles desenvolvida.

O objetivo desta coletânea é trazer ao leitor esses escritos e outros posteriores à redação do *Emílio* e do *Contrato social,* vinculados aos temas da religião e da moral, presentemente não disponíveis em tradução, e que merecem um lugar de destaque ao lado das obras mais canônicas do autor.

Embora não estejam propriamente dedicadas aos temas centrais desta antologia, as *Cartas a Malesherbes* que abrem o volume permitem, por sua natureza autobiográfica, contextualizar e dar certa unidade aos textos que se seguem, funcionando como uma excelente introdução à coletânea.

Chrétien de Malesherbes foi uma curiosa figura que conseguiu conciliar (*et pour cause*) a função de diretor da Censura e o papel de

---

1. Sobre esse episódio da vida de Rousseau, ver à frente, p. 23, carta 2 ao Sr. de Malesherbes.

poderoso protetor de Diderot, de Rousseau e dos enciclopedistas, tendo uma participação paradoxal tanto na publicação do *Emílio* como na posterior supressão desse livro. No Natal de 1761, Malesherbes havia escrito a Rousseau manifestando sua apreensão pela vida solitária escolhida pelo filósofo, que vivia recluso em Montmorency, nos arredores de Paris. Para Malesherbes, a solidão de Rousseau, ao somar-se à sua "melancolia lúgubre" e à "negra bílis que o consumia", aumentava prodigiosamente sua infelicidade.

Em quatro cartas redigidas no mês seguinte, Rousseau buscou expor as razões de seu apego à solidão e desmentir que sua vida fosse por isso miserável. De fato, era exatamente a solidão que lhe permitia usufruir prazeres usualmente desconhecidos pelas demais pessoas. Extremamente bem escritas, e com uma qualidade literária e poética que, particularmente na Carta 3, antecipa os *Devaneios do caminhante solitário,* as *Cartas a Malesherbes* possuem uma importância que vai além do papel normalmente reconhecido de ensaio preparatório para as *Confissões*, que Rousseau já começava a planejar e cuja redação iniciaria alguns anos depois.

No mesmo ano em que escreveu suas cartas a Chrétien de Malesherbes, Rousseau também assistiu ao cataclismo que convulsionou sua vida e fê-lo abandonar a pacífica existência que levava em Montmorency. Na manhã de 9 de junho de 1762, o Parlamento de Paris condenou às chamas o recém-publicado *Emílio, ou Da educação*, decretando ao mesmo tempo a prisão de seu autor. Avisado com antecedência por seus protetores, Rousseau conseguiu fugir nesse mesmo dia, cruzando, na estrada para La Barre, com os próprios oficiais de justiça enviados para aprisioná-lo, os quais, diplomaticamente, fingiram não o reconhecer.

O acordo tácito que provavelmente havia sido estabelecido exigia apenas que Rousseau abandonasse a França, mas a escolha de um refúgio seguro mostrou-se uma tarefa espinhosa. As autoridades de Genebra, sua cidade natal, haviam queimado cerimonialmente não apenas o *Emílio*, mas também o *Contrato social,* e decidido em segredo aprisionar o autor caso tivesse a temeridade de aparecer por lá. Sua estadia em Yverdon, na casa de amigos, foi rapidamente interrompida por uma decisão do Senado de Berna expulsando-o de seus territórios. Foi no vizinho principado de Neuchâtel, então sob domínio de Frederico II da Prússia, que Rousseau encontrou, por fim, um asilo precário pelos três anos seguintes.

Como a autoridade secular havia sido célere na condenação ao *Emílio* por motivos religiosos, a própria autoridade eclesiástica não poderia deixar por menos, e foi assim que, em agosto de 1762, Sua Graça Christophe de Beaumont, Arcebispo de Paris, deu a público seu *Mandement*[2], pelo qual condenava a leitura e a posse do

> livro que tem como título *Emílio, ou Da educação* [...] como contendo uma doutrina abominável, própria a derrubar a lei natural e a destruir os fundamentos da religião cristã; estabelecendo máximas contrárias à moral evangélica; tendendo a perturbar a paz dos Estados, a revoltar os súditos contra a autoridade de seu soberano; contendo um grande número de proposições respectivamente falsas, escandalosas, plenas de ódio contra a Igreja e seus ministros, transgressoras do respeito devido à santa Escritura e à tradição da Igreja, errôneas, ímpias, blasfematórias e heréticas.[3]

Assim, instalado em uma casa rústica cedida por amigos, na aldeia de Môtiers, e finalmente reunido à sua companheira Thérèse Levasseur, Rousseau foi forçado a retomar a pena, produzindo febrilmente, no curto espaço de dois meses, sua resposta a Beaumont. Como no caso de outras cartas famosas de sua lavra publicadas neste volume, por exemplo, a *Carta a Voltaire* e as *Cartas morais,* Rousseau trabalhou tendo em vista uma publicação, e seu objetivo não era justificar-se privadamente perante a autoridade do Arcebispo ou fazê-lo mudar de opinião, mas apresentar uma defesa pública e desmoralizar, por meio de uma escrita penetrante e ferina, a retórica de seus perseguidores.

As circunstâncias em que se encontrava, proscrito e perseguido em três Estados e forçado a aceitar a benemerência de Frederico II,

---

2.  O *Mandement,* ou Carta Pastoral, de Christophe de Beaumont está reproduzido integralmente no Apêndice, p. 217, em tradução de Ana Luiza Camarani.
3.  Carta Pastoral, § XXVII.

APRESENTAÇÃO

por quem não tinha simpatia, são, sem dúvida, a fonte da amargura com que Rousseau contempla e descreve, na *Carta a Beaumont,* suas vicissitudes dos últimos meses. De autor famoso e requisitado, que pretendia encerrar a carreira literária e viver, de forma modesta, mas confortável, dos rendimentos de seus livros, Rousseau viu-se transformado em pária social e perseguido político apenas em função de suas idéias. Ou, como ele reflete, dado que essas idéias já eram conhecidas desde a publicação da *Nova Heloísa* e haviam sido expressas por tantos outros autores, sem despertar tamanha hostilidade, ele se põe igualmente a suspeitar de uma conspiração jansenista, que descreverá mais detalhadamente nas *Confissões.*

Na qualidade de texto de ocasião e com objetivo nitidamente polêmico, a *Carta a Beaumont* não trata as questões religiosas com a profundidade e o detalhe que caracterizam o texto muito mais sistemático e refletido da "Profissão de fé do Vigário da Sabóia", incluído no Livro IV do *Emílio.* O principal objetivo, além disso, não é justificar ou defender suas idéias (ele não poderia fazê-lo de forma mais convincente que o Vigário...). Não há propriamente debate filosófico com Beaumont, por quem Rousseau demonstra pouco respeito intelectual e cujos ensaios de interpretação do *Emílio* são tratados como algaravia de colegial relapso. O que o interessa é defender e redimir sua própria pessoa, seu caráter e sua sinceridade religiosa, que haviam sido, em sua opinião, atacados por Beaumont de forma ainda mais perversa que suas teorias. E principalmente a dimensão *ad hominem* do ataque de Beaumont que ele se sente compelido a rebater.

Para isso, entretanto, ele deve mobilizar suas obras — como iria fazer posteriormente em sua defesa de Jean-Jacques nos *Diálogos.* O autor de livros tão edificantes não poderia ser, ele mesmo, uma má pessoa. E aqui reside o grande mérito do presente texto: é o primeiro dos muitos olhares retrospectivos que Rousseau lançaria sobre sua produção literária passada, o precursor dos grandes comentários filosóficos/autobiográficos característicos de sua fase tardia. O episódio da fuga de Montmorency, deixando para trás um mundo que lhe transmitia uma relativa segurança e no qual podia ter um certo controle sobre seus planos, constitui efetivamente uma cisão brutal entre duas fases de sua vida: cessam a partir daí as expectativas e só há lugar para a apologética, o depoimento e a *recherche du temps perdu*.

A leitura da *Carta a Beaumont* é, assim, preciosa por nos informar sobre a atitude de Rousseau em relação ao seu próprio trabalho teórico, particularmente quanto a suas reflexões sobre a religião. Premido pelas novas circunstâncias a avaliar criticamente sua produção, a identificar o que nela haveria de importante e permanente, Rousseau faz, em várias passagens, uma exposição das linhas gerais e dos objetivos de seu projeto intelectual e moral – que é de grande utilidade, se não mesmo indispensável, para o estudioso de seu pensamento. É, porém, a reflexão pessoal sobre sua própria religiosidade, posta em dúvida por Beaumont, que o leva a expressar-se, em termos mais explícitos e ousados que em qualquer outra parte, a respeito de candentes questões da doutrina cristã, como a criação, a revelação, os milagres e o pecado original, e a procurar uma conciliação entre a fé religiosa e suas concepções mais mundanas acerca do papel da razão e dos sentimentos naturais na condução da vida individual e no projeto de recomposição de uma sociabilidade humana voltada para os valores públicos mais fundamentais.

A *Carta a Beaumont* constitui o texto mais longo e mais substancial desta antologia, mas o mais famoso e polêmico deles é certamente a *Carta ao Senhor de Voltaire* (*Carta sobre a Providência*), datada de 18 de agosto de 1756. O grande terremoto de 1755 em Lisboa, à época uma das maiores e mais ricas cidades da Europa, havia causado aproximadamente quinze mil mortes[4], e, especialmente por ter ocorrido no dia da festa de Todos os Santos, com o desmoronamento de igrejas apinhadas de fiéis, produzira um transtorno nas formas de conceber as relações entre Deus, a natureza e a Providência. A indignação foi expressa exemplarmente por Voltaire, em seu *Poema sobre o desastre de Lisboa,* que pôs em questão a existência de uma Providência benfazeja.

O texto de Rousseau é uma resposta a essa acusação e uma defesa de sua fé religiosa, com a mobilização dos clássicos argumentos que

---

4. Segundo estimativas de hoje. À época chegou-se a falar de uma centena de milhares de mortos.

buscam, desde a Antigüidade, conciliar a onipotência de Deus com sua benevolência. De grande interesse e originalidade são, principalmente, as considerações de Rousseau sobre a responsabilidade das próprias instituições e práticas humanas na magnitude do desastre:

> Convinde, por exemplo, que a natureza não reuniu ali vinte mil casas de seis a sete andares; e que se os habitantes dessa grande cidade tivessem sido distribuídos mais igualmente, e vivessem de maneira mais modesta, o dano teria sido muito menor, e talvez nulo.

As *Cartas morais,* ou *Cartas a Sophie,* constituem um trabalho de grande fôlego, escrito sob a forma de um "catecismo moral", cujo modelo subjacente é o *Discurso do método,* de Descartes. Dirigidas nominalmente à Condessa Élisabeth-Sophie-Françoise d'Houdetot, por quem Rousseau experimentara uma intensa paixão (que alegou ter sido a única de sua vida), elas foram escritas no início de 1758, após o tumultuado fim desse relacionamento, e nunca enviadas à destinatária. Partes dessas cartas foram posteriormente incorporadas ao texto da "Profissão de fé", mas seria errôneo ver nelas apenas um esboço preliminar e dispensável daquele trabalho; elas adquirem importância própria pela originalidade da organização, da exposição e do desenvolvimento do material e pelo cuidado e polimento que Rousseau — tendo desde o início uma publicação em vista — dedicou a seu preparo.

Nada se sabe sobre o Senhor de Franquières, destinatário da carta que Rousseau escreveu no início de 1769, aparentemente em resposta a uma série de considerações em defesa do agnosticismo religioso. O estilo não é mais tão assertivo como nos escritos anteriores: é como se Rousseau, tendo já deixado atrás de si suas grandes obras filosóficas e ocupando-se então apenas com a conclusão de suas *Confissões,* não tivesse mais a disposição de embrenhar-se em extensos argumentos em defesa de sua fé. E nem lhe é preciso: à suposição de que um apelo à certeza proporcionada pelo "sentimento interno" constituiria uma base pouco filosófica, o Rousseau tardio pode calmamente objetar ser esse sentimento o único guia que nos permite escapar aos infindáveis sofismas da razão, e que a própria filosofia, em toda sua pompa, não está ela própria em condições de dispensá-lo.

Reúnem-se ao final da coletânea alguns fragmentos e textos diversos ligados ao tema da religião. O fragmento "Sobre Deus" é o mais antigo e remonta provavelmente a 1735, sendo uma das primeiras reflexões do autor sobre a questão da liberdade e a justificação da possibilidade de se escolher o mal.

As duas "Preces" são também escritos de juventude, datando da época de residência nas Charmettes, em 1738 ou 1739. Sem pretensão filosófica, elas são reveladoras do tipo da sensibilidade associada à experiência religiosa de Rousseau, e, particularmente na segunda, introduzem informalmente certos temas que terão grande importância em suas reflexões posteriores, como a ubiqüidade do olhar de Deus e seu desígnio benfazejo, embora inescrutável por nós.

Uma curiosidade é o "Memorial" dirigido ao Monsenhor Boudet, que descreve a conversão da senhora de Warens pelo Padre Bernex e conclui com o relato do suposto milagre operado por intercessão desse prelado quando do incêndio que ameaçou em 1729 a casa da Senhora de Warens, em que Rousseau vivia. Quando, muitos anos mais tarde, Rousseau negou, nas *Cartas escritas da montanha* (1764), a possibilidade de milagres[5], esse testemunho foi localizado e publicado na íntegra por seus adversários para causar-lhe constrangimento. Nas *Confissões* Rousseau afirma ter escrito o memorial apenas dois anos após o incêndio, alegando como defesa sua ingenuidade à época; mas, de fato, o relato data de 1742, ou seja, mais de doze anos após o acontecimento.

O texto mais místico e enigmático da coletânea é a "Ficção ou peça alegórica sobre a Revelação". De datação incerta, já foi dado como extremamente tardio, talvez mesmo o último escrito a sair da pena de Rousseau. Hoje se aceita mais a hipótese de que tenha sido composto logo após a instalação do filósofo no *Ermitage*, em abril de 1756; e, neste caso, faz propriamente parte da série de escritos que prepararam

---

5. O tema dos milagres retorna brevemente também ao final da *Carta ao Senhor de Franquières*, p. 190.

APRESENTAÇÃO

a redação da "Profissão de fé". O texto recebeu um atento comentário de Starobinski, no quarto capítulo de *A transparência e o obstáculo*, e se divide em duas partes, escritas respectivamente na forma literária do devaneio e do sonho: a primeira sendo uma revelação filosófica em que "o santuário da natureza" abre-se ao entendimento do protagonista; a segunda, uma aterradora visão do destino reservado ao sábio que pretende curar a cegueira dos homens. As figuras de Sócrates e Jesus são contrastadas nessa tarefa, e o texto parece incompleto porque o sacrifício de Cristo não se consuma; mas o contraste entre a morte do filósofo e a permanência da palavra de Cristo pode ter sido intencionalmente criado.

Todas as traduções foram feitas a partir das *Œuvres complètes de Jean-Jacques Rousseau* (Paris, Gallimard, Bibliothèque de la Pléiade, 5 vols., 1969-1995). O texto das *Cartas a Malesherbes* foi estabelecido por Marcel Raymond e Bernard Gagnebin; os textos das demais obras de Rousseau foram estabelecidos por Henri Gouhier.

# CARTAS A MALESHERBES[*]
## 1762

---

[*] Tradução de Maria Cecília Queiroz de Moraes Pinto e notas de José Oscar de Almeida Marques.

# Quatro cartas ao
# Senhor Presidente de Malesherbes[1]

contendo o verdadeiro quadro de meu caráter
e os verdadeiros motivos de toda a minha conduta

CARTA 1

A MALESHERBES

Montmorency, 4 de janeiro de 1762.

Não teria demorado tanto a agradecer-vos, Senhor, pela última carta com que me honrastes, se tivesse medido a diligência em responder pelo prazer que ela me deu. Mas, além de me ser penoso escrever, pensei que era preciso dar alguns dias às inoportunidades destes tempos para não vos sufocar com as minhas. Embora não encontre consolação para o que acaba de acontecer, estou muito feliz por saber-vos informado, porque isso não me retirou vossa estima; ela será mais valiosa para mim se não me acreditardes melhor do que sou.

Os motivos a que atribuís o partido que me viu tomar desde que tenho certo nome na sociedade engrandecem-me talvez mais do que mereço, ainda que estejam certamente mais perto da verdade do que aqueles que presumem os letrados, os quais, sacrificando tudo à reputação, julgam meus sentimentos pelos seus. Tenho um coração muito sensível a outros laços para importar-me com a opinião pública; amo demasiadamente meu prazer e minha independência para ser tão escravo da vaidade quanto eles supõem. Quem nunca hesitou em ir

---

1. Chrétien-Guillaume Lamoignon de Malesherbes (1721-1794), Primeiro Presidente da Corte de Auxílios e Diretor da Biblioteca – isto é, da Censura, posição que lhe permitiu proteger liberalmente os enciclopedistas e Rousseau, embora não tenha sido capaz de evitar a condenação ao *Emílio*. Morreu guilhotinado na Revolução.

a um encontro ou a um jantar agradável por causa da fortuna e da esperança de vencer não deve naturalmente sacrificar sua felicidade ao desejo de ouvir falar de si, e não é crível que um homem com algum talento, e que tardou até os quarenta anos para torná-lo conhecido, seja louco a ponto de ir aborrecer-se pelo resto de seus dias em um deserto, unicamente para adquirir a reputação de misantropo.

Mas, conquanto eu odeie soberanamente a injustiça e a maldade, essa paixão não seria forte o suficiente para, sozinha, determinar-me a fugir da sociedade dos homens se, para deixá-los, eu tivesse de fazer um grande sacrifício. Não, meu motivo é menos nobre e está mais próximo de mim. Nasci com um amor natural pela solidão que só fez aumentar conforme conhecia melhor os homens. Sinto-me mais à vontade com os seres quiméricos que reúno à minha volta do que com aqueles os quais vejo no mundo, e a sociedade que a imaginação inventa em meu refúgio acaba por me desgostar de todas aquelas que deixei. Presumis que estou infeliz e consumido pela melancolia. Oh! Senhor, quanto vos enganais! Era em Paris que me sentia assim; era em Paris que uma bílis negra devorava-me o coração, e a amargura dessa bílis se faz demasiado sentir em todos os escritos que publiquei enquanto lá estive. Mas comparai-os, Senhor, aos que escrevi na minha solidão: ou estou enganado, ou sentireis nestes últimos uma certa serenidade de alma que não se disfarça e permite fazer um julgamento seguro do estado interior do autor. A extrema agitação que acabo de experimentar pode ter-vos levado a fazer um julgamento contrário, porém, é fácil ver que essa agitação não tem sua origem em minha situação atual, mas em uma imaginação desregrada, pronta a se abespinhar a propósito de tudo e a levar tudo ao extremo. Sucessos contínuos tornaram-me sensível à glória, e não há homem que tenha um pouco de grandeza de alma e alguma virtude que possa pensar sem o mais mortal desespero que, após sua morte, substituirão, sob seu nome, uma obra útil por uma obra perniciosa, capaz de desonrar sua memória e de causar muito mal.[2] Pode ser que tal transtorno tenha acelerado o progresso de meus males, mas, na suposição de que um tal acesso de loucura tivesse me acometido em

---

2. Referência às suspeitas de Rousseau de que havia uma conspiração para alterar o texto do *Emílio*, então no prelo.

Paris, seria duvidoso que minha própria vontade não tivesse poupado à natureza o resto do trabalho.

Durante muito tempo, eu mesmo me enganei sobre a causa desse invencível nojo que sempre experimentei no comércio dos homens; eu o atribuía à tristeza de não ter o espírito bastante presente para mostrar na conversação o pouco que tenho, e de não ocupar no mundo o lugar que acreditava merecer. Mas quando, após rabiscar o papel, fiquei bem certo, mesmo dizendo tolices, de não ser tomado por um tolo, quando me vi procurado por todo mundo e honrado com muito maior consideração do que minha mais ridícula vaidade ousara pretender, e quando, apesar disso, senti esse mesmo desgosto mais aumentado do que diminuído, concluí que ele provinha de uma outra causa e que esse tipo de prazer não estava entre aqueles que mais me convinham.

Qual é, pois, essa causa? Não é outra senão esse indomável espírito de liberdade que nada pôde vencer, e diante do qual as honrarias, a fortuna e mesmo a reputação nada significam para mim. Certamente esse espírito de liberdade vem menos do orgulho que da preguiça; mas essa preguiça é inacreditável: tudo a assusta, os menores deveres da vida civil são-lhe insuportáveis. Dizer uma palavra, escrever uma carta, fazer uma visita, desde que sejam obrigatórios, é para mim um suplício. Por essa razão, ainda que o comércio ordinário dos homens me seja odioso, a amizade íntima me é tão cara porque, para ela, não existem mais deveres. Segue-se o coração, e tudo está feito. Por essa mesma razão, sempre temi os benefícios. Pois todo benefício exige reconhecimento; e sinto o coração ingrato meramente porque o reconhecimento é um dever. Em duas palavras, o tipo de felicidade que me é necessária não é tanto fazer o que quero, mas não fazer o que não quero. A vida ativa não tem nada que me tente, consentiria cem vezes em nunca fazer nada de preferência a fazer alguma coisa contrariado; e cem vezes tenho pensado que não teria vivido muito infeliz na Bastilha, porque não seria, então, obrigado a coisa alguma, a não ser ficar lá.

Em minha juventude, entretanto, fiz alguns esforços para triunfar. Mas esses esforços só tiveram por objetivo o retiro e o repouso em minha velhice, e como sempre foram feitos aos trancos, como os de um preguiçoso, nunca tiveram o menor sucesso. Quando os males chegaram, forneceram-me um belo pretexto para entregar-me à minha paixão dominante. Achando que era uma loucura atormentar-me por causa de uma idade à qual não chegaria, abandonei tudo e apressei-me a gozar a vida. Eis, Senhor, eu juro, a verdadeira causa desse afastamento para o qual nossos homens de letras procuraram motivos de ostentação que exigem uma constância, ou antes, uma obstinação, em ocupar-me com o que me é custoso, que é diretamente oposta a meu caráter natural.

Dir-me-eis, Senhor, que essa suposta indolência combina mal com os escritos que componho há dez anos e com o desejo de glória que deve ter-me levado a publicá-los. Eis uma objeção a resolver que me obriga a prolongar a carta e, por conseguinte, me força a terminá-la. Voltarei a ela, Senhor, se o tom familiar não vos desagrada, pois nas efusões de meu coração não saberia adotar outro. Hei de descrever-me sem máscara e sem modéstia, hei de mostrar-me a vós tal como me vejo, e tal como sou, pois, passando minha vida comigo mesmo, devo conhecer-me, e vejo, pela maneira como aqueles que me julgam conhecer interpretam minhas ações e minha conduta, que eles nada conhecem. Ninguém no mundo me conhece a não ser eu. Haveis de julgá-lo quando eu tiver dito tudo.

Suplico-vos, Senhor, não devolver minhas cartas. Queimai-as porque não merecem ser guardadas, mas não em consideração a mim. Não penseis também, por favor, em retomar aquelas que estão nas mãos de Duchene. Se fosse preciso apagar no mundo os traços de todas as minhas loucuras, haveria muitas cartas a recolher, e para isso eu não moveria um dedo. Para o bem ou para o mal, não temo ser visto tal como sou. Conheço meus grandes defeitos, e sinto vivamente todos os meus vícios. Com tudo isso, morreria cheio de esperança no Deus supremo, e muito persuadido de que, de todos os homens que conheci em vida, nenhum foi melhor do que eu.

CARTA 2

AO SR. DE MALESHERBES

Montmorency, 12 de janeiro de 1762.

Continuo, Senhor, a dar-vos conta de mim, uma vez que comecei; pois o que me pode ser mais desfavorável é ser conhecido pela metade, e dado que meus erros não me tiraram vossa estima, presumo que a franqueza tampouco deva retirá-la.

Uma alma preguiçosa, que receia todo cuidado, e um temperamento ardente, bilioso, fácil de ser atingido e excessivamente sensível a tudo o que o afeta, parecem não poder conciliar-se em um mesmo caráter; e, entretanto, esses dois contrários compõem o âmago do meu. Embora não consiga resolver tal oposição por meio de princípios, ela entretanto existe, sinto-a, nada é mais certo, e posso pelo menos dar por meio de fatos uma espécie de histórico que talvez sirva para imaginá-la.

Fui mais ativo na infância, mas nunca como outras crianças. Esse tédio de tudo levou-me cedo à leitura. Com seis anos, Plutarco caiu-me nas mãos, com oito eu o sabia de cor; tinha lido todos os romances, eles tinham-me feito derramar baldes de lágrimas, antes da idade em que o coração se interessa pelos romances. Daí se formou em mim esse gosto heróico e romanesco que só aumentou até o presente, e acabou por me desgostar de tudo que não se assemelhasse às minhas loucuras. Em minha juventude, quando acreditava encontrar no mundo as mesmas pessoas que conhecera nos livros, entregava-me sem reservas a qualquer um que soubesse impor-se a mim pelo jargão de que sempre fui vítima. Era ativo porque era louco; à medida que me desenganava, mudava de gosto, de afeições, de projetos, e, em todas essas mudanças, gastava sempre meu trabalho e meu tempo porque procurava sempre aquilo que não existia. Tornando-me mais experiente, perdi pouco a pouco a esperança de encontrá-lo, e, por conseguinte, o zelo de o procurar. Amargurado pelas injustiças que experimentara ou testemunhara, afligido muitas vezes pela desordem para a qual o exemplo e a força das coisas me arrastavam, desprezei meu século e meus contemporâneos e, sentindo que não encontraria no meio deles uma situação que pudesse contentar meu coração, separei-o pouco a pouco da sociedade dos homens e criei uma outra em minha imaginação, que me encantou tanto mais quanto pude cultivá-la sem dificuldade, sem risco, e encontrá-la sempre com segurança e tal como me convinha.

Depois de ter passado quarenta anos assim descontente comigo mesmo e com os outros, procurava inutilmente romper os laços que me mantinham ligado a essa sociedade, a qual prezo tão pouco, e que me acorrentavam às ocupações de que menos gosto por necessidades que estimava serem da natureza, e eram apenas aquelas da opinião. De repente, um feliz acaso veio esclarecer-me sobre o que tinha de fazer por mim mesmo, e de pensar sobre meus semelhantes acerca dos quais meu coração estava sempre em contradição com meu espírito, e que me sentia ainda levado a amar mesmo tendo tantas razões para odiá-los. Gostaria, Senhor, de poder descrever esse momento que produziu em minha vida uma época tão singular e estará sempre presente, ainda que eu viva eternamente.

Ia ver Diderot, então prisioneiro em Vincennes; tinha comigo um *Mercure de France* que comecei a folhear ao longo do caminho.[3] Esbarrei na questão da Academia de Dijon que motivou minha primeira obra. Se jamais alguma coisa assemelhou-se a uma inspiração súbita, foi o movimento que se fez em mim ante essa leitura. De repente, senti meu espírito iluminado por mil luzes; uma multidão de idéias vividas apresentou-se ao mesmo tempo com uma força e uma confusão que me lançou em inexprimível desordem; senti a cabeça tomada por um atordoamento semelhante à embriaguez. Uma violenta palpitação me oprimiu, ergueu-me o peito; não mais podendo respirar e andar, deixei-me cair sob uma das árvores da avenida e lá fiquei uma meia hora em tal agitação que, ao levantar-me, percebi toda a parte da frente de meu casaco molhada pelas lágrimas que tinha derramado sem perceber. Senhor, se algum dia pudesse escrever a quarta parte do que vi e senti sob essa árvore, com que clareza teria mostrado todas as contradições do sistema social, com que força teria exposto todos os abusos de nossas instituições, com que simplicidade teria provado ser o homem bom naturalmente e apenas por causa dessas instituições os homens tornam-se maus. Tudo o que pude guardar dessa multidão de grandes verdades que, em um quarto

---

3. Segue-se a descrição de Rousseau da famosa "Iluminação de Vincennes", que está na origem da redação do *Discurso sobre as ciências e as artes*.

de hora, me iluminou sob essa árvore, foi bem esparsamente distribuído nos três principais de meus escritos, a saber: esse primeiro discurso, aquele sobre a desigualdade e o tratado de educação, obras inseparáveis e que perfazem juntas um mesmo todo. O restante foi perdido, e a única passagem escrita no próprio local foi a prosopopéia de Fabricius. Eis como, quando menos esperava, tornei-me autor, quase a despeito de mim mesmo. É fácil perceber como a sedução de um primeiro sucesso e as críticas dos escrevinhadores lançaram-me para valer na carreira. Tinha eu algum verdadeiro talento para escrever? Não sei. Uma viva persuasão sempre substituiu em mim a eloqüência, e sempre escrevi em desalinho e mal quando não estive firmemente convencido. Assim, é talvez um retorno oculto de amor próprio que me fez escolher e merecer minha divisa e manteve-me tão apaixonadamente ligado à verdade, ou a tudo o que considero como tal. Se tivesse escrito apenas por escrever, estou convencido de que não me teriam jamais lido.

Depois de ter descoberto ou acreditado descobrir nas opiniões falsas dos homens a fonte de suas misérias e de sua maldade, senti que somente essas opiniões podiam tornar-me infeliz, e que meus males e meus vícios provinham bem mais de minha situação do que de mim mesmo. Ao mesmo tempo, uma doença, cujas primeiras crises eu havia sentido já na infância, tendo se declarado absolutamente incurável apesar das promessas dos falsos curandeiros que não me enganaram por muito tempo, julguei não haver nem um momento a perder se quisesse ser coerente e sacudir para sempre de meus ombros o pesado jugo da opinião. Tomei bruscamente meu partido com bastante coragem, e o sustentei até aqui com uma firmeza de que só eu senti o preço, porque só eu sei contra que obstáculos tive e tenho de lutar todos os dias a fim de manter-me sempre contra a corrente. Sinto, entretanto, que depois de dez anos estou um pouco à deriva, mas se estimasse ter ainda quatro a viver, iriam ver-me dar uma segunda sacudida e voltar pelo menos ao meu primeiro nível para não mais descer. Pois todas as grandes provações passaram[4] e foi-me demonstrado pela experiência que o estado em que me encontro

---

4. Rousseau estava bem enganado: poucos meses depois, a condenação do *Emílio* e uma ordem de prisão fariam-no fugir apressadamente de Montmorency e passar os próximos anos como refugiado político. Sobre isso, ver a *Carta a Beaumont*, na p. 37 deste volume.

é o único em que o homem pode ser bom e feliz, pois é o mais independente de todos e o único em que jamais nos encontramos na necessidade de prejudicar os outros para nossa própria vantagem.

Confesso que a reputação que me deram meus escritos facilitou muito a execução do partido tomado. É necessário ser visto como um bom autor para se tornar impunemente um mau copista[5] e não ficar sem trabalho por essa razão. Sem o primeiro título, iriam tomar-me ao pé da letra no que se refere ao outro, e talvez isso me tivesse mortificado, pois desafio facilmente o ridículo, mas não suportaria tão bem o desprezo. Mas se uma certa reputação dá-me nesse aspecto um pouco de vantagem, isso é bem compensado por todos os inconvenientes associados a essa mesma reputação, quando não se quer ser seu escravo e se deseja viver isolado e independente. São esses inconvenientes que, em parte, me afastaram de Paris e, perseguindo-me já em meu refúgio, iriam certamente afastar-me para ainda mais longe, se ao menos minha saúde melhorasse um pouco. Outro de meus flagelos nessa grande cidade era a multidão de pretensos amigos que se tinham apoderado de mim, e que, julgando meu coração pelo deles, queriam absolutamente me tornar feliz à sua maneira e não à minha. Desesperados com minha retirada, seguiram-me até meu refúgio para tirarem-me de lá. Para poder permanecer, tive de romper com tudo. Só fiquei verdadeiramente livre a partir desse momento. Livre! Não o sou ainda. Meus últimos escritos ainda não estão impressos, e, dado o deplorável estado de minha pobre máquina, não espero mais sobreviver à impressão da coletânea de todos eles; mas se contra minha expectativa puder chegar lá e despedir-me definitivamente do público, acreditai, Senhor, que então serei livre como jamais homem algum o foi. Oh, tomara! Oh, dia três vezes feliz! Não, não me será dado vê-lo.

Ainda não disse tudo, Senhor, e tereis talvez de suportar ao menos mais uma carta. Felizmente nada vos obriga a lê-las, e talvez ficásseis com isso bem embaraçado. Mas, perdoai-me, por favor: para recopiar essa papelada seria preciso refazê-la, e, na verdade, não tenho coragem para tanto. Tenho certamente prazer em escrever-vos, mas tenho mais ainda em descansar, e meu estado não permite escrever muito tempo seguido.

---

5. Rousseau ganhava nominalmente a vida como copista de música, única profissão que aceitou exercer em toda a sua carreira.

## CARTA 3
### AO SR. DE MALESHERBES

Montmorency, 26 de janeiro de 1762.

Depois de vos ter exposto, Senhor, os verdadeiros motivos de minha conduta, gostaria de falar-vos de meu estado moral em meu refúgio; sinto, porém, que é muito tarde; minha alma, alienada de si mesma, está toda entregue ao corpo. O descalabro de minha pobre máquina mantém a alma cada dia mais presa a ele, até que, enfim, dele se separe de repente. É de minha felicidade que desejo falar-vos, e é difícil falar de felicidade quando se sofre.

Meus males são obra da natureza, mas a felicidade vem de mim. Digam o que disserem, fui sábio, pois fui tão feliz quanto minha natureza me permitiu sê-lo; não fui procurar minha felicidade longe, procurei-a perto de mim e a encontrei. Esparciano diz que Símilis, cortesão de Trajano, tendo deixado, sem nenhum descontentamento pessoal, a corte e todos os seus cargos para ir viver tranqüilamente no campo, mandou colocar as seguintes palavras em seu túmulo: *Morei durante setenta e seis anos na Terra, e deles vivi sete.* Eis o que posso dizer a esse respeito, ainda que meu sacrifício tenha sido menor. Só comecei a viver em 9 de abril de 1756.[6]

Não saberia dizer-vos, Senhor, quanto me tocou ver que me considerais o mais infeliz dos homens. O público provavelmente julgará como vós, e é isso, mais uma vez, o que me aflige. Oh! Se a sorte de que gozei fosse conhecida de todo o universo! Todos gostariam de ter uma semelhante; a paz reinaria sobre a Terra; os homens não pensariam mais em prejudicar-se uns aos outros e os maus não existiriam quando ninguém mais tivesse interesse em sê-lo. Mas, enfim, de que eu usufruía quando estava só? De mim, do universo inteiro, de tudo o que existe, de tudo o que pode existir, de tudo o que o mundo sensível tem de belo e o mundo intelectual, de imaginável. Juntei ao meu redor tudo o que podia agradar a meu coração, meus desejos eram a medida

---

6. Alusão à data da mudança para o Ermitage, rústica habitação que lhe foi cedida pela Senhora de Épinay na sua propriedade rural em Montmorency.

de meus prazeres. Não, os mais voluptuosos jamais conheceram semelhantes delícias, e gozei cem vezes mais de minhas quimeras do que eles de suas realidades.

Quando as dores me fazem medir a triste duração das noites e a agitação da febre impede-me de aproveitar o sono um instante sequer, muitas vezes distraio-me do estado presente pensando nos diversos acontecimentos de minha vida; e os arrependimentos, as doces lembranças, os lamentos, a ternura partilham entre si o cuidado de fazer-me esquecer por alguns momentos os sofrimentos. De que época crê o Senhor que, em meus sonhos, lembro com mais freqüência e de bom grado? Não é dos prazeres da juventude, estes foram muito raros, demasiadamente mesclados a amarguras, e estão já muito longe de mim. São os prazeres de meu isolamento, são minhas caminhadas solitárias, são os dias curtos, mas deliciosos, que passei inteiramente só comigo mesmo, com minha boa e simples governanta, com meu querido cachorro, minha velha gata, com os pássaros do campo e as corças da floresta; com toda a natureza e eu, inconcebível autor. Levantando-me antes do sol nascer para ir contemplá-lo em meu jardim, quando via o começo de um belo dia, meu primeiro desejo era que nem cartas nem visitas viessem perturbar esse encanto. Depois de dedicar a manhã a diversos cuidados que cumpria com prazer, porque podia adiá-los para mais tarde, apressava-me a almoçar a fim de escapar aos importunos e dispor de uma tarde mais longa. Antes da uma hora, mesmo nos dias mais quentes, saía debaixo do sol, com o fiel Achate, apertando o passo com medo de que alguém viesse perturbar-me antes que pudesse me esquivar; mas assim que conseguia dobrar alguma esquina, com que disparo de coração, com que alegria borbulhante começava a respirar sentindo-me salvo, dizendo-me: "Eis-me senhor de mim mesmo pelo resto deste dia!" Ia então, em passo mais tranqüilo, procurar algum lugar selvagem na floresta, um local deserto em que, ao não se mostrar em nada a mão dos homens, nada anunciasse nem a servidão nem o domínio; algum abrigo onde eu pudesse crer que era o primeiro a penetrar e nenhum importuno viesse se interpor entre mim e a natureza. Era então que ela parecia desdobrar diante de meus olhos uma magnificência sempre nova. O ouro das giestas e a púrpura das urzes impressionavam o olhar com um luxo que me comovia; a majestade das árvores que me cobriam com sua sombra, a delicadeza dos arbustos que me cercavam, a espantosa variedade das plantas e das flores que eu calcava sob os pés mantinham o espírito em uma contínua alternância de observação e admiração; o concurso de tantos objetos interessantes que disputavam minha atenção, atraindo-me incessantemente de um para outro, favorecia minha disposição de espírito sonhadora e preguiçosa, e fazia-me muitas vezes dizer a mim mesmo: "Não, Salomão em toda sua glória jamais se vestiu como um deles."

Minha imaginação não deixava por muito tempo deserta a terra assim ornada. Logo eu a povoava com seres conformes ao meu coração, e afastando para bem longe a opinião, os preconceitos, todas as paixões factícias, transportava para os refúgios da natureza homens dignos de habitá-los. Formava uma sociedade encantadora de que não me sentia indigno. Construía um Século de Ouro, segundo a minha fantasia, e preenchia esses belos dias com todas as cenas de minha vida que tinham deixado doces lembranças, e todas aquelas que meu coração ainda podia desejar; enternecia-me até as lágrimas com os verdadeiros prazeres da humanidade, prazeres tão deliciosos, tão puros e que estão agora tão longe dos homens. Oh, se nesses momentos alguma idéia de Paris, de meu século, de minha gloríola de autor viesse perturbar esses devaneios, com que desprezo eu a afastava imediatamente para me dedicar sem distração aos sentimentos delicados de que minha alma estava repleta. Entretanto, no meio de tudo isso, confesso, o nada de minhas quimeras vinha às vezes, de repente, contristar-me. Mesmo que todos os meus sonhos tivessem se tornado realidade, não me teriam bastado; eu teria imaginado, sonhado, desejado ainda. Encontrava em mim um vazio inexplicável que nada podia preencher; um anseio do coração por outro tipo de gozo de que não tinha idéia e de que, entretanto, sentia necessidade. Pois bem, Senhor, mesmo isso era gozo, pois eu era traspassado por um sentimento muito vivo e uma tristeza sedutora que não queria deixar de sentir.

Dali a pouco, minhas idéias elevavam-se da superfície da Terra em direção a todos os seres da natureza, ao sistema universal das coisas, ao ser incompreensível que tudo abraça. Então, com o espírito perdido nessa imensidão, não pensava, não raciocinava, não filosofava, sentia-me com certa volúpia acabrunhado pelo peso desse universo, entregava-me com deslumbramento à confusão dessas grandes idéias; gostava de perder-me em imaginação pelo espaço; o coração apertado nos limites dos seres não se sentia à vontade, eu sufocava no universo, gostaria de me lançar no infinito.[7] Creio que se tivesse desvendado todos os mistérios da natureza sentir-me-ia em situação menos deliciosa do que nesse êxtase entontecedor ao qual meu espírito se entregava sem reservas e que, na agitação de meus arroubos, fazia-me gritar algumas vezes: "Oh, grande Ser! Oh, grande Ser!" — sem poder dizer nem pensar mais nada.

Assim decorriam em delírio contínuo os dias mais encantadores que jamais criatura humana viveu; e quando o pôr-do-sol lembrava a hora de recolher-me, surpreso com a rapidez do tempo, acreditava não ter aproveitado suficientemente meu dia, pensava poder usufruir dele ainda mais e, para recuperar o tempo perdido, dizia a mim mesmo, "voltarei amanhã".

Voltava a passos lentos, com a cabeça um pouco cansada, mas o coração contente. Descansava agradavelmente na volta, entregando-me à impressão dos objetos, mas sem pensar, sem imaginar, sem fazer nada além de sentir a calma e a felicidade do momento. Encontrava meus talheres postos no terraço. Ceava com muito apetite junto a minha pequena criadagem, nenhuma imagem de servidão e de dependência perturbava a benevolência que a todos nos unia. Meu próprio cachorro era meu amigo, não meu escravo; tínhamos sempre as mesmas vontades, mas jamais ele me obedeceu. Minha alegria durante toda a noite testemunhava que eu tinha passado sozinho o dia inteiro; a situação era muito distinta quando tinha tido companhia; estava raramente contente com os outros e jamais comigo mesmo. À noite, ficava rabugento e taciturno; essa observação é de minha governanta, e depois de ela dizer-me, confirmei o quanto isso era correto pela minha própria observação. Enfim, depois de ter dado mais algumas voltas pelo jardim ou cantado alguma música em minha espineta, encontrava em meu leito um repouso de corpo e alma cem vezes mais doce do que o próprio sono.

---

7. Compare-se esta passagem ao êxtase descrito no início da "Ficção ou Peça alegórica sobre a Revelação", ao final deste volume, p. 204.

Foram esses dias que fizeram a verdadeira felicidade de minha vida, felicidade sem amargura, sem aborrecimentos, sem lamentações, e à qual eu limitaria de bom grado toda aquela de minha existência. Sim, se tais dias preenchessem para mim a eternidade, não pediria outros, e não imagino que seria muito menos feliz nessas arrebatadoras contemplações que as inteligências celestes. Mas um corpo que sofre tira ao espírito sua liberdade; de agora em diante, não estou mais sozinho, tenho um hóspede que me importuna, preciso livrar-me dele para pertencer a mim mesmo, e a experiência desses doces prazeres só me serve para aguardar com menos medo o momento de usufruí-los sem distração.

Mas eis-me já no fim de minha segunda folha. Ainda precisaria, porém, de mais uma. Ainda mais uma carta, e depois nada mais. Perdão, mesmo que goste muito de falar de mim, não gosto de falar disso com todo mundo, o que me leva a abusar da oportunidade quando a tenho e quando me agrada. Eis o meu erro e a minha desculpa. Peço-vos aceitá-la como desejardes.

JEAN-JACQUES ROUSSEAU

CARTA 4

A MALESHERBES

Montmorency, 28 de janeiro de 1752.

Mostrei-vos, Senhor, no fundo de meu coração, os verdadeiros motivos de meu isolamento e de toda a minha conduta, motivos bem menos nobres, sem dúvida, do que imaginastes, mas ainda assim motivos que me deixam contente comigo mesmo e inspiram-me o orgulho de alma de um homem que se sente bem ordenado e que, tendo tido a coragem de fazer o que precisava para sê-lo, acredita poder atribuir a si mesmo o mérito. Não dependia de mim inventar outro temperamento ou outro caráter, mas sim tirar partido do meu, para tornar-me bom para mim mesmo e de nenhum modo mau para os outros. Isso já é muito, e poucos homens poderiam dizer o mesmo. Assim, não esconderei que, malgrado o sentimento de meus vícios, tenho por mim uma elevada estima.

Vossos letrados podem bradar à vontade que um homem sozinho é inútil para todo mundo e não cumpre suas obrigações na sociedade. De minha parte, considero os camponeses de Montmorency membros mais úteis à sociedade que toda essa multidão de desocupados pagos com a gordura do povo para ir seis vezes por semana tagarelar em uma academia; e fico mais contente de poder, ocasionalmente, causar algum prazer aos meus pobres vizinhos do que ajudar a ascensão desses pequenos intrigantes de que Paris está cheia, os quais aspiram, todos, à honra de serem velhacos de profissão, e que, para o bem do público e deles próprios, deveríamos mandar cultivar a terra em suas províncias. Já é alguma coisa dar aos homens o exemplo da vida que todos deveriam levar. É alguma coisa, quando não se tem mais nem força nem saúde para trabalhar com os braços, ter a ousadia de, em sua solidão, fazer ouvir a voz da verdade. É alguma coisa advertir os homens da loucura das opiniões que os tornam miseráveis. É alguma coisa ter podido contribuir para impedir, ou ao menos adiar, em minha pátria, a criação perniciosa que, para cortejar Voltaire às nossas custas, d'Alembert desejaria ver instalada entre nós.[8]

---

8. Referência à proposta de d'Alembert, no verbete "Genebra" da *Enciclopédia*

Se eu tivesse vivido em Genebra, não teria podido nem publicar a epístola dedicatória do *Discurso sobre a desigualdade*, nem sequer falar contra o estabelecimento do teatro no tom com que o fiz. Teria sido muito menos útil a meus compatriotas vivendo no meio deles do que eventualmente o sou, estando afastado. Que importa o lugar onde moro, se ajo onde tenho de agir? São, de resto, os habitantes de Montmorency menos humanos do que os parisienses? E se posso dissuadir alguém de mandar seu filho corromper-se na cidade, faço um benefício menor do que se pudesse, estando eu na cidade, mandá-lo de volta ao lar paterno? Não basta minha simples indigência para impedir-me de ser inútil da maneira que desejam esses belos tagarelas? E, dado que só como o pão que ganho, já não sou forçado a trabalhar para minha subsistência e a pagar à sociedade tudo que dela posso obter? É verdade que recusei ocupações que não me eram próprias; não julgando ter o talento que podia levar-me a merecer o bem que desejastes fazer-me[9]; aceitá-lo teria sido roubá-lo de algum homem de letras tão indigente quanto eu e mais capaz para esse tipo de trabalho; ao oferecê-lo a mim, supusestes que eu estivesse em condições de fazer um resumo, que eu pudesse ocupar-me de assuntos que me eram indiferentes; e como isso não aconteceria, eu vos teria enganado, teria me tornado indigno de vossa bondade, comportando-me de maneira diferente daquela que adotei; ninguém podeis ser desculpado por fazer mal o que se faz voluntariamente; eu estaria agora descontente comigo mesmo e vós também; e não experimentaria o prazer que tenho em escrever-vos. Enfim, tanto quanto minhas forças me permitiram, trabalhando para mim, fiz, de acordo com minha capacidade, tudo o que pude pela sociedade; se fiz pouco por ela, exigi ainda menos, e acredito-me quite no estado em que me encontro, a tal ponto que se eu pudesse a partir de agora descansar totalmente e viver só para mim, eu o faria sem escrúpulos. Afastarei de mim, pelo menos, com todas as minhas forças, a impertinência do rumor público. Se vivesse ainda cem anos, não escreveria

---

(supostamente por instigação de Voltaire), para a revogação da proibição dos teatros em Genebra, proposta que Rousseau rebateu em sua *Carta a d'Alembert* sobre os espetáculos.

9. Em 1759 Malesherbes havia oferecido a Rousseau o posto de redator no *Journal des Savans*.

uma linha para a imprensa, e só acreditaria realmente tornar a viver quando estivesse completamente esquecido.

Confesso, entretanto, que faltou pouco para que voltasse a comprometer-me com a sociedade e abandonasse minha solidão, não por estar desgostoso com ela, e sim por um gosto não menos vivo que quase preferi. Seria necessário, Senhor, que conhecêsseis o estado de cansaço e abandono em que me encontrava em relação a todos os amigos, e a dor profunda que me afetava a alma quando o Senhor e a Senhora de Luxembourg quiseram conhecer-me para julgar a impressão que fizeram ao meu coração aflito seus avanços e agrados. Estava morrendo: sem eles teria morrido fatalmente de tristeza; eles me devolveram à vida; é justo que eu a utilize para amá-los.

Tenho um coração muito amoroso, mas que pode bastar-se a si mesmo. Gosto demasiado dos homens para precisar escolher entre eles; gosto de todos e, porque gosto de todos, odeio a injustiça. É porque gosto deles que deles fujo: sofro menos com seus males quando não os vejo. Esse interesse pela espécie basta para alimentar meu coração; não tenho necessidade de amigos íntimos, mas se os possuo, tenho grande necessidade de conservá-los, pois, quando se distanciam, dilaceram-me. Nisso são ainda mais culpados visto que só lhes peço amizade; e, desde que gostem de mim e que eu o saiba, nem preciso vê-los. Mas eles sempre quiseram pôr, no lugar do sentimento, cuidados e serviços à vista do público e que não me traziam proveito algum. Enquanto eu os amava, eles queriam aparentar que me amavam. Para mim, que desprezo em tudo as aparências, isso não me contentava, e, não encontrando nada mais, considerei o assunto encerrado. Não é que eles tenham exatamente deixado de me amar: simplesmente descobri que não me amavam.[10]

Pela primeira vez em minha vida, achei-me, portanto, com o coração vazio, e sozinho também em meu refúgio, e quase tão doente quanto estou hoje. Foi nessas circunstâncias que comecei essa nova ligação, que me compensou de todas as outras, e de que nada me

---

10. Referência de Rousseau à ruptura com todos os seus amigos em Paris, particularmente Diderot, Grimm e também a Senhora de Épinay, sua protetora, cuja propriedade, o Ermitage, ele abandona em conseqüência, em dezembro de 1757.

compensará, pois ela há de durar, espero, tanto quanto minha vida, e, aconteça o que acontecer, será a última.[11] Não vos posso dissimular, Senhor, que sinto violenta aversão pelos estados[12] que dominam os outros; erro mesmo em dizer que não consigo dissimular, pois não sinto nenhuma dificuldade em confessá-lo a vós, nascido de sangue ilustre, filho do Chanceler da França e Primeiro Presidente de uma Corte soberana; sim, Senhor, a vós que me fizestes mil favores sem me conhecer, e a quem, malgrado minha ingratidão natural, não me custa nada ser devedor. Odeio os grandes, odeio sua posição, sua dureza, seus preconceitos, sua pequenez e todos os seus vícios; e eu os odiaria bem mais se os desprezasse menos. Foi com esse sentimento que fui como que arrastado ao castelo de Montmorency; vi seus donos, gostaram de mim e eu, Senhor, gostei deles e gostarei enquanto viver com todas as forças de minha alma; daria por eles, não digo minha vida, o dom seria frágil no estado em que me encontro, não digo minha reputação entre os contemporâneos, com os quais não me preocupo, mas a única glória que jamais tocou meu coração, a honra que espero da posteridade e que ela me dará, porque me é devida, e a posteridade é sempre justa. Meu coração, que não sabe afeiçoar-se pela metade, entregou-se sem reservas, e disso não me arrependo; seria até mesmo inútil arrepender-me, pois não haveria mais tempo de desdizer-me. No calor do entusiasmo que eles me inspiraram, estive cem vezes a ponto de pedir asilo em sua casa para lá passar o resto de meus dias ao lado deles. E eles teriam consentido com alegria, se, pela própria maneira com que agiram, eu não tivesse sido de certo modo antecipado por suas ofertas. Esse projeto é certamente um daqueles que meditei mais longamente e com maior satisfação. Entretanto, tive de compreender, por fim, a contragosto, que não era bom. Eu só pensava em minha

---

11. O Marechal de Luxembourg, Príncipe de Tingry e Par de França, e sua esposa, Senhora de Luxembourg, pertenciam ao mais elevado círculo da nobreza e do poder na França. Possuíam um castelo em Montmorency, onde passavam o verão, e tornaram-se amigos íntimos e grandes protetores de Rousseau quando este deixou o Ermitage e mudou-se para uma pequena casa nas proximidades. Foi na carruagem cedida pelo Marechal de Luxembourg que o filósofo escapou de Montmorency na madrugada em que a ordem de sua prisão deveria ser cumprida.

12. Isto é, pela nobreza.

afeição pelas pessoas, sem considerar os intermediários que nos teriam mantido afastados, e os havia de tantos tipos, sobretudo nos incômodos relacionados aos meus males, que tal projeto só é desculpável pelo sentimento que o havia inspirado. Além disso, a maneira de viver que seria necessário adotar chocava-se demasiadamente com todos os meus gostos, todos os meus hábitos; eu não teria podido resistir nem mesmo três meses. Enfim, por mais que nos esforçássemos para nos aproximar pela moradia, como a distância entre os estados permaneceria a mesma, a deliciosa intimidade que faz o grande encanto de uma pequena sociedade sempre ficaria faltando à nossa. Eu não teria sido nem o amigo nem o criado do Senhor Marechal de Luxembourg; teria sido seu hóspede; sentindo-me fora de casa, teria suspirado muitas vezes por meu antigo asilo, e vale cem vezes mais estar longe das pessoas a quem se ama e desejar estar junto delas do que se expor a um desejo oposto. Uma maior proximidade entre os graus teria talvez feito uma revolução em minha vida. Cem vezes imaginei em meus sonhos que o Senhor de Montmorency não era Duque, nem Marechal de França, mas um bom nobre do campo, morando em algum castelo antigo, e que J.-J. Rousseau, nem autor nem escritor de livros, mas um espírito medíocre com alguns bens, apresentava-se ao castelão e à sua dama, agradando-os, encontrando junto deles a felicidade de sua vida e contribuindo para a deles. Se, para tornar o sonho mais agradável, vós me permitísseis empurrar com o ombro o castelo de Malesherbes para meia légua dali, parece-me, Senhor, que, sonhando dessa maneira, não teria tão cedo vontade de acordar.

Mas acabou-se; não me resta mais do que terminar o longo sonho, pois outros estão daqui por diante fora de época, e já é muito se eu puder prometer a mim mesmo ainda algumas das horas deliciosas que passei no castelo de Montmorency. Seja como for, eis como me sinto afetado: julgai-me com base em toda essa papelada se eu for digno do esforço, pois eu não seria capaz de pô-la em melhor ordem e não tenho coragem de recomeçar. Se esse quadro muito verídico retira-me vossa benevolência, terei cessado de usurpar o que não me pertencia. Mas, se a conservo, ela me será mais cara como sendo mais propriamente minha.

# CARTA A BEAUMONT[*]
# 1762

---

[*] Tradução e notas de José Oscar de Almeida Marques.

# Carta a Christophe de Beaumont

JEAN-JACQUES ROUSSEAU, cidadão de Genebra a
CHRISTOPHE DE BEAUMONT, Arcebispo de Paris,
Duque de Saint Cloud, Par da França, Comendador
da Ordem do Espírito Santo, Provedor da Sorbonne, etc.

> *Da veniam si quid liberius dixi, non ad contumeliam tuam,*
> *sed ad defensionem meam. Praesumsi enim de gravitate et pru-*
> *dentia tua, quia potes considerare quantam mihi respondendi*
> *necessitatem imposueris.*
>
> Agostinho, Epístola 238 *ad Pascent.*[1]

Por que, Senhor Arcebispo, devo ter algo a lhe dizer? Que língua comum podemos falar, como podemos nos entender, e que temos um com o outro?

Devo, no entanto, responder-lhe; é o senhor mesmo que me força a fazê-lo. Se tivesse atacado apenas meu livro, eu lhe deixaria a última palavra, mas o senhor ataca também minha pessoa; e quanto maior sua autoridade entre os homens, menos me é permitido calar quando o senhor pretende desonrar-me.

Ao dar início a esta carta, não posso evitar refletir sobre as peculiaridades de meu destino, algumas das quais não estão presentes no de mais ninguém.

Nasci com algum talento; assim o público julgou. Não obstante, passei minha juventude em uma feliz obscuridade, da qual não procurei emergir. Se tivesse tentado, seria já curioso que não tivesse tido sucesso enquanto ardia em mim a juventude, e que o tenha alcançado

---

1. "Perdoa-me se me expresso francamente, não para ofender-te, mas em minha defesa. Conto com tua seriedade e sabedoria, pois podes considerar a necessidade de responder-te que me impuseste." [Neste texto, as notas ou partes de notas entre colchetes são do tradutor, as demais de Rousseau. As referências às suas obras correspondem à edição francesa, *Œuvres complètes de J.-J. Rousseau*, Gallimard, Bibliothèque de la Pléiade, 1969-1995, doravante grafadas: *OC*, vol., nº pg.]

em demasia a seguir, quando esse ardor começava a extinguir-se. Aproximava-me dos quarenta anos e, em lugar de riquezas que sempre desprezei, e de um renome que me custou tão caro, tinha a tranqüilidade e os amigos, os dois únicos bens que meu coração desejava. Uma miserável questão de academia, agitando involuntariamente meu espírito, lançou-me em uma carreira para a qual eu não tinha sido feito; um sucesso inesperado mostrou-me ali atrativos que me seduziram. Multidões de adversários atacaram-me sem me entender, com uma estupidez que me irritou, e com um orgulho que talvez tenha inspirado algum em mim. Defendi-me, e, de disputa em disputa, vi-me envolvido na carreira quase sem ter consciência do que fazia. Descobri-me, por assim dizer, convertido em autor à idade em que se deixa de sê-lo, e em homem de letras por meu próprio desdém por essa condição. Desde então gozo de algum renome público, mas a tranqüilidade e os amigos desapareceram. Que males não sofri antes de encontrar uma posição mais estável e ligações mais felizes! Tive de engolir meus sofrimentos; uma pequena reputação teve de tomar o lugar de todo o resto. Isso pode ser uma compensação para aqueles que estão sempre longe de si mesmos, mas jamais o foi para mim.

Tivesse eu por um só momento confiado em um bem tão frívolo, quão prontamente não me teria desiludido! Que perpétua inconstância não encontrei nos julgamentos a meu respeito. Achava-me muito distante do público, e como este só me julgava segundo os caprichos e interesses dos que o conduziam, dificilmente via-me com os mesmos olhos por dois dias seguidos. Eu era ora um salafrário, ora um anjo de luz. Em um mesmo ano vi-me elogiado, celebrado, requisitado até mesmo na Corte; a seguir, insultado, ameaçado, odiado, amaldiçoado. À noite aguardavam o momento de assassinar-me nas ruas, de manhã anunciavam-me uma ordem de prisão. O bem e o mal fluíam quase da mesma fonte; tudo provinha de futilidades.

Escrevi sobre diversos assuntos, mas sempre segundo os mesmos princípios: sempre a mesma moral, a mesma crença, as mesmas máximas, e, se se quiser, as mesmas opiniões. Juízos contraditórios, no entanto, foram feitos sobre meus livros, ou, antes, sobre o autor de meus livros, porque fui julgado pelos assuntos de que tratei muito mais do que por meus sentimentos. Após meu primeiro *Discurso,* fui um homem de paradoxos, que brincava de provar coisas em que não acreditava. Após minha *Carta sobre a música francesa,* fui o inimigo declarado da nação, pouco faltando para que me tratassem como subversivo — dir-se-ia que o destino da Monarquia estava ligado à glória da Ópera. Após meu *Discurso sobre a desigualdade,* fui ateu e misantropo; após a *Carta a d'Alembert,* fui o defensor da moral cristã; após a *Heloísa,* fui terno e meloso; hoje sou um ímpio; logo mais, quem sabe, serei um devoto.

Assim vai flutuando o tolo público a meu respeito, sabendo tão pouco por que agora me odeia quanto sabia por que me amava anteriormente. Quanto a mim, permaneci sempre o mesmo, mais ardente que esclarecido em minhas pesquisas, mas sincero em tudo, até contra mim mesmo; simples e bom, embora sensível e frágil, fazendo freqüentemente o mal e sempre amando o bem; ligado pela amizade, jamais pelas coisas, e apegando-me mais a meus sentimentos que a meus interesses; não exigindo nada dos homens e não querendo depender deles, cedendo tão pouco a seus preconceitos quanto a suas vontades e mantendo a minha tão livre quanto minha razão; temendo a Deus sem ter medo do Inferno, raciocinando sobre a religião sem irreverência, não amando nem a impiedade nem o fanatismo, mas odiando os intolerantes ainda mais que os livre-pensadores; não querendo ocultar a ninguém minha maneira de pensar, sem disfarce, sem artifício em coisa alguma, relatando minhas faltas aos amigos e meus sentimentos a todo mundo, e, ao público, as verdades a seu respeito, pouco me preocupando se o irritava ou agradava. Esses são meus crimes, e essas são minhas virtudes.

Fatigado, enfim, de um vapor inebriante que infla sem saciar, exasperado pela balbúrdia dos ociosos sobrecarregados de seu tempo e pródigos com o meu, suspirando por um repouso tão caro ao meu coração quanto necessário para meus males, havia deposto a pluma com alegria. Contente por tê-la empunhado apenas em benefício de meus semelhantes, não lhes pedi como prêmio de minha dedicação senão que me deixassem morrer em paz em meu retiro, e que não me fizessem mal. Estava enganado: oficiais de justiça vieram informar-me disso, e foi na época em que eu esperava que cessariam as penas de minha vida que se iniciaram as minhas maiores infelicidades. Já há nisso tudo algumas peculiaridades, mas ainda é apenas o começo. Peço-lhe perdão, Senhor Arcebispo, por abusar de sua paciência, mas, antes de iniciar as discussões que devo ter com Vossa Graça, é preciso falar de minha presente situação e das causas que a ela me reduziram.

Um genebrino faz imprimir um livro na Holanda, e, por um decreto do Parlamento de Paris, esse livro é queimado sem respeito pelo soberano cuja autorização ele ostentava. Um protestante propõe, em um país protestante, objeções contra a Igreja Romana, e o Parlamento de Paris decreta sua prisão. Um republicano faz, em uma república, objeções contra o Estado monárquico, e o Parlamento de Paris decreta sua prisão. O Parlamento de Paris deve ter estranhas idéias sobre sua jurisdição e se acreditar o legítimo juiz de todo o gênero humano.

Esse mesmo Parlamento, sempre tão cuidadoso quanto à ordem de seus procedimentos ao lidar com um francês, negligencia todos eles tão logo se trate de um pobre estrangeiro. Sem saber se esse estrangeiro é realmente o autor do livro que leva seu nome, se o reconhece como seu, se foi ele que mandou imprimi-lo; sem consideração por sua triste situação, sem piedade pelos males de que sofre, começam decretando sua prisão. Eles o teriam arrancado de seu leito para arrastá-lo às mesmas prisões onde apodrecem os celerados; teriam-no feito queimar, talvez mesmo sem uma audiência, pois quem pode afirmar que teriam seguido procedimentos mais regulares após um início tão violento, do qual dificilmente se encontraria outro exemplo, mesmo em países da Inquisição? Assim, é apenas no meu caso que um tribunal tão sábio esquece sua sabedoria; é apenas contra mim — que acreditava ser ali amado — que esse povo, que se jacta de sua brandura, reveste-se da mais estranha barbárie; é assim que retribui a preferência que lhes dei sobre tantos outros lugares em que poderia asilar-me ao mesmo custo! Não sei como isso se concilia com o direito internacional, mas sei muito bem que, com tais procedimentos, a liberdade de cada homem, e talvez sua vida, está à mercê do primeiro tipógrafo.

O cidadão de Genebra nada deve a magistrados injustos e incompetentes que, com base em uma acusação caluniosa, não o convocam, mas decretam sua prisão. Se não foi intimado a comparecer, não está obrigado a fazê-lo. Contra ele emprega-se apenas a força, e ele se evade. Sacode a poeira de suas sandálias e parte dessa terra hospitaleira, onde se oprime o fraco e se põe a ferros o estrangeiro antes de ouvi-lo, antes de saber se o ato de que o acusam é punível, antes de saber se ele o cometeu.

Ele abandona, suspirando, sua amada solidão. Ele só tem um bem, mas muito precioso, os amigos, e ele os deixa. Enfermo, suporta uma longa viagem; chega e crê poder respirar em uma terra de liberdade. Aproxima-se de sua pátria, dessa pátria de que tanto se orgulhou, que tanto amou e honrou; a esperança de nela ser acolhido o consola de suas desgraças... Que posso dizer? Meu coração se confrange, minha mão treme, a pena tomba; é preciso calar-me e não imitar o crime de Cam.[2] Que me seja permitido engolir em silêncio a mais amarga de minhas dores!

E por que tudo isso? Não pergunto por qual razão, mas sob qual pretexto? Ousam acusar-me de impiedade, sem considerar que o livro no qual a procuram está nas mãos de todo mundo! O que não dariam para poder suprimir essa prova documental e dizer que ela contém tudo o que alegam nela encontrar! Mas por mais que façam, esse livro permanecerá, e, ao procurar os crimes atribuídos ao autor, a posteridade não verá, mesmo em seus erros, mais que os enganos de um amigo da virtude.

Evitarei falar de meus contemporâneos; não quero prejudicar ninguém. Mas o ateu Espinosa ensinou pacificamente sua doutrina, não enfrentou obstáculos para publicar seus livros, que foram vendidos publicamente. Veio à França e foi bem recebido; todos os Estados lhe estavam abertos, por toda parte encontrou proteção ou, ao menos, segurança. Príncipes o honraram e ofereceram-lhe cátedras. Ele viveu e morreu tranqüilamente, e até mesmo bem considerado. Hoje, no célebre século da filosofia, da razão, da humanidade, por haver proposto com circunspecção, e mesmo com respeito e por amor ao gênero humano, algumas dúvidas fundadas na própria glória do Ser supremo, o defensor da causa de Deus, difamado, proscrito, perseguido de Estado em Estado, de asilo em asilo, sem consideração por sua indigência, sem piedade por suas enfermidades, com uma obstinação jamais dirigida contra qualquer malfeitor, e que seria bárbara mesmo contra um homem

---

2. [Cam foi amaldiçoado por seu pai, Noé, por tê-lo visto embriagado e nu. Gênese, 9, 20-25.]

de boa saúde, tem água e abrigo negados em quase toda a Europa; é caçado no interior dos bosques, e faz-se necessária toda a firmeza de um protetor ilustre e toda a bondade de um Príncipe esclarecido para deixá-lo em paz no seio das montanhas. Teria passado o restante de sua desventurada vida a ferros, teria talvez perecido nos suplícios se, durante a primeira vertigem que acometesse os governos, ele viesse a encontrar-se à mercê dos que o perseguiam.

Tendo escapado dos carrascos, cai nas mãos dos padres; mas não é isso que considero espantoso, e sim que um homem virtuoso, de alma tão nobre quanto de nascimento, um ilustre Arcebispo, que deveria reprimir essa baixeza, em vez disso a autorize. Ele, que deveria compadecer-se dos oprimidos, não se envergonha de afligir um deles no auge de suas desgraças. Ele, um prelado católico, lança uma Carta Pastoral contra um autor protestante e assoma a seu púlpito para examinar, como juiz, a doutrina particular de um herético. E, embora condene indistintamente qualquer um que não seja de sua Igreja, sem permitir ao acusado errar à sua maneira, no caso desse homem prescreve-lhe, por assim dizer, o caminho pelo qual deve ir ao Inferno. De imediato, o restante de sua clerezia empenha-se, desvela-se, obstina-se em torno de um inimigo que crê abatido. Pequenos e grandes, todos se juntam, o mais tolo e pretensioso dá-se ares de competente; não há um único imbecil de colarinho, um único raquítico auxiliar de paróquia que, enfrentando prazerosamente aquele contra quem se juntaram seu Senado e seu Bispo, não aspire à glória de aplicar-lhe o derradeiro pontapé.

Tudo isso, Senhor Arcebispo, produz uma coincidência da qual sou o único exemplo, e isso não é tudo... Esta é, talvez, uma das situações mais difíceis da minha vida, daquelas em que é fácil satisfazer a vingança e o amor-próprio, e que menos permitem ao homem justo agir com moderação. Dez linhas me bastariam para cobrir meus perseguidores de um ridículo indelével. Ah, se o público soubesse duas anedotas sem que eu as contasse! Se conhecesse os que planejaram minha ruína e o que fizeram para realizar esse plano! Por quais desprezíveis insetos e por quais meios tenebrosos veria as potências sendo mobilizadas! Que fermento veria agitar-se por essa podridão, fazendo o Parlamento borbulhar! Por que causa ridícula veria os Estados da Europa se aliar contra o filho de um relojoeiro! Ah, como me regozijaria com sua surpresa, se pudesse não ser eu mesmo o instrumento dela!

Até aqui minha pena, audaciosa ao dizer a verdade, mas inocente de toda sátira, jamais comprometeu seja quem for e sempre respeitou a honra dos outros, mesmo ao defender a minha própria. Poderia eu, ao depô-la, sujá-la com a maledicência e tingi-la com a baixeza de meus inimigos? Não! Deixemo-lhes a vantagem de desferir seus golpes nas trevas. De minha parte, desejo defender-me abertamente, e mesmo então, só me defender. Para isso, basta o que já é conhecido do público, ou o que pode ser conhecido sem que ninguém se prejudique.

Uma coisa espantosa, dentre as que me permito relatar, é ver o intrépido Christophe de Beaumont, homem incapaz de dobrar-se diante de qualquer poder e de condescender com os jansenistas, tornar-se inadvertidamente satélite deles e instrumento de sua hostilidade; ver seu mais inconciliável inimigo arruinar-me por eu ter recusado abraçar seu partido, por não ter querido empunhar a pluma contra os jesuítas, pelos quais não tenho afeto, mas de quem não tenho queixas, e que vejo sendo perseguidos. Que o Senhor Arcebispo se digne a lançar os olhos sobre o sexto volume da primeira edição da *Nova Heloísa*; encontrará, na nota da página 138[3], a verdadeira origem de todos os meus males. Eu havia predito nessa nota (pois às vezes também me ponho a predizer) que, assim que os jansenistas se tornassem os senhores, seriam mais intolerantes e mais duros que seus inimigos. Não sabia, na ocasião, que minha própria história confirmaria tão bem tal predição. O fio dessa trama não seria difícil de seguir para quem soubesse como meu livro foi denunciado. Mais não posso falar, sob pena de falar em demasia, mas posso ao menos informá-lo por quais pessoas o senhor foi conduzido sem suspeitar.

Poderia alguém acreditar que se meu livro não tivesse sido denunciado no Parlamento ainda assim o Senhor Arcebispo o teria atacado? Outros poderão crer nisso ou dizê-lo, mas o senhor, cuja consciência é incapaz de tolerar uma mentira, o senhor não o diria. Meu *Discurso sobre a desigualdade* percorreu sua diocese, e o senhor não publicou uma Carta Pastoral; minha *Carta a d'Alembert* percorreu sua diocese

---

3.   [Parte VI, Carta VII, *OC* II 685.]

e o senhor não publicou uma Carta Pastoral; a *Nova Heloísa* percorreu sua diocese, e o senhor não publicou uma Carta Pastoral. E, no entanto, todos esses livros que o senhor certamente leu, dado que os julgou, estão imbuídos das mesmas máximas; as mesmas maneiras de pensar não estão neles mais disfarçadas; se o assunto não lhes permitiu alcançar o mesmo desenvolvimento, elas ganham em força o que perdem em extensão, e a profissão de fé do autor está expressa nesses livros com menos reservas que a do Vigário Saboiano. Por que, então, o senhor nada disse na ocasião? Seu rebanho, Senhor Arcebispo, era-lhe menos caro? Liam-me menos? Apreciavam menos meus livros? Estavam menos expostos ao erro? Não, mas na época não havia jesuítas sendo proscritos, os traidores ainda não me haviam enredado em suas armadilhas, a nota fatal ainda não era conhecida, e, quando isso ocorreu, o público já havia dado sua aprovação ao livro, e era tarde para fazer um escândalo. Preferiu-se esperar, aguardar a ocasião propícia, vigiá-la, apoderar-se e tirar proveito dela com o furor próprio dos fanáticos. Falava-se apenas de cadeias e da fogueira; meu livro era o alarme da anarquia e a trombeta do ateísmo; o autor, um monstro que devia ser sufocado; causava espanto que o tivessem deixado viver por tanto tempo. Em meio a esse clamor universal, o senhor teve vergonha de permanecer em silêncio, preferiu cometer um ato de crueldade a ser acusado de falta de zelo, e servir seus próprios inimigos a suportar suas censuras. Admita, Senhor Arcebispo, que é esse o verdadeiro motivo de sua Carta Pastoral; e tudo isso me parece um conjunto de circunstâncias singulares o bastante para que se classifique meu destino como deveras extravagante.

Já há muito tempo que as conveniências de Estado substituíram a justiça. Sei que há circunstâncias lamentáveis que forçam um homem público a atacar a contragosto um bom cidadão. Aquele que, em meio aos furiosos, pretende ser moderado, expõe-se à fúria deles; e compreendo que em um turbilhão semelhante a este de que sou vítima, seja preciso uivar com os lobos ou arriscar-se a ser devorado. Não me queixo, portanto, de que o senhor tenha escrito uma Carta Pastoral contra meu livro, mas de que a tenha escrito contra minha pessoa, de forma tão desonesta quanto falaciosa. Queixo-me de que, ao autorizar por suas próprias palavras aquilo que me acusa de ter posto na boca do inspirado[4], o senhor me cubra de injúrias que, sem prejudicar minha causa, atacam minha honra ou, antes, a sua. Queixo-me de que, despreocupadamente, sem razão, sem necessidade, sem respeito ao menos por meus infortúnios, o senhor me tenha insultado em um tom tão pouco digno de seu caráter. Que ato, com efeito, cometi contra o senhor, de quem sempre falei com tanta estima, cuja inquebrantável firmeza tantas vezes admirei (embora deplorando, é verdade, o uso que seus preconceitos faziam dela), cuja conduta e virtude sempre respeitei, e respeito ainda hoje, depois que o senhor me difamou?

É assim que se sai de dificuldades quando se quer disputar e não se tem razão. Incapaz de responder às minhas objeções, o senhor as tratou como crimes; maltratando-me, acreditou aviltar-me, e nisso se enganou: sem debilitar minhas razões, o senhor levou corações generosos a se interessarem pelas minhas desgraças, e fez as pessoas sensatas acreditarem que não é possível julgar bem um livro quando se julga tão mal seu autor.

Senhor Arcebispo, o senhor não foi nem humano nem generoso comigo; e não apenas poderia ter sido sem poupar-me nenhuma das coisas que disse contra minha obra, como elas se tornariam com isso ainda mais efetivas. Admito também que não tinha o direito de exigir-lhe essas virtudes, nem razões para esperá-las de um homem da Igreja. Vejamos se o senhor foi ao menos eqüitativo e justo, pois esse é um dever estrito imposto a todos os homens, e os próprios santos não estão dispensados dele.

O senhor tem dois objetivos em sua Carta Pastoral: censurar meu livro e desacreditar minha pessoa. Acreditarei ter dado uma boa resposta se puder provar que o senhor raciocinou mal sempre que pretendeu refutar-me, e que me caluniou em todas as vezes que quis insultar-me. Mas quando se avança apenas tendo provas à mão, quando se é forçado, pela importância do assunto e pela qualidade do adversário, a caminhar lentamente e a seguir passo a passo todas as censuras, são necessárias páginas para dar conta de cada palavra; e enquanto uma breve sátira diverte, uma longa defesa só pode entediar. Contudo, devo me defender ou permanecer acusado por suas mais falsas imputações. Vou defender-me,

---

4.    [Cf. à frente, Apêndice, Carta Pastoral § XIX, p. 231.]

portanto, mas defenderei antes minha honra que meu livro. Não é a profissão de fé do Vigário Saboiano que estou examinando, mas a Carta Pastoral do Arcebispo de Paris, e é apenas o mal que ele imputa ao editor que me força a falar da obra. Dou a mim o que me é devido, porque o devo; mas sem ignorar que é muito triste a situação de precisarmos nos queixar de um homem mais poderoso que nós, e que a justificação de um inocente é sempre uma leitura muito enfadonha.

O princípio fundamental de toda a moral, sobre o qual refleti em todos os meus escritos, e que desenvolvi nesse último com toda clareza de que era capaz, é que o homem é um ser naturalmente bom, que ama a justiça e a ordem, que não há nenhuma perversidade originária em seu coração, e que os primeiros impulsos da natureza são sempre corretos. Fiz ver que a única paixão que nasce com o homem, a saber, o amor de si, é uma paixão em si mesma indiferente quanto ao bem e ao mal, que só se torna boa ou má por acidente e segundo as circunstâncias em que se desenvolve. Mostrei que todos os vícios que se imputam ao coração humano não lhe são em absoluto naturais; falei da maneira como nascem e, por assim dizer, segui sua genealogia, mostrando como, por uma contínua deterioração de sua bondade originária, os homens se tornam, enfim, o que são.

Expliquei ainda o que entendia por essa bondade originária, que não parece se deduzir da indiferença quanto ao bem e ao mal, própria do amor de si. O homem não é um ser simples; ele se compõe de duas substâncias. Se nem todos concordam com isso, nós concordamos, e eu procurei demonstrá-lo a outros. Uma vez isso provado, o amor de si não é mais uma paixão simples, mas tem dois princípios, a saber, o ser inteligente e o ser sensível, cujo bem-estar não é o mesmo. O apetite dos sentidos conduz ao bem-estar do corpo, e o amor pela ordem, ao da alma. Este último amor, desenvolvido e tornado ativo, recebe o nome de consciência; mas a consciência só se desenvolve e age em conjunto com as luzes do homem. E só graças a essas luzes que ele atinge um conhecimento da ordem, e é só quando a conhece que sua consciência o leva a amá-la. A consciência, portanto, não existe no homem que ainda nada comparou e que não percebe suas relações. Nesse estágio, ele conhece apenas a si mesmo; não vê seu bem-estar em oposição ou em conformidade ao de mais ninguém. Não odeia nem ama nada; limitado unicamente ao instinto físico, ele é nulo, estúpido — foi isso o que mostrei em meu *Discurso sobre a desigualdade*.

Quando, por um desenvolvimento cujo progresso descrevi, os homens começam a lançar os olhos sobre seus semelhantes, passam também a perceber suas relações e as relações entre as coisas, a apreender as idéias de adequação, de justiça e de ordem. A beleza moral começa a tornar-se sensível para eles, e a consciência age. Eles adquirem, então, virtudes, e se adquirem também vícios é porque seus interesses conflitam e sua ambição desperta à medida que suas luzes se ampliam. Mas, desde que haja menos oposição de interesses que convergência de luzes, os homens permanecem essencialmente bons. Esse é o segundo estágio.

Quando todos os agitados interesses particulares finalmente se chocam, quando o amor de si posto em fermentação se transforma em amor-próprio, quando a opinião, tornando o universo inteiro necessário para cada homem, torna-os todos inimigos natos uns dos outros e faz com que nenhum consiga encontrar seu bem a não ser no mal de outrem, então a consciência, mais débil que as paixões exaltadas, é sufocada por elas, e não persiste na boca dos homens exceto como palavra feita para se enganarem mutuamente. Cada qual finge então querer sacrificar seus interesses aos do público, e estão todos mentindo. Ninguém deseja o bem público, a não ser quando ele concorda com o seu; assim, esse acordo constitui o objetivo do genuíno político, que busca fazer os povos felizes e bons. Mas aqui começo a falar uma língua estrangeira, tão pouco conhecida dos leitores quanto do senhor mesmo.

Esse, Senhor Arcebispo, é o terceiro e último estágio, após o qual nada resta a fazer; e é assim que mesmo o homem sendo bom, os homens acabaram por tornar-se maus. Meu livro se dedica à busca do que seria necessário fazer para impedi-los de terminar dessa forma. Não disse que na situação atual isso fosse absolutamente possível; mas afirmei — e afirmo ainda — que não há outros meios de ser bem-sucedido além dos que eu propus.

Sobre isso o senhor diz que meu plano de educação[5], *longe de estar de acordo com o cristianismo, não é sequer apropriado para produzir cidadãos ou homens*; e sua única prova é confrontar-me com o pecado

---

5. Carta Pastoral, § III.

original. Senhor Arcebispo, não há outro meio de se libertar do pecado original e de seus efeitos senão o batismo. Do que decorreria, segundo o senhor, que somente os cristãos teriam sido cidadãos ou homens. Ou negue essa conseqüência, ou reconheça que foi muito longe em sua prova.

O senhor recolhe de tão alto suas provas que me força também a ir longe em busca de minhas respostas. Para começar, essa doutrina do pecado original, sujeita a tão terríveis dificuldades, nem de longe, em minha opinião, está contida nas Escrituras de forma tão clara e tão rígida como o orador Agostinho e nossos teólogos pretenderam construí-la. E como conceber que Deus tenha criado tantas almas inocentes e puras expressamente para reuni-las a corpos culpados, para fazê-las contrair a corrupção moral, e para condená-las todas ao Inferno, sem outro crime além dessa união que é sua própria obra? Não direi se esse seu sistema esclarece (como o senhor se gaba) o mistério do coração humano, mas vejo que ele obscurece muito a justiça e a bondade do Ser supremo. Se o senhor suprime uma objeção, é apenas para substituí-la por outras cem vezes mais fortes.

Mas, no fundo, em que essa doutrina afeta o autor do *Emílio*? Por mais que tenha acreditado que seu livro fosse útil ao gênero humano, foi aos cristãos que ele o destinou, foi a homens lavados do pecado original e de seus efeitos, pelo menos quanto à alma, pelo sacramento estabelecido para esse fim. De acordo com essa mesma doutrina, todos recuperamos a inocência primitiva em nossa infância; todos saímos da cerimônia do batismo de coração tão puro quanto Adão saiu das mãos de Deus. O senhor dirá que adquirimos novas máculas; mas, se começamos por nos libertar delas, como foi possível contraí-las novamente? Não é porventura o sangue de Cristo suficientemente forte para apagar completamente a mancha, ou seria esta antes um efeito da corrupção natural de nossa carne, como se Deus — mesmo independentemente do pecado original — tivesse nos criado corrompidos, expressamente para ter o prazer de nos punir? O senhor atribui ao pecado original os vícios de pessoas que admite terem sido liberadas do pecado original; e a seguir me censura por ter dado uma outra origem a esses vícios. É justo transformar em crime o fato de não ter raciocinado tão mal quanto o senhor?

CARTA A BEAUMONT

Poder-se-ia, é claro, responder-me que esses efeitos atribuídos por mim ao batismo[6] não se manifestam por nenhum sinal exterior, e que não se observa estarem os cristãos menos inclinados ao mal que os infiéis, ao passo que, segundo minha proposta, a malícia inata do pecado deveria se destacar nestes últimos por diferenças perceptíveis. Com o auxílio da moral evangélica, em adição ao batismo, todos os cristãos, prossegue a resposta, deveriam ser anjos, e os infiéis, além de sua corrupção original, entregando-se aos seus cultos errôneos, deveriam ser demônios. Concebo que pode ser embaraçoso insistir nessa dificuldade, pois qual resposta dar àqueles os quais me fizessem ver que, relativamente ao gênero humano, o efeito da redenção, obtida a tão alto custo, reduz-se a quase nada?

Mas, Senhor Arcebispo, além de não acreditar que a boa teologia esteja desprovida de expedientes para sair dessa dificuldade, mesmo concordando que o batismo não remedia a corrupção de nossa natureza, ainda assim seu raciocínio não se teria tornado mais sólido. O senhor diz que somos pecadores por causa do pecado de nosso primeiro pai, mas por que nosso primeiro pai, ele próprio, teria sido pecador? Por que a mesma razão pela qual o senhor explicaria seu pecado não se aplicaria igualmente a seus descendentes sem pecado original, e por que seria necessário imputar a Deus uma injustiça, ao tornar-nos pecadores e passíveis de punição pelo vício de nosso nascimento, ao passo que nosso primeiro pai mesmo sem esse vício foi pecador e punido como nós? O pecado original explica tudo exceto seu próprio princípio, e é esse princípio que é necessário explicar.

O senhor propõe que, com meu princípio[7], *perde-se de vista aquele raio de luz que nos faz conhecer o mistério de nosso próprio coração*; e

---

6. Caso se diga, com o Dr. Thomas Burnet, que a corrupção e a mortalidade da raça humana, em conseqüência do pecado de Adão, foram um efeito natural do fruto proibido, que esse alimento continha sucos venenosos que desarranjaram toda a economia animal, excitaram as paixões, debilitaram o entendimento e espalharam por toda parte os princípios do vício e da morte, seria preciso então convir que, como a natureza do remédio deve relacionar-se à do mal, o batismo deveria agir fisicamente sobre o corpo do homem, devolver-lhe a constituição que possuía no estado de inocência e, se não a imortalidade que dele dependia, pelo menos todos os efeitos morais da economia animal restabelecida.

7. Carta Pastoral, § III.

não vê que esse princípio, bem mais universal, esclarece até mesmo o erro do primeiro homem[8], que o seu deixa na obscuridade. O senhor consegue ver apenas o homem nas mãos do diabo, mas eu vejo como ele tombou entre elas. Para o senhor, a causa do mal é a natureza corrompida, mas essa própria corrupção é um mal cuja causa deve ser procurada. O homem foi criado bom; penso que quanto a isso ambos concordamos. Mas o senhor diz que ele é mau simplesmente porque foi anteriormente mau, enquanto eu mostro como ele ficou mau. Quem de nós, em sua opinião, remonta melhor ao princípio?

No entanto, o senhor continua a exultar à vontade, como se me tivesse abatido. Apresenta-me como uma insolúvel objeção[9] *essa impressionante mistura de grandeza e mesquinharia, de paixão pela verdade*

---

8.  Resistir a uma proibição inútil e arbitrária é uma inclinação natural, mas que, longe de ser viciosa em si mesma, está de acordo com a ordem das coisas e com a boa constituição do homem, dado que ele seria incapaz de se conservar se não tivesse um amor muito forte por si mesmo e pela preservação de todos os seus direitos, tal como os recebeu da natureza. Alguém que pudesse fazer tudo só quereria o que lhe fosse útil, mas um ser fraco, cujo poder é adicionalmente restrito e limitado pela lei, perde uma parte de si mesmo e reclama em seu coração aquilo que lhe foi tomado. Acusá-lo de crime por isso seria acusar o fato de ele ser ele mesmo e não um outro, seria querer simultaneamente que ele fosse e não fosse. Assim, a ordem infringida por Adão parece-me menos uma verdadeira proibição que um conselho paternal; é uma advertência para se abster de um fruto pernicioso que produz a morte. Essa idéia seguramente é mais consistente com a que se deve ter da bondade de Deus, e mesmo com o texto do Gênese, do que aquela que os doutores se comprazem de nos prescrever; pois, quanto à ameaça da dupla morte, já se mostrou que essa expressão *morte morieris* [Gênese 2, 17] não tem a ênfase que lhe atribuem, e não passa de um hebraísmo empregado em outras passagens em que essa ênfase não se aplica. Há, além disso, um motivo tão natural de indulgência e de comiseração na astúcia do tentador e na sedução da mulher que, considerado em todas as suas circunstâncias, o pecado de Adão só pode ser visto como uma falta das mais leves. No entanto, segundo eles, que terrível punição! É mesmo impossível conceber uma mais terrível, pois qual castigo poderia suportar Adão, pelos maiores crimes, além de ser condenado, ele e toda sua raça, à morte neste mundo e a passar a eternidade no outro devorado pelo fogo do Inferno? É essa a pena imposta pelo Deus de misericórdia a um pobre infeliz por ter deixado enganar-se? Ah, como odeio essa desanimadora doutrina de nossos implacáveis teólogos! Se por um momento estivesse inclinado a admiti-la, seria exatamente nesse momento que eu acreditaria estar blasfemando.

9.  Carta Pastoral, § III.

*e gosto pelo erro, de inclinação para a virtude e tendência para o vício* que se encontra em nós. *Espantoso contraste,* o senhor acrescenta, *que desconcerta a filosofia pagã e a faz divagar em vãs especulações!*

Mas a teoria do homem não é uma vã especulação quando se funda na natureza, progride apoiada nos fatos por meio de deduções bem encadeadas e, conduzindo-nos à fonte das paixões, ensina-nos a regular seu curso. Quando o senhor denomina "filosofia pagã" a profissão de fé do Vigário Saboiano, sou incapaz de responder a essa acusação, pois não consigo absolutamente compreendê-la[10], mas julgo divertido que utilize quase os mesmos termos do Vigário[11] para dizer que ele não explica aquilo que ele explicou muito melhor.

Permita-me, Senhor Arcebispo, que coloque mais uma vez sob seus olhos a conclusão que o senhor retira de uma objeção tão bem discutida, e, em seguida, toda a tirada que a ela se refere.

*O homem se sente arrastado por uma inclinação funesta, e como poderia resistir a ela se sua infância não estivesse dirigida por mestres plenos de virtude, de sabedoria, de vigilância, e se, durante todo o curso de sua vida, não fizesse ele próprio vigorosos e contínuos esforços, sob a proteção e com as graças de seu Deus.*[12]

Vale dizer: *Vemos que os homens são maus, embora incessantemente tiranizados desde a infância; então, se não fossem tiranizados desde essa época, como se conseguiria torná-los sábios, já que, mesmo tiranizando-os sem cessar, é impossível torná-los tais?*

Nossos raciocínios sobre a educação poderão tornar-se mais claros aplicando-os a um outro assunto.

Suponhamos, Senhor Arcebispo, que alguém fizesse este discurso aos homens:

"Vós vos atormentais demasiadamente em busca de governos eqüitativos e da promulgação de boas leis. Vou primeiramente provar-vos que são seus próprios governos que produzem os males que pretendeis remediar por meio deles.

---

10. A menos que se refira à acusação que o Senhor de Beaumont me dirige a seguir, a de que eu tenha admitido vários Deuses.

11. *Emílio* IV [*OC* IV 583].

12. Carta Pastoral, § III.

"Provarei, além disso, que não é possível que chegueis a ter nem boas leis nem governos eqüitativos, e vou mostrar-vos a seguir os verdadeiros meios de evitar, sem governo e sem leis, todos esses males de que vos queixais."

Suponhamos que depois disso ele explicasse seu sistema e propusesse seus pretendidos meios. Não vou discutir se o sistema seria sólido ou se os meios seriam praticáveis. Se não o fossem, provavelmente bastaria apenas aprisionar o autor junto com os loucos, e com isso fazer-lhe justiça. Mas se infelizmente o fossem, seria muito pior, e o Senhor Arcebispo perceberá, ou outros perceberão pelo senhor, que não haveria carrascos e instrumentos de tortura suficientes para punir o infortunado por ter tido razão. Mas não é disso que se trata aqui.

Qualquer que tenha sido a sorte desse homem, é certo que um dilúvio de escritos iria precipitar-se sobre o que ele escreveu. Não haveria um único escrevinhador que, para cortejar os poderosos, e orgulhoso de ser publicado sob permissão real, não viesse lançar sobre ele sua brochura e suas injúrias e jactar-se de haver reduzido ao silêncio alguém que não se teria dignado a responder ou que teria sido impedido de falar. Mas ainda não é disso que se trata.

Suponhamos, finalmente, que um homem grave, com interesse no assunto, acreditasse dever fazer também como os outros, e, em meio a muitas invectivas e insultos, resolvesse falar desta forma: *Que dizeis, infeliz! Quereis aniquilar os governos e as leis, ainda que estes sejam o único freio do vício, e mesmo assim tenha grande dificuldade em contê-lo? Que sucederia, ó Deus, se não os tivéssemos mais? Vós nos retirais os cadafalsos e as rodas; pretendeis estabelecer a pilhagem pública. Sois um homem abominável.*

Se aquele pobre homem ousasse falar, diria sem dúvida:

"Excelentíssimo senhor, Vossa Excelência faz uma petição de princípio. Não digo que não é preciso reprimir o vício, mas que é preferível impedi-lo de nascer. Desejo suprir a insuficiência das leis, e o senhor me contesta com a insuficiência das leis. Acusa-me de estabelecer os abusos porque em lugar de remediá-los prefiro que sejam prevenidos. Quê? Se existisse um meio de viver sempre com saúde, seria preciso proibi-lo para que os médicos não se tornassem dispensáveis? Vossa

Excelência quer ver cadafalsos e rodas para sempre, e eu desejaria não ver mais malfeitores. Com todo o respeito que lhe devo, não acredito que eu seja um homem abominável."

*Ai, meus caríssimos irmãos, apesar dos princípios da educação mais sã e virtuosa, apesar das mais magníficas promessas da religião e das mais terríveis ameaças, os desatinos da juventude são ainda demasiado freqüentes, demasiado difundidos.* Provei que essa educação, a qual o senhor chama a mais sã, era de fato a mais insensata, que essa educação, a qual o senhor chama a mais virtuosa, produzia nas crianças todos os seus vícios. Provei que toda a glória do Paraíso as tentava menos que um torrão de açúcar, e que elas temiam muito mais entediar-se nas missas vespertinas que arder no Inferno. Provei que os desatinos da juventude, dos quais as pessoas se queixam de não poder reprimi-los com esses meios eram, de fato, produto deles. *Em quais erros, em quais excessos não se precipitaria a juventude abandonada a si mesma?* A juventude jamais se extravia por conta própria; todos os seus erros decorrem de ser malconduzida. Os companheiros e as amantes concluem aquilo que os padres e preceptores começaram; eu o provei. *É uma torrente que transborda apesar dos poderosos diques que a ela se opõem. Que sucederia, então, se nenhum obstáculo detivesse seu fluxo e quebrasse sua força?* Eu poderia dizer: *é uma corrente que derruba seus diques impotentes e tudo destrói. Alargue seu leito e deixe-a correr livre de obstáculos; ela não mais fará mal nenhum.* Mas envergonha-me empregar em um assunto tão sério essas imagens escolares, que cada um aplica a seu bel-prazer e que não provam nada, em nenhum sentido.

Além disso, embora, como diz o senhor, os desatinos da juventude sejam ainda demasiado freqüentes, demasiado difundidos, por causa da inclinação do homem para o mal, levando-se tudo em conta, parece que o senhor não está tão descontente com a juventude, que se compraz o bastante com a educação sã e virtuosa que lhe ministram atualmente seus mestres cheios de virtudes, sabedoria e vigilância, de tal modo que, como o senhor diz, ela perderia muito se fosse educada de outra maneira; e que no fundo o senhor não pensa tão mal deste século — *a borra dos séculos* — como parece afirmar no início de sua Carta Pastoral.

Reconheço que é supérfluo procurar novos planos de educação quando se está tão contente com o que existe; mas admita também,

Senhor Arcebispo, que nesse assunto o senhor não é muito exigente. Se tivesse sido igualmente flexível em matéria de doutrina, sua diocese não estaria agitada por tantas inquietações; o furacão que o senhor desencadeou não teria tombado sobre os jesuítas, e eu não teria sido esmagado por mera proximidade. O senhor teria permanecido mais tranqüilo, e eu também.

O senhor reconhece que para reformar o mundo tanto quanto o permitem a fraqueza e, segundo o senhor, a corrupção de nossa natureza, bastaria observar, sob a direção e a influência da graça, os primeiros lampejos de luz da razão humana, tomá-los cuidadosamente e dirigi-los para o caminho que conduz à verdade.[13] *Com isso,* prossegue o senhor, *esses espíritos, ainda livres de preconceitos, estariam sempre em guarda contra o erro; esses corações, ainda livres das grandes paixões, absorveriam as impressões de todas as virtudes.* Estamos então de acordo sobre esse ponto, pois eu nada disse de diferente. Não acrescentei, admito, que as crianças deveriam ser educadas pelos padres; nem mesmo pensei que isso fosse necessário para fazer delas cidadãos e homens; e esse erro, se o for, comum a tantos católicos, não é crime tão grave no caso de um protestante. Não vou discutir se em seu país os próprios padres passam por tão bons cidadãos; mas como a educação da presente geração é obra deles, cabe ao senhor, de um lado, e a suas Cartas Pastorais anteriores, de outro, decidir se seu leite espiritual foi-lhes de bom proveito, se fez deles tão grandes santos, *verdadeiros adoradores de Deus*[14], e tão grandes homens, *dignos de serem o recurso e o ornamento da pátria.* Posso acrescentar uma observação que deve abalar todos os bons franceses e o senhor mesmo como tal: dentre tantos reis que teve a sua nação, o melhor deles é o único que não foi educado pelos padres.[15]

Mas de que importa isso, dado que não os excluí? Que eles eduquem a juventude se forem capazes; não me oponho, e o que diz o senhor sobre isso[16] em nada contraria meu livro. Pretenderia o senhor que meu plano é mau apenas porque serve a outras pessoas que não só as da Igreja?

---

13. Carta Pastoral, § II.
14. *Ibid.*
15. [Henrique IV.]
16. Carta Pastoral, §II.

Se o homem é bom por sua natureza, como creio haver demonstrado, segue-se que assim permanece enquanto nada que lhe seja estranho o altere. E se os homens são maus, como se deram ao trabalho de me ensinar, segue-se que sua maldade chega-lhes de outro lugar; cerre-se, pois, a entrada ao vício e o coração humano será sempre bom. Com base nesse princípio, estabeleço a educação negativa como a melhor, ou antes, a única educação boa; faço ver como toda educação positiva, não importa como seja conduzida, segue um caminho oposto a seu objetivo, e mostro como se tende para o mesmo objetivo e como se chega a ele pelo caminho que tracei.

Denomino educação positiva aquela que pretende formar o espírito antes da idade e dar à criança um conhecimento dos deveres do homem. Chamo educação negativa aquela que procura aperfeiçoar os órgãos, instrumentos de nosso conhecimento, antes de nos dar esses próprios conhecimentos e nos preparar para a razão pelo exercício dos sentidos. A educação negativa não é ociosa, muito ao contrário. Não produz virtudes, mas evita os vícios; não ensina a verdade, mas protege do erro. Ela prepara a criança para tudo o que pode conduzi-la à verdade, quando estiver em condições de entendê-la, e ao bem, quando estiver em condições de amá-lo.

Senhor Arcebispo, é fácil ver por que esse percurso o desagrada e o abala. O senhor principia caluniando as intenções daquele que o propõe. De acordo com o senhor, essa ociosidade da alma pareceu-me necessária para predispô-la aos erros que nela eu pretendia inculcar. Não é muito claro, porém, que erro alguém quereria comunicar a seu discípulo quando nada lhe ensina com mais cuidado do que perceber sua ignorância e saber que nada sabe. O senhor concorda que o juízo tem seus estágios e só se forma por graus. *Mas segue-se*[17], acrescenta, *que à idade de dez anos uma criança não conheça a diferença entre o bem e o mal, que confunda a sabedoria com a loucura, a bondade com a barbárie, a virtude com o vício?* Tudo isso se segue, com certeza, se nessa idade o juízo não estiver desenvolvido. *Quê!*, prossegue o senhor, *ela não sentirá que obedecer a seu pai é um bem, que desobedecer-lhe é um mal?* Bem longe disso. Afirmo que ela sentirá, ao contrário, quando

---

17. Carta Pastoral, § VI.

JEAN-JACQUES ROUSSEAU

deixa os brinquedos para ir estudar sua lição, que obedecer a seu pai é um mal; e desobedecer-lhe, roubando algum fruto proibido, é um bem. Ela também sentirá, admito, que é um mal ser punida e um bem ser recompensada; e é pelo balanço desses males e bens contraditórios que se regula sua prudência infantil. Creio ter demonstrado isso mil vezes em meus dois primeiros volumes, sobretudo no diálogo entre o mestre e o discípulo acerca do que é proceder mal.[18] Mas bastam duas linhas para o Senhor Arcebispo refutar meus dois volumes: *Pretender isso, caríssimos irmãos, é caluniar a natureza humana, atribuindo-lhe uma estupidez que ela não tem.* Não se poderia conceber uma refutação mais incisiva, nem formulada em menos palavras. Mas essa ignorância, que lhe agrada denominar estupidez, encontra-se regularmente em todo espírito constrangido por órgãos imperfeitos ou que não foi cultivado; essa observação é fácil de realizar e perceptível por todo mundo. Atribuir tal ignorância à natureza humana não é, portanto, caluniá-la; e foi o senhor que a caluniou imputando-lhe uma malícia que ela não possui.

O senhor diz ainda[19]: *Não querer ensinar a sabedoria ao homem a não ser na época em que ele estará subjugado pelo ardor das paixões nascentes não equivale a ensiná-la com a intenção de que ele a rejeite?* Mais uma vez o senhor tem a bondade de emprestar-me uma intenção que seguramente ninguém mais encontrará em meu livro. Mostrei, primeiramente, que aquele que for educado como eu desejo não será dominado pelas paixões na época que senhor menciona. Mostrei, além disso, como as lições de sabedoria podem retardar o desenvolvimento dessas mesmas paixões. São os maus efeitos de sua educação que o senhor imputa à minha, e apresenta-me a título de objeção os próprios defeitos que eu ensino evitar. Até a adolescência mantive afastado das paixões o coração de meu aluno, e quando elas estavam prestes a nascer, atrasei-lhes ainda o progresso mediante cuidados apropriados para reprimi-las. Mais cedo, as lições de sabedoria não significam nada para a criança, que não está em condições de se interessar por elas e compreendê-las; mais tarde, elas não mais impressionam um coração já entregue às paixões. É apenas no momento escolhido por mim que elas são úteis, seja para prepará-la, seja

---

18. *Emílio* II, [*OC* IV 317-18].
19. Carta Pastoral, § VI.

para distraí-la. Em qualquer dos casos, é igualmente importante que o jovem se ocupe com elas nessa época.

O senhor diz[20]: *Para encontrar os jovens mais dóceis em relação às lições que lhes prepara, este autor quer que eles estejam desprovidos de qualquer princípio de religião.* A razão para isso é simples: desejo que eles tenham uma religião, e não quero ensinar-lhes nada cuja verdade seu juízo não esteja em condições de perceber. Mas quanto a mim, Senhor Arcebispo, se eu dissesse: *Para encontrar os jovens mais dóceis em relação às lições que lhes são preparadas, toma-se grande cuidado em apoderar-se deles antes da idade da razão,* estaria eu raciocinando pior que o senhor, e seria esta uma opinião favorável ao que o senhor ensina às crianças? Em sua opinião, eu escolho a idade da razão para inculcar o erro, ao passo que o senhor se antecipa a ela para ensinar a verdade. O senhor se apressa a instruir a criança antes que ela possa discernir o verdadeiro do falso, e eu, para enganá-la, aguardo que esteja em condições de compreender essa diferença. Seria natural essa avaliação? Quem parece mais interessado em seduzir: aquele que se propõe a falar apenas aos homens ou aquele que se dirige às crianças?

O senhor me censura por haver dito e mostrado que toda criança que acredita em Deus é idólatra ou antropomorfista, e combate isso dizendo[21] que não se pode supor nenhuma dessas coisas de uma criança que tenha recebido uma educação cristã. Isto é o que está em questão, resta ver a prova. A minha é que a educação mais cristã não poderia dar à criança o entendimento que ela não tem, nem separar suas idéias das idéias materiais, acima das quais tantos homens não conseguem elevar as suas. Faço, além disso, apelo à experiência, e exorto cada leitor a consultar sua memória e a lembrar-se se, quando acreditava em Deus, na infância, não fazia sempre alguma imagem dele. Quando o senhor lhe diz que *a divindade não é algo que possa ser apreendido pelos sentidos,* ou seu espírito confuso nada compreende, ou entende que a divindade não é nada. Quando o senhor lhe fala de *uma inteligência infinita,* ela não sabe o que é *inteligência,* e muito menos o que é *infinita.* Mas o senhor a fará repetir as palavras que quer que ela diga; fará até mesmo

---

20. Carta Pastoral, § IX.
21. *Ibid.,* § VII.

acrescentar, se preciso, que as entende, pois isso não lhe custa nada, e ela preferirá dizer que as entende a receber um ralho ou uma punição. Todos os povos antigos, sem excetuar os judeus, representaram Deus corporalmente, e quantos cristãos, sobretudo católicos, não fazem isso ainda hoje? Se suas crianças falam como homens, é porque os homens ainda são crianças. E por isso que os mistérios empilhados não incomodam mais ninguém; seus termos são tão fáceis de pronunciar quanto outros. Uma das comodidades do cristianismo moderno é ter criado para si um certo jargão de palavras desprovidas de idéias, com as quais se satisfaz tudo, menos a razão.

Ao examinar a inteligência que conduz ao conhecimento de Deus, descubro que não é razoável acreditar que esse conhecimento[22] seja *sempre necessário à salvação*. Cito como exemplo os insensatos, as crianças, e ponho na mesma classe os homens cujo espírito não adquiriu luzes suficientes para compreender a existência de Deus. Sobre isso o senhor diz[23]: *Não nos surpreendamos que o autor de Emílio adie para um tempo tão distante o conhecimento da existência de Deus; ele não crê que esse conhecimento seja necessário à salvação.* Para tornar minha proposição mais ríspida, o senhor começa suprimindo caridosamente a palavra *sempre*, o que não somente a modifica, mas lhe dá um outro sentido; segundo minha frase, esse conhecimento é ordinariamente necessário à salvação, ao passo que nunca o seria segundo a frase que o senhor me atribui. Após essa pequena falsificação, o senhor prossegue desta forma:

"É claro", *diz ele pela boca de um personagem quimérico*, "é claro que um homem que tenha chegado à velhice sem acreditar em Deus não será por essa razão privado de sua presença na outra" (o senhor omitiu a palavra *vida*), "se sua cegueira não tiver sido voluntária, e eu afirmo que ela nem sempre é voluntária."

Antes de transcrever aqui sua observação, permita-me que faça a minha. Esse alegado personagem quimérico sou eu mesmo, não o Vigário. Essa passagem, que o senhor acredita fazer parte da profissão de fé, não está nela, mas no próprio corpo do livro. Senhor Arcebispo,

---

22. *Emílio* IV [*OC* IV 555-56].
23. Carta Pastoral, § XI.

o senhor lê bem superficialmente e cita bem negligentemente os escritos que estigmatiza de forma tão dura; e penso que um homem em posição de censor deveria pôr um pouco mais de atenção em seus juízos. Retomo, então, o seu texto.

*Observai, caríssimos irmãos, que não se trata aqui de um homem desprovido do uso de sua razão, mas apenas de alguém cuja razão não teria sido auxiliada pela instrução.* Em seguida o senhor afirma[24] que *uma tal pretensão é sumamente absurda. São Paulo assegura que, entre os filósofos pagãos, muitos chegaram ao conhecimento do verdadeiro Deus somente com as forças da razão*; transcrevendo em seguida a passagem em questão.

Senhor Arcebispo, o mal é muitas vezes pequeno quando não se entende o autor que se lê, mas se torna grande ao refutá-lo, e muito grande ao difamá-lo. Ora, o senhor não entendeu a passagem de meu livro que está aqui atacando, assim como não entendeu muitas outras. O leitor julgará se a falta é minha ou sua, assim que eu tiver posto a passagem inteira sob seus olhos.

"Nós (os protestantes) afirmamos que nenhuma criança morta antes da idade da razão será privada da felicidade eterna. Os católicos pensam o mesmo de todas as crianças que tenham recebido o batismo, ainda que jamais tenham ouvido falar de Deus. Há casos, portanto, em que se pode ser salvo sem acreditar em Deus, e esses casos ocorrem sempre que o espírito humano é incapaz, como na infância ou na demência, das operações necessárias para reconhecer a Divindade. Toda a diferença que vejo aqui entre nós é que vós pretendeis que as crianças tenham essa capacidade aos sete anos, e eu não a atribuo a elas nem mesmo aos quinze. Que eu esteja certo ou errado não constitui aqui um artigo de fé, mas uma simples observação de história natural.

"Pelo mesmo princípio, é claro que um homem que tenha chegado à velhice sem acreditar em Deus não será por isso privado de sua presença na outra vida se sua cegueira não tiver sido voluntária; e afirmo que ela nem sempre é voluntária. Concordais com isso no caso dos insensatos privados por uma doença de suas faculdades mentais, mas não de sua qualidade de homens, nem, por conseguinte, do direito aos benefícios de seu criador. Por que, então, não admitir o mesmo para aqueles que,

---

24. *Carta Pastoral*, § XI.

separados de toda a sociedade desde a infância, tivessem levado uma vida absolutamente selvagem, privados das luzes que só se adquirem na convivência com os homens? Pois é demonstravelmente impossível que um tal selvagem pudesse jamais elevar suas reflexões até o conhecimento do verdadeiro Deus. A razão nos diz que um homem só pode ser punido pelas faltas decorrentes de sua vontade, e que uma ignorância intransponível não poderia ser-lhe atribuída como crime. Daí segue que, diante da justiça eterna, todo homem que acreditasse, caso tivesse as luzes necessárias, é considerado um crente, e que os únicos incrédulos punidos serão aqueles cujo coração se fecha à verdade."[25]

Eis aí toda a passagem, diante da qual seu erro salta à vista. O engano consiste em que o senhor entende, ou faz entender que, para mim, seria preciso ser instruído sobre a existência de Deus para nela acreditar. Mas o que penso é muito diferente. Digo que é necessário ter o entendimento desenvolvido e o espírito cultivado até certo ponto para estar em condições de compreender as provas da existência de Deus e, sobretudo, para encontrá-las por si mesmo sem jamais ter ouvido falar delas. Refiro-me a homens bárbaros ou selvagens; o senhor me fala de filósofos. Digo que é preciso ter adquirido alguma filosofia para alcançar a idéia do verdadeiro Deus; o senhor me indica São Paulo, que reconhece que alguns filósofos pagãos alcançaram a idéia do verdadeiro Deus. Afirmo que um homem grosseiro nem sempre está em condições de formar por si mesmo uma idéia correta da divindade; o senhor diz que os homens instruídos estão em condições de formar dela uma idéia correta, e com base nessa única prova, minha opinião lhe parece *sumamente absurda*. Mas como? Apenas porque um doutor em direito deve saber as leis de seu país, seria absurdo supor que uma criança que não sabe ler possa ignorá-las?

Quando um autor não quer se repetir incessantemente e já estabeleceu claramente sua opinião sobre um assunto, não está obrigado a oferecer sempre as mesmas provas ao raciocinar sobre a mesma opinião. Seus escritos se explicam, então, uns pelos outros, e os últimos, quando ele é metódico, sempre pressupõem os primeiros. Isso é o que sempre procurei fazer, e o que fiz, sobretudo nessa ocasião.

---

25. *Emílio* IV [*OC* IV 555-56].

CARTA A BEAUMONT

O senhor supõe, assim como os que tratam desses assuntos, que o homem traz consigo sua razão completamente formada, e que trata-se apenas de pô-la em ação. Ora, isso não é verdadeiro, pois a razão é uma das aquisições do homem, e mesmo uma das mais lentas. O homem aprende a ver com os olhos do espírito assim como com os olhos do corpo; mas o primeiro aprendizado é bem mais longo que o segundo, porque, como as relações entre os objetos intelectuais não são mensuráveis como a extensão, elas só se descobrem por estimativa, e nossas primeiras necessidades, as necessidades físicas, não tornam o exame desses objetos tão interessante para nós. Precisamos aprender a ver dois objetos ao mesmo tempo, aprender a compará-los, a comparar grande número de objetos, a remontar gradualmente as suas causas e a segui-las em seus efeitos. Precisamos ter combinado uma infinidade de relações para adquirir as idéias de conformidade, proporção, harmonia e ordem. Um homem que, privado do auxílio de seus semelhantes e incessantemente ocupado em prover as suas necessidades, reduz-se em tudo ao simples percurso de suas próprias idéias, e faz um progresso bem lento nessa direção; ele envelhece e morre antes de ter saído da infância da razão. Pode o senhor, honestamente, acreditar que dentre um milhão de homens criados dessa maneira haja um único que chegue a pensar em Deus?

A ordem do universo, por admirável que seja, não impressiona igualmente todos os olhos. O povo dá-lhe pouca atenção, estando privado dos conhecimentos que tornam essa ordem perceptível e não tendo aprendido a refletir sobre aquilo que percebe. Isso não é embrutecimento nem má vontade, é ignorância, entorpecimento do espírito. A menor meditação fatiga essas pessoas, assim como o menor trabalho braçal fatiga um estudioso. Eles ouviram falar das obras de Deus e das maravilhas da natureza, repetem as mesmas palavras sem ajuntar-lhes as mesmas idéias, e são pouco tocados por tudo que possa elevar o sábio a seu Criador. Ora, se entre nós o povo, mesmo tendo à mão tanta instrução, continua tão estúpido, como serão essas pobres pessoas abandonadas a si mesmas desde a infância e às quais jamais ninguém ensinou coisa alguma? O senhor acredita que um cafre ou um lapão filosofa muito sobre o funcionamento do mundo e a geração das coisas? E mesmo os cafres e os lapões, vivendo em nações, possuem uma multidão de idéias recebidas e comunicadas, com ajuda das quais

63

adquirem algumas noções grosseiras de uma divindade. De certo modo, eles possuem um catecismo, mas o homem selvagem, errando solitário pelos bosques, não tem absolutamente nenhum. Mas esse homem não existe, dirá o senhor. Que seja. Mas pode existir como suposição. Existem certamente homens que jamais tiveram uma discussão filosófica em sua vida, e cujo tempo é gasto inteiramente em buscar seu alimento, devorá-lo, e dormir. Que faremos desses homens — os esquimós, por exemplo? Faremos deles teólogos?

Minha opinião, portanto, é que o espírito do homem, sem progresso, sem instrução, sem cultura, e tal como sai das mãos da natureza, não está em condições de elevar-se por si mesmo às sublimes noções da divindade; mas que essas noções se apresentam a nós à medida que nosso espírito se cultiva; que aos olhos de todo homem que pensou, que refletiu, Deus se manifesta em suas obras; que ele se revela às pessoas esclarecidas no espetáculo da natureza; que quando nossos olhos se abrem, é preciso fechá-los para não vê-lo; que todo filósofo ateu raciocina de má-fé ou está cego por seu orgulho; mas também que um homem grosseiro e estúpido, embora simples e verdadeiro, um espírito sem erro e sem vício, pode, por uma ignorância involuntária, não ascender ao Autor de seu ser e não conceber o que é Deus, sem que essa ignorância o torne punível por uma falta na qual seu coração não consentiu. Este não foi esclarecido, o outro recusa a sê-lo — o que me parece muito diferente.

Se o senhor aplicar a essa opinião a passagem de São Paulo, verá que, em lugar de combatê-la, ela a favorece; verá que essa passagem recai apenas sobre aqueles pretensos sábios para quem *o que pode ser conhecido acerca de Deus está manifesto,* para quem *a consideração das coisas que foram feitas desde a criação do mundo tornou visível o que é invisível em Deus,* mas que, *não o tendo glorificado, não lhe tendo dado graças, perderam-se na vaidade de seu raciocínio,* e, permanecendo assim indesculpáveis, *ao se dizerem sábios, tornaram-se tolos.*[26] Como a razão pela qual o apóstolo censura os filósofos por não terem glorificado o verdadeiro Deus não se aplica à minha suposição, ela dá apoio a uma indução que está toda a meu favor; confirma o que eu mesmo disse,

---

26. [Romanos I,19-22.]

que todo[27] *filósofo que não crê está errado porque usa mal a razão que cultivou e porque está em condição de entender as verdades que rejeita*; ela mostra, finalmente, por essa própria passagem, que o senhor não me entendeu, e que quando me acusa de ter dito o que eu não disse nem pensei, a saber, que as pessoas só crêem em Deus com base na autoridade de outros[28], o senhor está muito errado, pois, ao contrário, apenas distingui os casos em que podemos conhecer a Deus por nós mesmos e aqueles em que isso só é possível com o auxílio de outrem.

Além disso, ainda que o senhor tivesse razão nessa crítica, ainda que houvesse refutado solidamente minha opinião, isso não bastaria para concluir que ela fosse sumamente absurda, como o senhor pretendeu qualificá-la: pode-se estar errado sem cair na extravagância, e nem todo erro é um absurdo. Meu respeito pelo senhor torna-me menos pródigo de epítetos, e não será minha culpa se o leitor escolher aplicá-los.

Sempre com a disposição de censurar sem entender, o senhor passa de uma imputação grave e falsa a outra que o é ainda mais, e, após haver-me injustamente acusado de negar a evidência da divindade, acusa-me ainda mais injustamente de ter posto em dúvida sua unicidade. E vai além: o senhor se dá ao trabalho de discutir esse assunto, contrariamente ao seu procedimento habitual, e o único lugar de sua Carta Pastoral em que está correto é quando refuta uma extravagância que não afirmei.

Aqui está a passagem que o senhor ataca, ou melhor, a passagem em que o senhor cita a minha, pois é preciso que o leitor me veja em vossas mãos:

"Sei"[29], *faz dizer o suposto personagem que lhe serve de porta-voz,* "sei que o mundo é governado por uma vontade poderosa e sábia; vejo-o, ou, antes, sinto-o; e é importante que o saiba; mas este mundo é eterno ou criado? Há um princípio único das coisas? Há dois ou mais, e qual é a sua natureza? Não sei nada sobre isso, e que me

---

27. *Emílio* IV [*OC* IV 555].

28. O senhor de Beaumont não diz isso nesses próprios termos, mas esse é o único sentido razoável que se pode dar a seu texto, apoiado na passagem de São Paulo; e não posso responder senão ao que entendo. [Ver sua Carta Pastoral, § XI.]

29. Carta Pastoral, § XIII.

importa?...[30] Renuncio a questões ociosas que podem inquietar meu amor-próprio, mas que são inúteis para minha conduta e superiores à minha razão."

Observo de passagem que esta é a segunda vez em que o senhor qualifica o padre saboiano de personagem quimérico ou suposto. Diga-me como sabe disso, eu lhe peço. Afirmei o que eu sabia, e o senhor nega o que não sabe; qual de nós dois é o temerário? Sabe-se, admito, haver poucos padres que acreditam em Deus, mas ainda não se provou não haver nenhum. Retorno a seu texto.

*Que pretende dizer, então, esse temerário autor?...[31] A unidade de Deus lhe parece uma questão ociosa e superior à sua razão, como se a multiplicidade de Deuses não fosse o maior dos absurdos. "A pluralidade de Deuses", diz energicamente Tertuliano, "é uma anulação de Deus". Admitir um Deus é admitir um Ser supremo e independente, ao qual todos os outros seres são subordinados.[32] Ele implica, portanto, a existência de vários Deuses.*

Mas quem está dizendo que há vários Deuses? Ah, Senhor Arcebispo! Bem que o senhor desejaria que eu tivesse dito semelhantes loucuras. O senhor certamente não teria tido o trabalho de redigir contra mim uma Carta Pastoral.

Não sei por que nem como existe aquilo que existe, e muitos outros que se vangloriam de dizer que sabem, não sabem mais do que eu. Mas vejo que há apenas uma primeira causa motriz, porque tudo concorre perceptivelmente para os mesmos fins. Reconheço, portanto, uma vontade única e suprema que tudo dirige, e um poder único e supremo que tudo executa. Atribuo esse poder e essa vontade ao mesmo Ser, por causa de seu perfeito acordo, que se concebe melhor em um do que em

---

30. Estas reticências indicam uma lacuna de três linhas que atenuam a passagem e que o Senhor de Beaumont não quis transcrever. Ver *Emílio* IV [*OC* IV 58-81]. [Eis as linhas que faltam: "Que me importa? À medida que esses conhecimentos se tornarem necessários para mim esforçar-me-ei para adquiri-los; até lá renuncio... etc."]

31. Carta Pastoral, § XIII.

32. Tertuliano emprega aqui um sofisma muito familiar aos Padres da Igreja. Define a palavra *Deus* seguindo os cristãos e depois acusa os pagãos de contradição porque, ao contrário de sua definição, eles admitem vários Deuses. Não vale a pena imputar-me um erro que não cometi apenas para citar, tão pouco a propósito, um sofisma de Tertuliano.

dois, e porque não se deve multiplicar os seres sem uma razão. Pois o próprio mal que vemos não é um mal absoluto, e, longe de combater diretamente o bem, atua em concordância com ele para a harmonia universal.

Mas o porquê das coisas existirem distingue-se muito nitidamente em duas idéias, a saber, a coisa que faz e a coisa que é feita; essas duas idéias não se reúnem no mesmo ser sem algum esforço do entendimento, e mal se pode conceber uma coisa que age sem supor uma outra sobre a qual ela age. Além disso, é certo que temos a idéia de duas substâncias distintas, o espírito e a matéria, aquilo que pensa e aquilo que possui extensão, e essas duas idéias se concebem muito bem uma sem a outra.

Há, portanto, duas maneiras de conceber a origem das coisas, a saber: ou a partir de duas causas diferentes, uma viva e outra morta, uma motriz e outra movida, uma ativa e outra passiva, uma eficiente e a outra instrumental; ou a partir de uma causa única, que tira de si mesma tudo o que existe e tudo o que é feito. Nenhuma dessas duas opiniões, debatidas há tantos séculos pelos metafísicos, tornou-se com isso mais plausível à razão humana, e se a existência eterna e necessária da matéria apresenta dificuldades para nós, sua criação tem outras tantas, pois tantos homens e filósofos que em todas as épocas meditaram sobre o assunto rejeitaram unanimemente a possibilidade de criação, exceto, talvez, um número muito pequeno, que parece ter sinceramente submetido sua razão à autoridade; uma sinceridade que os motivos de seu interesse, de sua segurança e de sua tranqüilidade tornam altamente suspeita, e da qual será sempre impossível estar seguro enquanto houver algum risco em dizer a verdade.

Supondo que haja um princípio eterno e único das coisas, esse princípio, sendo simples em sua essência, não será composto de matéria e espírito, mas somente matéria ou somente espírito. A partir das razões deduzidas pelo Vigário, não se poderia conceber que esse princípio fosse matéria; e, se for espírito, não se poderia conceber que a matéria tenha recebido dele seu ser; pois, para isso, seria preciso conceber a criação; ora, a idéia de criação, ou seja, a idéia pela qual se concebe que por um simples ato de vontade o nada se torna alguma coisa é, de todas as idéias que não são claramente contraditórias, a menos compreensível à mente humana.

Constrangido dos dois lados por essas dificuldades, o bom padre permanece indeciso, não se deixando atormentar por uma dúvida puramente especulativa que em nada influi sobre seus deveres neste mundo; pois, afinal, que me importa explicar a origem dos seres, desde que eu saiba como eles subsistem, qual lugar devo ocupar entre eles e em virtude de que essa obrigação me é imposta?

Mas supor dois princípios[33] das coisas — suposição, entretanto, que o Vigário não faz — não significa por si só supor dois Deuses, a menos que, como os maniqueus, suponha-se também que ambos esses princípios sejam ativos, doutrina absolutamente contrária à do Vigário, que, de forma muito precisa, admite apenas uma inteligência primeira, um único princípio ativo e, por conseguinte, um só Deus.

Estou pronto a admitir que, estando a criação do mundo claramente enunciada em nossas traduções do Gênese, rejeitá-la taxativamente seria, sob esse aspecto, rejeitar a autoridade, se não dos livros sagrados, ao menos das traduções que nos são oferecidas, e isso também mantém o Vigário em uma dúvida que ele não teria, talvez, sem essa autoridade. Pois, de resto, a coexistência de dois princípios[34] parece explicar melhor a constituição do universo e aplainar as dificuldades que, sem ela, são difíceis de resolver, como, entre outras, a da origem do mal. Além disso, seria preciso entender perfeitamente o hebraico, e até mesmo ter sido contemporâneo de Moisés, para saber com certeza qual sentido ele deu à palavra que é traduzida como *criou*. Esse termo é demasiado filosófico para ter tido em sua origem a acepção conhecida e popular que lhe

---

33. Aquele que só conhece duas substâncias tampouco pode imaginar mais que dois princípios, e o termo *ou mais*, acrescentado na passagem citada, funciona ali apenas como uma espécie de expletivo, servindo, no máximo, para fazer entender que importa tão pouco conhecer o número desses princípios quanto sua natureza.

34. É bom observar que essa questão da eternidade da matéria, a qual inquieta fortemente nossos teólogos, inquietou muito pouco os Padres da Igreja, que estavam menos afastados das opiniões de Platão. Sem falar de Justino Mártir, de Orígenes e de outros, Clemente de Alexandria é tão a favor da afirmativa em suas *Hipotiposes* que Fócio pretende, por isso, que o livro seja uma falsificação. Mas a mesma opinião aparece ainda nos *Stromates*, no qual Clemente relata a opinião de Heráclito sem desaprová-la. Esse Padre, no Livro V, esforça-se, é verdade, por estabelecer um único princípio, mas isso porque recusa esse nome à matéria, mesmo admitindo sua eternidade.

damos hoje, sob a autoridade de nossos doutores. Essa acepção pode ter se modificado e enganado até mesmo os Setenta, já imbuídos das questões da filosofia grega. Nada mais comum que palavras cujo sentido muda com o tempo, fazendo atribuir aos autores antigos, que delas se serviram, idéias que eles absolutamente não tiveram.[35] É muito duvidoso que a palavra grega tenha tido o sentido que pretendemos lhe dar, e é bastante certo que a palavra latina não tem o mesmo sentido, dado que Lucrécio, o qual nega formalmente a possibilidade de qualquer criação, não deixa de empregar com freqüência o mesmo termo para exprimir a formação do universo e de suas partes. Enfim, o Senhor de Beausobre provou[36] que a noção de criação não existe na antiga teologia judaica, e o Senhor Arcebispo é bastante instruído para ignorar que muitos homens, cheios de profundo respeito por nossos livros sagrados, não reconheceram, entretanto, na narrativa de Moisés, a criação absoluta do universo. Assim, o Vigário — que não está forçado pelo despotismo dos teólogos — pode muito bem, sem deixar de ser ortodoxo, ter dúvidas sobre a existência de dois princípios eternos das coisas ou de apenas um. Esse é um debate puramente gramatical ou filosófico, no qual a Revelação em nada participa.

Seja como for, não é isso que está em questão entre nós, e, sem sustentar as opiniões do Vigário, minha única tarefa aqui é mostrar os erros que o senhor cometeu.

Ora, o senhor erra ao afirmar que a unidade de Deus me parece uma questão ociosa e superior à razão, pois, no escrito que o senhor censura, essa unidade é estabelecida e sustentada pelo raciocínio. E erra ao apoiar-se em uma passagem de Tertuliano para concluir contra mim que ela implica haver muitos Deuses, pois, sem precisar de

---

35. [Em uma edição da carta a Beaumont publicada em 1782, na Inglaterra, ocorre neste ponto a seguinte passagem: "A palavra hebraica que foi traduzida por *criar, fazer qualquer coisa a partir do nada,* significa *fazer, produzir alguma coisa com magnificência.* Rivet chega a pretender que nem a palavra hebraica *bara,* nem a palavra grega que lhe corresponde, nem mesmo a palavra latina *creare* podem ser restritas à significação particular de *produzir alguma coisa a partir do nada.*"]

36. *História do Maniqueísmo,* Livro II. [Isaac de Beausobre (1659-1738), teólogo protestante francês, publicou sua *Histoire critique de Manichée et du manichéisme* em 1734.]

Tertuliano, também concluo, de minha parte, que ela implica haver muitos Deuses.

O senhor erra ao qualificar-me, por isso, de autor temerário, pois onde não há asserção não há temeridade. Não se pode conceber que um autor seja temerário simplesmente por ser menos ousado que o senhor.

Por fim, o senhor erra ao pensar ter justificado corretamente os dogmas particulares que atribuem a Deus paixões humanas — e que, longe de esclarecer as idéias sobre o grande Ser, as confundem e as aviltam —, acusando-me falsamente de confundir e aviltar eu mesmo essas idéias, de atacar diretamente a essência divina, que em absoluto não ataquei, e de colocar em dúvida sua unidade, que em absoluto não coloquei. Se o tivesse feito, qual seria a conseqüência? Acusar não é justificar-se. Mas alguém que, como única defesa, só consegue acusar falsamente tem bem a aparência de ser o único culpado.

A contradição pela qual o senhor me reprova na mesma passagem está tão bem fundamentada quanto a acusação anterior. *Ele não sabe,* diz o senhor, *qual é a natureza de Deus, e logo a seguir reconhece que esse Ser supremo é dotado de inteligência, poder, vontade e bondade. Não é isso já ter uma idéia da natureza divina?*

Eis, Senhor Arcebispo, o que tenho a lhe responder sobre esse ponto: "Deus é inteligente, mas de que maneira? O homem é inteligente quando raciocina, e a suprema inteligência não tem necessidade de raciocinar; para ela não há nem premissas nem conclusões, não há nem mesmo proposições; ela é completamente intuitiva, ela vê igualmente tudo o que existe e tudo o que pode existir; para ela, todas as verdades são uma única idéia, assim como todos os lugares são um único ponto e todos os tempos, um só momento. O poder humano age por meio de instrumentos, o poder divino age por si mesmo; Deus pode porque ele quer, sua vontade faz seu poder. Deus é bom, nada mais evidente; mas a bondade no homem é o amor por seus semelhantes, e a bondade de Deus é o amor pela ordem, pois é pela ordem que ele mantém o que existe e une cada parte com o todo. Deus é justo, disso estou convencido, trata-se de uma conseqüência de sua bondade; a injustiça dos homens é obra deles, não de Deus; a desordem moral, que depõe contra a providência aos olhos dos filósofos, não faz senão demonstrá-la aos meus. Mas a justiça do homem é dar a cada um o que lhe pertence, e a justiça de Deus é pedir contas a cada um daquilo que ele lhe deu.

"Se acabo de descobrir sucessivamente esses atributos, dos quais não tenho nenhuma idéia absoluta, foi por meio de deduções inevitáveis, pelo bom uso de minha razão. Mas eu os afirmo sem os compreender, e, no fundo, isso é não afirmar nada. Por mais que diga a mim mesmo: Deus é assim, eu o sinto, eu o demonstro, nem por isso concebo melhor como Deus pode ser assim.

"Enfim, quanto mais me esforço para contemplar sua essência infinita, menos a concebo; mas ela existe, e isso me basta. Quanto menos a concebo, mais a adoro. Eu me humilho e lhe digo: Ser dos seres, eu existo porque existes; pensar em ti incessantemente é remontar à minha origem. O mais digno uso de minha razão é aniquilar-se diante de ti; sentir-me esmagado por ti é o arrebatamento de meu espírito, o encanto da minha fraqueza."

Essa é minha resposta, e eu a creio definitiva. Será preciso dizer-lhe agora de onde a extraí? Tirei-a, palavra por palavra, do próprio lugar em que me acusa de contradição.[37] O senhor a emprega como todos os meus adversários que, para me refutar, limitam-se a transcrever as objeções que levantei e suprimir minhas soluções. A resposta já está pronta; é a obra que eles refutaram.

Estamos chegando, Senhor Arcebispo, às discussões mais importantes.

Após ter atacado meu sistema e meu livro, o senhor ataca igualmente minha religião e, como o Vigário católico faz objeções contra sua Igreja, o senhor tenta fazer-me passar por inimigo da minha; como se levantar dificuldades contra uma opinião fosse o mesmo que renunciar a ela; como se todo o conhecimento humano não tivesse suas dificuldades, como se a própria Geometria não enfrentasse nenhuma, ou como se os geômetras tivessem decidido calar-se sobre elas para não prejudicar a certeza de sua arte.

A resposta que tenho a dar-lhe de antemão é declarar, com minha franqueza ordinária, minhas opiniões em matéria de religião, tal como as professei em todos os meus escritos e tal como sempre estiveram em

---

37. *Emílio* IV [*OC* IV 593-94].

minha boca e em meu coração. Direi, além disso, por que publiquei a profissão de fé do Vigário, e por que, apesar de tantos clamores, sempre a considerarei como o melhor e mais útil escrito no século em que foi publicado. Nem as fogueiras nem as ordens de prisão me farão mudar minha linguagem; os teólogos, ordenando-me a ser humilde, não me tornarão falso, e os filósofos, acusando-me de hipocrisia, não me farão professar a incredulidade. Proclamarei minha religião, porque tenho uma, e a proclamarei abertamente, porque tenho a coragem de fazê-lo e porque seria desejável, para o bem dos homens, que essa fosse a religião do gênero humano.

Sou cristão, Senhor Arcebispo, e sinceramente cristão, segundo a doutrina do Evangelho. Sou cristão não como discípulo dos padres, mas como discípulo de Jesus Cristo. Meu Mestre pouco discorreu sobre as sutilezas dos dogmas e insistiu muito sobre os deveres; prescreveu menos artigos de fé que boas obras; só ordenou acreditar no que era necessário para ser bom. Quando ele resumiu a lei e os profetas, foi muito mais em atos de virtude que em fórmulas de crença[38], e ele me disse, ele próprio e por meio dos apóstolos, que aquele que ama seu irmão cumpriu a Lei.[39]

De minha parte, suficientemente convencido das verdades essenciais do cristianismo que servem de fundamento a toda boa moral, buscando, além disso, nutrir meu coração com o espírito de Evangelho, sem atormentar minha razão com o que nele me parecia obscuro, persuadido, enfim, de que qualquer um que ame a Deus sobre todas as coisas e ao próximo como a si mesmo é um verdadeiro cristão, eu esforço-me para sê-lo, deixando de lado todas as sutilezas de doutrina, todas essas pomposas algaravias com as quais os fariseus confundem nossos deveres e ofuscam nossa fé, e, com São Paulo, pondo a própria fé abaixo da caridade.[40]

Feliz por ter nascido na religião mais razoável e mais santa que há sobre a Terra, permaneço indissoluvelmente ligado ao culto de meus pais; como eles, tomo a Escritura e a razão como as únicas regras

---

38. Mateus 7,12.
39. Gálatas 5,14.
40. I Coríntios 13,2-13.

de minha crença; como eles, desafio a autoridade dos homens e concordo em submeter-me a suas fórmulas apenas quando percebo a verdade delas; como eles, junto-me, em meu coração, aos verdadeiros servidores de Jesus Cristo e aos verdadeiros adoradores de Deus, para oferecer-lhe, na comunhão dos fiéis, as homenagens de sua Igreja. É doce e reconfortante estar entre seus membros, participar do culto público oferecido à divindade e dizer para mim mesmo, em meio a eles: estou com meus irmãos.

Pleno de reconhecimento pelo digno Pastor que, resistindo à torrente do exemplo e julgando em nome da verdade, não excluiu da Igreja um defensor da causa de Deus, conservarei por toda a minha vida uma terna lembrança de sua caridade verdadeiramente cristã. Sempre considerarei uma glória pertencer ao seu rebanho, e espero nunca escandalizar seus membros devido às minhas opiniões ou à minha conduta. Mas quando padres injustos, arrogando-se direitos que não têm, quiserem se fazer árbitros de minha crença e vierem me dizer arrogantemente: desdizei-vos, disfarçai-vos, explicai isto, desautorizai aquilo — sua altivez não me impressionará; não me farão mentir para ser ortodoxo, nem dizer o que não penso para agradá-los. Se minha veracidade os ofende, e se quiserem excluir-me da Igreja, temerei pouco essa ameaça, cuja execução não está em seu poder. Não me impedirão de estar unido, em meu coração, com os fiéis, não me excluirão do rol dos eleitos se nele eu estiver inscrito. Podem privar-me das consolações desta vida, mas não da esperança na vida que deve vir em seguida, e nessa vida futura, meu desejo mais ardente e mais sincero é ter o próprio Jesus Cristo como árbitro entre eles e mim.

Essas são, Senhor Arcebispo, minhas verdadeiras opiniões, que não prescrevo como regra a ninguém, mas declaro serem minhas, e que permanecerão assim enquanto aprouver não aos homens mas a Deus, o único capaz de mudar meu coração e minha razão. Pois durante todo o tempo em que for o que sou e pensar como penso, eu falarei como falo. Uma situação muito diferente, admito, de seus cristãos em efígie, sempre prontos a acreditar no que se deve acreditar e a dizer o que se deve dizer para seu interesse ou sua tranqüilidade, e sempre seguros de serem suficientemente bons cristãos, contanto que não lhes queimem os livros e não haja ordens de prisão contra eles. Vivem como pessoas persuadidas não apenas de que se deve professar tal e tal artigo de fé, mas que basta isso para ir ao Paraíso; eu, ao contrário, penso que o essencial da religião consiste na prática, que ser homem de bem, compassivo, humano, caridoso, não é apenas necessário, mas qualquer um que seja realmente assim já creia o suficiente para se salvar. Confesso, de resto, que sua doutrina é mais cômoda que a minha, e custa muito menos incluir-se entre os fiéis pelas opiniões que pelas virtudes.

Se eu deveria ter guardado essas idéias para mim mesmo, como não cessam de me dizer, se quando ousei publicá-las e identificar-me eu teria atacado as leis e perturbado a ordem pública, é o que examinarei logo mais. Mas que me seja permitido, antes, suplicar-lhe, Senhor Arcebispo, ao senhor e a todos os que lerem este escrito, que dêem alguma fé às declarações de um amigo da verdade e não imitem os que, sem provas, sem plausibilidade, e com o único testemunho de seu próprio coração, acusam-me de ateísmo e de irreligiosidade, contrariamente a expressões tão resolutas que nada de minha parte jamais desmentiu. Creio que não tenho muito o ar de alguém que se disfarça, e não é fácil ver que interesse eu teria em disfarçar-me dessa maneira. Seria de se presumir que quem se expressa tão livremente sobre o que não crê é sincero quanto ao que diz crer; e quando seu discurso, sua conduta e seus escritos estão sempre de acordo sobre esse ponto, quem ousar afirmar que ele mente, e não for um Deus, mente fatalmente ele próprio.

Nem sempre tive a felicidade de viver só. Conheci homens de todas as espécies; vi pessoas de todas as facções, crentes de todas as seitas, livre-pensadores de todos os sistemas. Vi os grandes, os pequenos, os libertinos, os filósofos. Tive amigos confiáveis, outros nem tanto. Estive cercado de espiões, de homens malévolos, e o mundo está cheio de pessoas que me odeiam por causa do mal que me fizeram. Eu os conclamo todos, quem quer que seja, a declarar ao público o que sabem de minha crença em matéria de religião: se, na convivência mais constante, na familiaridade mais estreita, na alegria dos repastos, nas confidências privadas, alguma vez me encontraram diferente de mim mesmo; se, quando quiseram discutir ou gracejar, seus argumentos ou gracejos abalaram-me por um só momento; se me surpreenderam hesitando em minhas opiniões, se penetraram em algo no íntimo de meu coração que eu tenha escondido ao público; se por um só momento discerniram em mim uma sombra de falsidade ou de hipocrisia, que o digam, que revelem tudo, que me exponham. Dou meu consentimento, imploro-lhes, dispenso-os do segredo da amizade. Que digam em voz alta não o que queriam que eu fosse mas o que sabem que eu sou, que me julguem segundo sua consciência; confio-lhes sem temor minha honra e prometo não contestá-los.

Que aqueles que me acusam de não ter religião, pois não concebem que se possa ter uma, pelo menos ponham-se de acordo entre si, se forem capazes. Alguns encontram em meus livros apenas um sistema de ateísmo, outros dizem que dou glórias a Deus sem acreditar nele no fundo do meu coração. Acusam meus escritos de impiedade e minhas opiniões de hipocrisia. Mas, se prego em público o ateísmo, então não sou hipócrita, e se simulo uma fé que não tenho, então não ensino a impiedade. Ao empilhar imputações contraditórias, a calúnia se revela a si própria; mas a malícia é cega e a paixão não raciocina.

Não tenho, é verdade, essa fé da qual escuto gabarem-se tantas pessoas de integridade duvidosa; essa fé robusta que jamais duvida de nada, que crê sem embaraço em tudo o que lhe é apresentado para crer, e que põe de lado ou dissimula as objeções que não sabe resolver. Não tenho a felicidade de enxergar na Revelação a evidência que outros encontram, e se decido a favor dela é porque meu coração a isso me conduz, porque tudo nela me consola, e rejeitá-la só traz maiores dificuldades. Mas não é porque a considere demonstrada, pois certamente ela não está demonstrada aos meus olhos. Não sou nem mesmo instruído o suficiente para compreender uma demonstração que exige saber tão profundo. Não é curioso que eu, que proponho abertamente minhas objeções e minhas dúvidas, seja o hipócrita, e que todas essas pessoas tão decididas, que dizem incessantemente crer nisso e naquilo, tão seguras de tudo, sem dispor, no entanto, de melhores provas que as minhas; pessoas, enfim, que, na maior parte, não são mais sábias que eu e que, sem resolver minhas dificuldades, censuram-me por tê-las proposto, não é curioso, eu dizia, que sejam elas as pessoas de boa-fé?

Por que seria eu um hipócrita e o que ganharia em sê-lo? Ataquei todos os interesses particulares, suscitei contra mim todas as facções, sustentei apenas a causa de Deus e da humanidade, e quem se preocupa com isso? O que eu disse não teve a menor repercussão nem produziu o reconhecimento de ninguém. Se houvesse me declarado abertamente em favor do ateísmo, os devotos não me teriam tratado pior, e outros inimigos, não menos perigosos, não me estariam desferindo seus golpes em segredo. Se houvesse me declarado abertamente em favor do ateísmo, os primeiros me teriam atacado com mais reserva ao me ver defendido pelos segundos e disposto pessoalmente à vingança. Mas de um homem que teme a Deus não há muito que recear. Seu partido não inspira temor, ele está só ou quase, e, com segurança, é possível fazer-lhe muito mal antes que ele pense em revidar. Se houvesse me declarado abertamente em favor do ateísmo, separando-me assim da Igreja, teria privado de imediato seus ministros dos meios de importunar-me incessantemente e de fazer-me suportar todas as suas mesquinhas tiranias. Eu não teria tolerado tantas censuras ineptas, e em lugar de culpar-me tão acidamente por ter escrito, teria sido preciso refutar-me, o que não é tão fácil. Enfim, se houvesse me declarado abertamente em favor do ateísmo, haveria inicialmente algum clamor, mas logo deixar-me-iam em paz como a todos os outros; o povo do Senhor não teria assumido a tarefa de inspecionar-me, não se acreditaria estar me fazendo algum favor ao não me tratar como excomungado, e eu estaria quite com todo mundo. Os santos de Israel não me teriam escrito cartas anônimas e sua caridade não teria desabafado em zelosos insultos; não se teriam dado o trabalho de me assegurar humildemente que eu era um celerado, um monstro execrável e que o mundo teria sido muito feliz se alguma boa alma tivesse tomado o cuidado de me sufocar quando eu estava no berço. Pessoas honestas, de sua parte, ao olhar-me como um condenado, não atormentariam a si mesmas nem a mim para reconduzir-me ao bom caminho; não me puxariam de um lado e de outro, não me sufocariam sob o peso de seus sermões, não me forçariam a abençoar seu zelo, enquanto amaldiçoava sua impertinência, e a sentir-me reconhecido pelo fato de elas terem sido chamadas a matar-me de tédio.

Se sou hipócrita, Senhor Arcebispo, sou um louco, pois, dado o que exijo dos homens, é uma grande loucura expor-me aos riscos de ser falso; se sou hipócrita, sou um tolo, pois é preciso ser bastante tolo para não perceber que o caminho escolhido por mim leva a grandes infelicidades nesta vida e que, ainda que pudesse encontrar nisso alguma vantagem, não poderia tirar proveito dela sem me desmentir. É verdade que ainda há tempo; bastar-me-ia querer enganar os homens por um momento e poria aos meus pés todos os meus inimigos. Ainda não atingi a velhice; posso ter muito tempo para suportar; posso ver o público mudar mais uma vez de opinião a meu respeito — mas se alguma vez alcançar as honras e a fortuna, por qualquer caminho que seja, então serei um hipócrita; isso é certo.

A glória do amigo da verdade não está ligada a uma opinião mais do que a qualquer outra; tudo o que ele diz, desde que assim o pense, dirige-se a seu objetivo. Aquele cujo único interesse é ser verdadeiro não está tentado a mentir, e não há nenhum homem sensato que não prefira o meio mais simples quando ele também é o mais seguro. Por mais que meus inimigos me lancem insultos, não me privarão da honra de ser um homem veraz em todas as coisas, de ser o único autor de meu século, e de muitos outros, que escreveu de boa-fé e só disse aquilo em que acreditava. Eles poderão por um momento manchar minha reputação à força de rumores e de calúnias, mas ela triunfará cedo ou tarde, pois enquanto eles variam suas acusações ridículas, eu permaneço sempre o mesmo; e sem outra arte além de minha franqueza, terei sempre com que afligi-los.

"Mas essa franqueza não é apropriada para o público! Mas nem toda verdade deve ser dita! Mas embora todas as pessoas sensatas pensem como vós, não é bom que o vulgo pense assim!" É isso que me exclamam de todas as partes; é isso, talvez, que o senhor mesmo me diria, em uma conversa privada em seu gabinete. Assim são os homens. Mudam de linguagem como de vestimenta; só dizem a verdade em *robe de chambre*; em trajes formais só sabem mentir; e não apenas são impostores e trapaceiros em face do gênero humano, mas não têm vergonha de punir, contra sua consciência, quem quer que ouse não ser trapaceiro e impostor público como eles. Mas será mesmo verdadeiro esse princípio de que nem toda verdade deve ser dita? E se o fosse, seguir-se-ia que nenhum erro deve ser destruído e todas as loucuras dos homens são tão santas que não há nenhuma que não se deva respeitar? E isso que seria conveniente examinar antes de me apresentar como lei uma máxima suspeita e vaga que, ainda que fosse verdadeira em si mesma, pode pecar por sua aplicação.

Tenho muita vontade, Senhor Arcebispo, de seguir aqui meu método habitual e apresentar a história de minhas idéias como única resposta a meus acusadores. Creio não poder justificar melhor tudo o que ousei dizer do que dizendo mais uma vez tudo o que pensei.

Tão logo fui capaz de observar os homens, eu os via agir e os ouvia falar; depois, percebendo que suas ações não se assemelhavam a seus discursos, procurei a razão dessa diferença e descobri que, como ser e parecer eram para eles duas coisas tão diferentes quanto agir e falar, esta segunda diferença era a causa da primeira, e ela mesma tinha uma causa que me restava investigar.

Encontrei-a em nossa ordem social, que, sendo em todos os aspectos contrária à natureza, mas incapaz de destruí-la, tiraniza-a incessantemente e a faz reclamar seus direitos. Examinei as conseqüências dessa contradição e vi que ela, sozinha, bastava para explicar todos os vícios do homem e todos os males da sociedade. Do que concluí não ser necessário supor o homem mau por sua natureza, visto que se podia assinalar a origem e o progresso de sua maldade. Essas reflexões conduziram-me a novas investigações sobre o espírito humano considerado no estado social, e descobri, então, que o desenvolvimento das luzes e dos vícios se fazia sempre na mesma proporção, não em indivíduos, mas em povos; distinção a qual sempre fiz cuidadosamente e a qual nenhum daqueles que me atacaram jamais foi capaz de conceber.

Procurei a verdade nos livros, e só encontrei mentira e erro. Consultei os autores, e só encontrei charlatões que se divertem em enganar os homens, sem outra lei que seu interesse, sem outro Deus que sua reputação, prontos a menosprezar chefes que não os tratam como lhes agrada, e ainda mais prontos a louvar a iniqüidade que os paga. Ao ouvir as pessoas que têm permissão para falar em público, compreendi que elas não ousam ou não querem dizer nada que não convenha aos que comandam, e, pagas pelo forte para pregar ao fraco, só sabem falar a este último de seus deveres, e ao primeiro de seus direitos. Toda instrução pública tenderá sempre à mentira enquanto os que a dirigem tiverem interesse em mentir, e é apenas para eles que não é bom dizer a verdade. Mas por que deveria eu ser cúmplice dessas pessoas?

Há preconceitos que é preciso respeitar? Pode ser, mas apenas quando todo o restante está em ordem e não é possível eliminá-los sem eliminar também aquilo que os redime; deixa-se então permanecer o mal por amor ao bem. Mas, quando as coisas estão de um jeito tal que qualquer mudança só pode ser para melhor, continuarão os preconceitos tão respeitáveis a ponto de ser preciso sacrificar a eles a razão, a virtude, a justiça e todo o bem que a verdade poderia fazer aos homens? Quanto a mim, prometi dizê-la em relação a tudo que é útil, desde que ela esteja em meu poder; esse é um compromisso que devo cumprir de acordo com meu talento, e que certamente outro não cumpriria em meu lugar; pois, como cada qual deve a todos, nenhum pode pagar pelo outro. *A verdade divina*, diz Agostinho, *não pertence a mim, nem a vós, nem a ele, mas a todos nós, que ela conclama com força a divulgá-la de comum acordo, sob pena de ser inútil para nós mesmos se não a comunicarmos aos outros; pois qualquer um que se aproprie de um bem que Deus quer que seja usufruído por todos perde, por essa usurpação, aquilo que ele subtrai ao público, e só encontra erro em si mesmo, por haver traído a verdade.*[41]

Os homens não devem ser instruídos pela metade. Se devem permanecer no erro, por que não deixá-los na ignorância? Para que servem tantas escolas e universidades se não ensinam nada do que importa saber? Qual é, então, o objetivo de vossos colégios, de vossas academias, de tantas fundações eruditas? É dar ao povo gato por lebre, perverter antecipadamente sua razão e impedi-la de chegar à verdade? Professores de mentiras, é para enganá-lo que fingis instruí-lo, e, como os salteadores que colocam lanternas sobre os recifes, vós o iluminais para perdê-lo.

Eis o que eu pensava ao tomar a pena, e ao depô-la, não posso mudar de opinião. Sempre considerei que a instrução pública apresentava dois defeitos essenciais impossíveis de eliminar. Um é a má-fé dos que a ministram, o outro, a cegueira dos que a recebem. Se homens sem paixões instruíssem homens sem preconceitos, nossos conhecimentos ficariam mais limitados, mas, em compensação, mais seguros, e a razão reinaria sempre. Ora, seja lá o que se faça, o interesse dos homens públicos será sempre o mesmo, mas os preconceitos do povo, não tendo nenhuma base estável, são mais variáveis; podem ser alterados, ampliados

---

41. Agostinho, *Confissões*, XII, cap. 25.

ou reduzidos. É apenas por esse lado, portanto, que a instrução é capaz de ter alguma eficácia, e é para aí que deve voltar os olhos o amigo da verdade. Ele pode esperar tornar o povo mais razoável, mas não os que o dirigem mais honestos.

Observei na religião a mesma falsidade que na política, e ela me causou muito mais indignação; pois o vício do governo pode fazer os súditos infelizes apenas na Terra, mas quem sabe até que ponto os erros da consciência podem prejudicar os infortunados mortais? Observei que havia profissões de fé, doutrinas, cultos, que eram seguidos sem que se cresse neles, e como nada disso penetrava nem no coração nem na razão, a influência na conduta era muito pequena. O verdadeiro crente não pode adaptar-se a todo esse fingimento; ele sente que o homem é um ser inteligente, para o qual é preciso um culto razoável, e um ser social, para o qual é preciso uma moral feita para a humanidade. Encontremos, primeiramente, esse culto e essa moral, que dirão respeito a todos os homens; depois, quando forem necessárias fórmulas nacionais, examinaremos seus fundamentos, suas relações, suas adequações, e, após ter dito o que concerne ao homem, diremos o que concerne ao cidadão. É importante, sobretudo, não proceder como o Senhor Joli de Fleuri[42], que, para estabelecer seu jansenismo, quer extirpar toda lei natural, toda obrigação que liga os seres humanos, de modo que, para ele, o cristão e o infiel que contratam entre si não têm nenhuma obrigação recíproca, dado que não há lei comum a ambos.

Vejo, então, duas maneiras de examinar e comparar as diversas religiões. A primeira, considerando o que há nelas de verdadeiro e de falso, seja quanto aos fatos, naturais ou sobrenaturais, sobre os quais estão estabelecidas, seja quanto às idéias que a razão nos dá sobre o Ser supremo e o culto que ele deseja de nós. A segunda, considerando seus efeitos temporais e morais sobre a vida terrena, de acordo com o bem e o mal que podem fazer à sociedade e ao gênero humano. Não se deve, para evitar esse duplo exame, decidir de antemão que essas duas coisas estejam sempre juntas, e que a religião mais verdadeira é também a

---

42. [Joly de Fleury, Advogado Geral, responsável pelo pedido de ordem de prisão contra Rousseau ao Parlamento de Paris. No texto de Rousseau aparece grafado incorretamente.]

mais social, pois é precisamente isso que está em questão. E não se deve, de início, clamar que quem investiga essa questão é um ímpio, um ateu; pois uma coisa é acreditar, outra coisa é examinar o efeito daquilo em que se acredita.

Parece certo, entretanto, que, se o homem é feito para a sociedade, a religião mais verdadeira também será a mais social e a mais humana, pois Deus quer que sejamos como ele nos fez, e se fosse verdade que ele nos fez maus, querer ser outra coisa seria desobedecê-lo. Além disso, a religião, considerada como relação entre Deus e o homem, só pode contribuir para a glória de Deus por meio do bem-estar do homem, pois o outro termo da relação, que é Deus, está, por sua natureza, acima de tudo que o homem pode fazer a favor ou contra ele.

Mas essa opinião, por provável que seja, está sujeita a grandes dificuldades pelo relato histórico e pelos fatos que a contrariam. Os judeus eram inimigos natos de todos os outros povos, e principiaram seu estabelecimento destruindo sete nações, segundo a ordem expressa que haviam recebido. Todos os cristãos promoveram guerras religiosas, e a guerra é nociva aos homens. Todas as facções foram perseguidoras e perseguidas, e a perseguição é nociva ao homem. Muitas seitas glorificam o celibato, e este é tão nocivo[43] à espécie humana que, se fosse

---

43. A continência e a pureza têm sua utilidade, mesmo para a população; é sempre belo ter o controle sobre si mesmo, e o estado de virgindade é, por essa razão, muito digno de estima. Mas não se segue que seja belo, nem bom nem louvável manter-se a vida toda nesse estado, ofendendo a natureza e burlando sua destinação. Tem-se mais respeito por uma jovem virgem núbil do que por uma jovem esposa, mas uma mãe de família é ainda mais respeitada que uma velha donzela, e isso me parece muito sensato. Como as pessoas não se casam ao nascer, e como não é nem mesmo apropriado casar-se muito jovem, a virgindade — que todos devem portar e honrar — tem sua necessidade, sua utilidade, seu valor e sua glória, mas é para que vá, no momento apropriado, depositar toda sua pureza no casamento. Quê!, dizem eles, com um ar estupidamente triunfante, celibatários pregando o laço conjugal! Por que não se casam? Ah! Por quê? Porque um estado tão santo e tão doce em si mesmo tornou-se, por vossas tolas instituições, um estado infeliz e ridículo, no qual desde então é impossível viver sem ser um patife ou um toleirão.

Cetros de ferro, leis insensatas! E a vós que reprovamos não termos cumprido nosso dever sobre a terra, e é por nós que o grito da natureza se eleva contra vossa barbárie. Como ousais levá-la ao ponto de censurar a miséria à qual nos reduzistes?

seguido por todos, a espécie pereceria. Se isso não é uma prova para decidir, é uma razão para examinar o assunto, e tudo o que eu pedi foi a permissão para realizar esse exame.

Não digo nem penso que não haja nenhuma religião boa sobre a Terra, mas digo — o que é muito verdadeiro — que não há nenhuma, entre as que são ou foram dominantes, que não tenha trazido cruéis flagelos à humanidade. Todos os grupos atormentaram seus irmãos, todos ofereceram a Deus sacrifícios de sangue humano. Qualquer que seja a origem dessas contradições, elas existem; seria um crime querer eliminá-las?

A caridade não é assassina. O amor pelo próximo não leva a massacrá-lo. Assim, o zelo pela salvação dos homens não é a causa das perseguições; são o amor-próprio e o orgulho que as produzem. Quanto menos razoável é um culto, mais se busca estabelecê-lo pela força. Aquele que professa uma doutrina insensata não pode tolerar que se ouse vê-la tal qual ela é; a razão se torna, então, o maior dos crimes; é preciso a qualquer custo extirpá-la dos outros porque causa vergonha aparecer sem ela aos olhos deles. Assim, a intolerância e a inconseqüência têm a mesma origem. É necessário intimidar, aterrorizar incessantemente os homens. Se os deixam um só momento com sua razão estão perdidos.

Basta isso para concluir que é um grande bem, para os povos mergulhados nesse delírio, serem ensinados a raciocinar sobre religião, pois isso é aproximá-los dos deveres do homem, é privar a intolerância de seu punhal, é devolver à humanidade todos os seus direitos. Mas é preciso remontar a princípios gerais e comuns a todos os homens; pois se, ao se pretender raciocinar, qualquer apoio for deixado à autoridade dos padres, entrega-se ao fanatismo sua arma, fornecendo a este meios de ser ainda mais cruel.

Quem ama a paz não deve recorrer aos livros; esta é a forma de nunca chegar a nenhuma conclusão. Os livros são fontes de disputas inesgotáveis; percorra-se a história dos povos: os que não possuem livros nunca disputam. Pretende-se submeter os homens a autoridades humanas? Um estará mais perto, outro mais distante da prova, e serão diversamente afetados por ela. Mesmo com a mais íntegra boa-fé, com o melhor julgamento do mundo, é impossível que se ponham jamais de acordo. Não se deve argumentar sobre argumentos, nem confiar em discursos. A linguagem humana não é suficientemente clara. O próprio Deus, caso se dignasse a nos falar em nossas línguas, não nos diria nada que não se pudesse converter em objeto de disputa.

Nossas línguas são obras dos homens, e os homens são limitados. Nossas línguas são obras dos homens, e os homens são mentirosos. Como não há nenhuma verdade tão claramente enunciada que seja imune a qualquer objeção capciosa, também não há mentira tão grosseira que não possa ser apoiada por alguma falsa razão.

Suponhamos que um indivíduo venha à meia-noite proclamar-nos que é dia; ele será ridicularizado, mas dêem-lhe o tempo e os meios de fundar uma seita e cedo ou tarde seus partidários acabarão por provar que ele dizia a verdade. Pois afinal, dirão, quando ele afirmou que era dia, era de fato dia em algum lugar da Terra; nada mais certo. Outros, tendo estabelecido sempre haver no ar algumas partículas de luz, sustentarão que, em um outro sentido ainda, é muito verdadeiro que seja dia à noite. Basta que pessoas habilidosas se intrometam e logo farão ver o Sol em plena meia-noite. Nem todos aceitarão essa evidência: haverá debates que degenerarão, como de costume, em guerras e crueldades. Uns quererão explicações, outros não as quererão em absoluto; um proporá interpretar a proposição em sentido figurado, outro, no sentido literal. Um dirá: ele disse à meia-noite que era dia, e era noite; outro dirá: ele disse à meia-noite que era dia, e era dia. Cada qual acusará de má-fé o partido contrário e nele só enxergará obstinados. Acabarão por lutar, por massacrar-se; rios de sangue correrão de todas as partes, e, se a nova seita for enfim vitoriosa, ficará demonstrado que é dia à noite. Essa é aproximadamente a história de todas as querelas religiosas.

A maior parte dos novos cultos se estabelece pelo fanatismo e se mantém pela hipocrisia; daí segue que ofendam a razão e não conduzam à virtude. O entusiasmo e o delírio não raciocinam; enquanto duram, tudo se aceita e pouco se regateia sobre os dogmas. E, além disso, é tão cômodo! Custa tão pouco seguir uma doutrina, e custa tanto praticar a moral, que, aderindo ao lado mais fácil, a falta das boas obras é compensada pelo mérito de uma grande fé. Mas independentemente do que se faça, o fanatismo é um estado de crise que não pode durar para sempre. Tem seus acessos mais ou menos longos, mais ou menos freqüentes, e também seus momentos de relaxamento, durante os quais as pessoas estão mais calmas. É então, que, voltando-se para si mesmas, ficam surpreendidas ao se verem acorrentadas a tantos absurdos. Mas, nesse meio tempo, o culto já se organizou, as formalidades estão prescritas, as leis estão estabelecidas e os transgressores são punidos. Irá alguém protestar sozinho contra tudo isso, recusar as leis de seu país, e negar a religião de seu pai? Quem ousaria fazê-lo? As pessoas submetem-se em silêncio, o interesse aconselha seguir a opinião daqueles de quem se herda. Faz-se, então, como os outros, exceto rir-se à vontade em particular daquilo que se finge respeitar em público. É assim, Senhor Arcebispo, que pensa o grosso dos homens na maioria das religiões, e principalmente na que o senhor professa; e essa é a explicação das inconsistências que se observam entre sua moral e suas ações. Sua crença é apenas aparência, e seus costumes são como sua fé.

Por que teria um homem o direito de inspecionar a crença de outro, e o Estado, o de inspecionar a crença dos cidadãos? É porque se assume que a crença dos homens determina sua moral, e que das idéias que têm sobre a vida futura depende sua conduta nesta. Se não fosse assim, que diferença faria que cressem ou apenas fingissem crer? A aparência da religião serve apenas para dispensá-los de terem uma.

Na sociedade, cada qual tem o direito de se informar se um outro se crê obrigado a ser justo, e o soberano tem o direito de examinar as razões sobre as quais cada um funda essa obrigação. Além disso, as formas nacionais devem ser observadas; é algo sobre o que muito insisti. Mas quanto às opiniões que não têm a ver com a moral, que não influem de nenhuma maneira sobre as ações e não tendem a transgredir as leis, cada um tem sobre elas apenas seu julgamento por guia, e ninguém tem direito nem interesse de prescrever a outros seu modo de pensar. Se, por exemplo, alguém, mesmo com autoridade constituída, viesse pedir minha opinião sobre a famosa questão da hipóstase[44], sobre a qual a Bíblia não diz uma única palavra, mas sobre a qual tantas crianças crescidas realizaram concílios e tantos homens foram torturados, após dizer-lhe que não a entendo nem me preocupo em entendê-la, eu lhe

---

44. [Referência à questão de as três Pessoas da Trindade serem consideradas hipóstases (substâncias) distintas.]

pediria da forma mais honesta que cuidasse de seus próprios assuntos, e, se insistisse, deixá-lo-ia falando sozinho.

Esse é o único princípio sobre o qual se poderia estabelecer alguma coisa estável e justa sobre as disputas de religião. Sem ele, como cada um estabelece de sua parte o que está em questão, jamais haverá acordo sobre nada, nem entendimento sobre a vida, e a religião, que deveria fazer os homens felizes, trar-lhes-á sempre os maiores males.

Mas quanto mais as religiões envelhecem, mais perdem de vista seu objetivo. As sutilezas se multiplicam, quer-se tudo explicar, tudo decidir, tudo entender; a doutrina se refina incessantemente e a moral se debilita cada vez mais. Vai seguramente uma grande distância do espírito do Deuteronômio ao do Talmude e da Mixná, e do espírito do Evangelho às querelas sobre a Constituição[45]. São Tomás pergunta[46] se, com a passagem do tempo, os artigos de fé foram se multiplicando, e responde afirmativamente. O que significa que os doutores, indo cada qual mais longe que os outros, sabem sobre esses artigos mais do que disseram os apóstolos e Jesus Cristo. São Paulo confessa ver apenas obscuramente e conhecer apenas em parte.[47] Efetivamente nossos teólogos estão muito mais avançados: eles vêem tudo, sabem tudo; eles nos tornam claro o que é obscuro na Escritura; decidem sobre o que estava indeciso; fazem-nos sentir, com sua usual modéstia, que os autores sacros tinham grande necessidade de seu auxílio para se fazerem entender, e que o próprio Espírito Santo não conseguiria se explicar claramente sem eles.

Quando se perde de vista os deveres dos homens para se ocupar apenas com as opiniões dos padres e suas frívolas disputas, não se pergunta mais a um cristão se ele teme a Deus, mas sim se é ortodoxo; faz-se que ele subscreva formulários sobre as questões mais inúteis e, freqüentemente, as menos inteligíveis, e assim que o fizer, tudo fica bem e não se pede informações sobre o restante. Contanto que ele não se meta em trapalhadas, pode viver, de resto, como lhe aprouver; seus

---

45. [Trata-se da Constituição ou Bula *Unigenitus*, promulgada em 1713 por Clemente XI.]

46. [*Suma Teológica*] *Secunda secundae, Quaes* I, Art. VII.

47. I Coríntios 13,9-12.

JEAN-JACQUES ROUSSEAU

atos não têm importância, a doutrina está segura. Quando a religião chega a esse ponto, que bem faz à sociedade, que proveito traz aos homens? Serve apenas para excitar entre eles a discórdia, a confusão, as guerras de toda espécie, para fazê-los degolar-se uns aos outros a propósito de enigmas; seria melhor não ter nenhuma religião que ter uma assim tão mal compreendida. Se pudermos impedir que ela degenere a esse ponto, estaremos seguros de ter merecido o respeito do gênero humano, apesar das fogueiras e dos grilhões.

Suponhamos que, fatigados das querelas que os dilaceram, os homens se reúnam para acabar com elas e chegar a um acordo sobre uma religião comum a todos os povos. Cada qual começará, é certo, propondo a sua própria como a única verdadeira, a única razoável e demonstrada, a única agradável a Deus e útil aos homens. Mas como suas provas não alcançam o grau de sua convicção, pelo menos na opinião das outras seitas, cada partido só contará com seu próprio voto, e todos os outros se reunirão contra ele; isto não é menos certo. A deliberação percorrerá o círculo dessa maneira: só um propondo e todos os demais rejeitando; essa não é a forma de alcançar um acordo. É plausível que depois de muito tempo perdido nessas altercações pueris, os homens sensatos busquem formas de conciliação. Proporão, para isso, começar por expulsar da assembléia todos os teólogos, e não lhes será difícil mostrar quão indispensável é essa medida preliminar. Concluída tal boa ação, dirão às pessoas:

"Enquanto não vos puserdes de acordo sobre algum princípio, não será possível nem mesmo vos entenderdes uns aos outros, e, se há um argumento que nunca convenceu ninguém, é dizer: estais errado porque eu estou certo. Falais do que é agradável a Deus, mas é isso precisamente que está em questão. Se soubéssemos qual culto lhe é mais agradável, não haveria disputa entre nós. Falais também do que é útil aos homens, mas isto já é outra coisa, sobre a qual os homens podem julgar. Tomemos então essa utilidade como regra e, a seguir, estabeleçamos a doutrina que mais se aproxima dela. Desse modo podemos esperar aproximar-nos da verdade tanto quanto é humanamente possível, pois presume-se que o que é mais útil às criaturas é o mais agradável ao criador. Procuremos inicialmente se há alguma afinidade natural entre nós, se somos alguma coisa uns para os outros. Vós, judeus, que pensais sobre a origem do gênero humano? Pensamos que provém de um mesmo pai. E vós, cristãos? Pensamos, quanto a isso, como os judeus. E vós, turcos? Pensamos como os judeus e os cristãos. Isto já é bom: já que os homens são todos irmãos, devem se amar como tais.

"Dizei-nos agora de quem esse pai comum recebeu sua existência, pois ele não se fez por si mesmo. Do Criador do Céu e da Terra; judeus, cristãos e turcos também estão de acordo quanto a isso; é mais um ponto muito importante.

"E esse homem, obra do Criador, é um ser misto ou simples? É formado por uma única substância ou de várias? Respondei, cristãos. Ele é composto de duas substâncias, das quais uma é mortal e outra não pode morrer. E vós, turcos? Pensamos da mesma forma. E vós, judeus? Outrora nossas idéias sobre isso eram muito confusas, como as expressões de nossos livros sagrados, mas os essênios nos esclareceram, e pensamos sobre isso como os cristãos."

Procedendo dessa forma, de questão em questão, sobre a providência divina, sobre a economia da vida futura e sobre todas as questões essenciais à boa ordem do gênero humano, esses mesmos homens, tendo obtido de todos respostas quase uniformes, lhes diriam (lembremo-nos de que os teólogos não estão mais presentes):

"Meus amigos, com o que vos afligis? Estais todos de acordo sobre o que importa; se vossas opiniões diferem no restante, não há nisso grande inconveniência. Fazei desse pequeno número de artigos de fé uma religião universal, que seja, por assim dizer, a religião humana e social que todo homem que vive em sociedade seja obrigado a admitir. Se alguém dogmatiza contra ela, que seja banido da sociedade como inimigo de suas leis fundamentais. Quanto ao restante, sobre o que não estais de acordo, formai de vossas crenças particulares outras tantas religiões nacionais e segui-as de coração sincero; mas não vos atormenteis para fazer com que outros povos as aceitem e estai seguros de que Deus não exige isso; pois é tão injusto querer submetê-los a vossas opiniões quanto a vossas leis, e os missionários não me parecem mais sábios que os conquistadores.

"Ao seguir vossas diversas doutrinas, cessai de imaginá-las tão bem demonstradas que qualquer um que não as veja como tais seja a vossos olhos culpado de má-fé. Não acrediteis que todos os que ponderam vossas provas e as rejeitam sejam por isso obstinados, cuja incredulidade os torna merecedores de punição. Não acrediteis que a razão, o amor à verdade, a sinceridade, pertençam apenas a vós. O que quer que se faça, as pessoas sempre serão levadas a tratar como inimigos aqueles a quem se acusa de fechar os olhos à evidência. Queixam-se do erro, mas odeiam a obstinação. Dai preferência a vossas razões, isto está bem, mas sabei que os que não as aceitam têm as suas.

"Honrai em geral todos os fundadores de vossos respectivos cultos. Que cada um dê ao seu o que crê lhe dever, mas que não despreze os dos outros. Eles tiveram grandes dons e grandes virtudes, e isso é sempre digno de estima. Disseram-se enviados de Deus; isto pode ser ou não ser verdade, é algo que a pluralidade não poderia julgar de maneira uniforme, já que as provas não estão igualmente ao alcance de todos. Mas ainda que não seja verdade, não se deve tratá-los levianamente de impostores. Quem sabe até onde as contínuas meditações sobre a divindade e o entusiasmo pela virtude puderam perturbar, em suas sublimes almas, a didática e medíocre ordem das idéias vulgares? A uma grande altura a cabeça gira e não mais se vê as coisas como elas são. Sócrates acreditava ter um espírito familiar e ninguém por isso ousou acusá-lo de ser um trapaceiro. Trataremos os fundadores dos povos, os benfeitores das nações, com menos consideração que um homem particular?

"Por fim, nada mais de disputas entre vós sobre a preferência devida a vossos cultos. Eles são todos bons quando prescritos pelas leis e quando a religião essencial neles se encontra, e são maus quando ela está ausente. A maneira do culto pertence às formalidades da religião, não à sua essência, e é ao soberano que compete regulamentar a religião em seu país."

Eu pensei, Senhor Arcebispo, que quem assim raciocinasse não seria de modo algum um blasfemo, um ímpio, que estaria propondo um meio para obter uma paz justa, razoável e útil para os homens, e que isso não o impediria de ter sua religião particular como os outros, e de ser também sinceramente ligado a ela. O verdadeiro crente, sabendo que o infiel é também um homem, e talvez um homem honesto, pode interessar-se pela sua sorte sem com isso cometer um crime. Que ele impeça um culto estrangeiro de introduzir-se em seu país, isso é justo; mas que não condene por isso às penas eternas os que não pensam como ele; pois quem quer que pronuncie um juízo tão temerário se torna inimigo do restante do gênero humano. Ouço dizer incessantemente que é preciso admitir a tolerância civil, não a teológica; mas meu pensamento é exatamente o oposto. Creio que um homem de bem, qualquer que seja a religião em que viva de boa-fé, pode salvar-se. Mas não creio por isso que se possa legitimamente introduzir em um país religiões estrangeiras sem a permissão do soberano, pois se isso não é desobedecer diretamente a Deus, é desobedecer às leis, e quem desobedece às leis desobedece a Deus.

Quanto às religiões, uma vez estabelecidas ou toleradas em um país, creio que é injusto e bárbaro destruí-las pela violência, e que o soberano causa um mal a si mesmo ao maltratar seus seguidores. Abraçar uma nova religião é muito diferente de viver naquela em que se nasceu, e só o primeiro caso merece punição. Não se deve nem deixar estabelecer uma diversidade de cultos nem proscrever aqueles que já se acham estabelecidos, pois um filho jamais erra ao seguir a religião de seu pai. O interesse da tranqüilidade pública opõe-se totalmente aos perseguidores. A religião só cria problemas em um Estado quando o partido dominante pretende atormentar o partido mais fraco, ou quando o partido fraco, intolerante por princípio, não consegue viver em paz com ninguém. Mas todo culto legítimo, isto é, todo culto em que se encontra a religião essencial, e, conseqüentemente, cujos seguidores não pedem senão que sejam tolerados e possam viver em paz, jamais causou revoltas ou guerras civis, a não ser quando foi preciso se defender e repelir os perseguidores. Os protestantes nunca pegaram em armas na França, a não ser quando foram perseguidos. Caso se tivesse decidido deixá-los em paz, eles teriam continuado pacíficos. Admito sem rodeios que, em seu nascimento, a religião reformada não tinha o direito de se estabelecer na França, em oposição às leis. Mas uma vez transmitida dos pais para os filhos, ela tornou-se a religião de uma parte da nação francesa; e quando o Príncipe firmou solenemente um tratado com essa parte por meio de Édito de Nantes, este se tornou um contrato inviolável, que não poderia ser anulado senão com o comum acordo das duas partes; desde essa época, a prática da religião protestante é, em minha opinião, legítima na França.

Ainda que não fosse, restaria sempre aos súditos a alternativa de abandonarem o reino com seus bens, ou de nele permanecerem submetidos à religião dominante. Mas forçá-los a permanecer sem querer tolerá-los, querer ao mesmo tempo em que estejam e não estejam, privá-los até mesmo do direito de natureza, anular seus casamentos[48], declarar seus filhos bastardos... meramente dizer o que isso é será dizer muito; é preciso que eu me cale.

Eis pelo menos o que posso dizer. Considerando-se simplesmente as razões de Estado, talvez se tenha feito bem em privar os protestantes franceses de todos os seus chefes, mas seria preciso parar por aí. As máximas políticas têm suas aplicações e distinções. Buscando impedir dissensões que já não causam temor, privam-se de recursos dos quais se teria grande necessidade. Em um reino como a França, que malefício pode fazer um partido que não tem mais nem grandes nem nobres à sua frente? Que se examinem todas as guerras precedentes, as chamadas guerras de religião, e se descobrirá que não houve uma única que não tivesse sua causa na corte e nos interesses dos grandes. As intrigas de gabinete semeiam a desordem nos negócios, e, em seguida, os chefes sublevam o povo em nome de Deus. Mas quais intrigas, quais cabalas, podem armar os comerciantes e camponeses? Como farão para levantar um partido em um país onde só se deseja criados e senhores e onde a igualdade é desconhecida ou vista com horror? Um comerciante propondo levantar tropas pode ser ouvido na Inglaterra, mas só fará rir os franceses.[49]

---

48. Em uma sentença do Parlamento de Toulouse concernente ao caso do infortunado Calas, os protestantes foram censurados por celebrar entre si casamentos *que, segundo os protestantes, são apenas atos civis e, por conseguinte, submetidos inteiramente pela forma e pelos efeitos à vontade do Rei.*

Assim, do fato de que, segundo os protestantes, o casamento é um ato civil, segue-se que são obrigados a se submeterem à vontade do Rei, que faz dele um ato da religião católica. Para se casar, os protestantes são legitimamente obrigados a se tornarem católicos, visto que, segundo eles, o casamento é um ato civil. Essa é a maneira de raciocinar dos senhores do Parlamento de Toulouse. A França é um reino tão vasto que os franceses puseram na cabeça que o gênero humano não deveria ter outras leis senão as deles. Seus parlamentos e tribunais parecem não ter nenhuma idéia do direito natural nem do direito das gentes, e é notável que, nesse país, onde há tantas universidades, tantos colégios, tantas academias, e onde se ensina tão pretensiosamente tantas inutilidades, não haja uma única cátedra de direito natural. É o único povo da Europa que considerou esse estudo inútil.

49. A única circunstância que força um povo assim desprovido de chefes a pegar em armas é quando, reduzido ao desespero por seus perseguidores, ele vê que não lhe

Se eu fosse Rei? Não. Ministro? Menos ainda. Mas se eu fosse, por exemplo, um homem poderoso na França, eu diria: Entre nós tudo tende para os empregos, as despesas; todos querem adquirir o direito de fazer o mal. Paris e a Corte engolfam tudo. Deixemos essas pobres pessoas preencherem o vazio das províncias. Que sejam comerciantes e para sempre comerciantes, agricultores e para sempre agricultores. Não podendo mudar seu estado, extrairão dele o máximo que puderem. Substituirão os nossos nas condições depauperadas de que todos procuramos sair. Tirarão o máximo proveito do comércio e da agricultura, que tudo nos faz abandonar; proverão nosso luxo; trabalharão, e nós gozaremos.

Se esse projeto não for mais eqüitativo que os atualmente seguidos, será pelo menos mais humano, e certamente mais útil. É menos a tirania e a ambição dos chefes que seus preconceitos e sua vista curta que fazem a infelicidade das nações.

Concluo transcrevendo uma espécie de discurso que tem alguma relação com meu assunto e não me desviará dele por muito tempo.

Um parse de Suratte, tendo esposado em segredo uma muçulmana, foi descoberto, preso, e, recusando-se a abraçar o maometismo, foi condenado à morte. Antes de ser conduzido ao suplício, falou assim a seus juízes:

"Quê! Pretendeis tirar-me a vida! Mas por que me punis? Transgredi minha lei mais que a vossa; minha lei fala ao coração e não é cruel; meu crime foi punido pela censura de meus irmãos. Mas que fiz a vós para merecer a morte? Tratei-vos como minha família e escolhi para mim uma de vossas irmãs. Deixei-a livre em sua crença e ela respeitou a minha por seu próprio interesse. Restrito apenas a ela, sem arrependimento só a ela, honrei-a como instrumento do culto exigido pelo Autor de minha existência; por meio dela paguei o tributo que todo homem deve ao gênero humano; o amor deu-a para mim, e a virtude tornou-a cara; ela não viveu na servidão, possuiu sem partilha o coração de seu esposo; minha falta não fez menos sua felicidade que a minha.

---

resta outra escolha senão o modo de morrer. Assim foi, no começo deste século, a guerra dos Camisards. Nessa hora as pessoas se espantam com a força que um partido desprezado extrai de seu desespero; algo que os perseguidores jamais souberam calcular de antemão. E, no entanto, essas guerras custam tanto sangue que se deveria pensar bem sobre o assunto, antes de torná-las inevitáveis.

"Para expiar uma culpa tão perdoável, quisestes tornar-me impostor e mentiroso, quisestes forçar-me a professar vossas opiniões sem as amar e sem crer nelas, como se o trânsfuga de nossas leis tivesse merecido ser acolhido sob as vossas. Fizestes-me optar entre o perjúrio e a morte, e fiz a escolha, pois não quero vos enganar. Morro, então, já que é preciso, mas morro digno de reviver e de animar um outro homem justo. Morro mártir de minha religião, sem medo de ingressar na vossa após minha morte. Possa eu renascer entre os muçulmanos para ensiná-los a tornarem-se humanos, clementes, eqüitativos. Pois servindo ao mesmo Deus que nós servimos (já que só há um), vós vos cegais com vosso zelo atormentando seus servidores; e sois cruéis e sanguinários apenas porque sois inconseqüentes.

"Sois crianças que, em vossos folguedos, só sabeis fazer mal aos homens. Vós vos julgais sábios, e nada sabeis acerca do que é Deus. São vossos dogmas recentes adequados àquele que existe e quer ser adorado por todo o tempo? Povos novos, como ousam falar-nos de religião? Nossos ritos são tão velhos quanto os astros; os primeiros raios de sol iluminaram e receberam as homenagens de nossos pais. O grande Zoroastro viu a infância do mundo; ele predisse e descreveu a ordem do universo; e vós, homens nascidos ontem, quereis ser nossos profetas! Vinte séculos antes de Maomé, antes do nascimento de Ismael e de seu pai, os Magos já eram antigos. Nossos livros sagrados já eram a lei da Ásia e do mundo, e três grandes impérios já haviam sucessivamente percorrido seu longo curso sob nossos ancestrais, antes que os vossos saíssem do nada.

"Vede, homens preconceituosos, a diferença que há entre nós. Dizeis-vos crentes e viveis como bárbaros. Vossas instituições, vossas leis, vossos cultos, vossas próprias virtudes atormentam o homem e o degradam. Não tendes senão tristes deveres a lhe prescrever. Jejuns, privações, combates, mutilações, claustros; só sabeis dar-lhe como dever aquilo que pode afligi-lo e constrangê-lo. Fazeis que ele odeie a vida e os meios de conservá-la; vossas mulheres não têm homens, vossas terras não têm cultivo, comeis os animais e massacrais os humanos; amais o sangue, os morticínios. Todos os vossos estabelecimentos ofendem a natureza, aviltam a espécie humana; e, sob o duplo jugo do despotismo e do fanatismo, vós a esmagais com seus reis e seus deuses.

"Quanto a nós, somos homens pacíficos, não fazemos nem desejamos nenhum mal a nada que respire, nem mesmo a nossos tiranos; cedemos-lhes, sem queixas, o fruto de nosso labor, contentes de lhes ser úteis e de cumprir nosso dever. Nossos numerosos rebanhos cobrem vossas pastagens, as árvores plantadas por nossas mãos dão-vos seus frutos e sua sombra; vossas terras, que nós cultivamos, nutrem-vos por nossos cuidados; um povo simples e doce multiplica-se sob vossos ultrajes e extrai para vós a vida e a abundância do seio da mãe comum em que vós nada sabeis encontrar. O Sol, que tomamos como testemunha de nossas obras, ilumina nossa paciência e vossas injustiças; ele não se levanta sem nos encontrar ocupados em boas ações, e, ao se pôr, ele nos conduz ao seio de nossas famílias, a fim de preparar-nos para novos trabalhos.

"Apenas Deus conhece a verdade. Se, apesar de tudo isso, estivermos enganados em nosso culto, é difícil acreditar que nós, que só fazemos o bem sobre a Terra, estejamos condenados ao Inferno, e que vós, que não fazeis senão o mal, sejais os eleitos de Deus. Ainda que estivéssemos errados, deveríeis respeitar nossa posição, para vossa própria vantagem. Nossa religiosidade vos engorda e a vossa vos consome; nós reparamos o mal que vos faz uma religião destrutiva. Crede em mim: deixai-nos um culto que vos é útil, temei que um dia adotemos o vosso; é o maior mal que poderia atingir-vos."

Esforcei-me, Senhor Arcebispo, para fazê-lo entender em que espírito foi escrita a profissão de fé do Vigário Saboiano e as considerações que me levaram a publicá-la. Pergunto-lhe, agora, sob que aspecto o senhor pode qualificar sua doutrina de blasfema, ímpia, abominável, e o que o senhor nela encontra de escandaloso e pernicioso ao gênero humano. Digo o mesmo aos que me acusam de haver dito o que se deveria calar e de ter pretendido perturbar a ordem pública — acusação vaga e temerária, com a qual aqueles que menos refletiram sobre o que é útil ou nocivo indispõem, com uma única palavra, o público crédulo contra um autor bem-intencionado. Chamar o público de volta à verdadeira fé que ele olvida é o mesmo que o ensinar a não crer em nada? Referir cada um às leis de seu país é o mesmo que perturbar a ordem? Limitar cada povo ao seu culto é o mesmo que aniquilar todos os demais? Não querer que alguém mude de culto é o mesmo que privá-lo de um? Respeitar todas as religiões é o mesmo que fazer pouco delas? Por fim, é tão essencial para cada religião odiar as outras que, se esse ódio for suprimido, tudo será suprimido?

É disso, porém, que se persuade o público quando se quer fazê-lo odiar seu defensor e quando se tem o poder nas mãos. Agora, homens cruéis, vossos decretos, vossas fogueiras, vossas Cartas Pastorais, vossos jornais perturbam e desinformam o público a meu respeito. Acreditam que sou um monstro com base em vossos clamores, mas estes por fim cessarão, e meus escritos permanecerão apesar de vós, para vossa vergonha. Os cristãos, então menos preconceituosos, neles procurarão com surpresa os horrores que se pretende que eles contenham, e não verão, com a moral de seu divino mestre, senão lições de paz, de concórdia e de caridade. Possam eles nesses escritos aprender a ser mais justos que seus pais! Possam as virtudes que daí absorverem vingar-me um dia de vossas maldições.

Com relação às objeções sobre as seitas particulares nas quais o universo está dividido, que eu possa lhes dar força suficiente para tornar cada um menos obstinado na sua e menos inimigo das outras; para conduzir cada homem à indulgência, à doçura, por meio da consideração tão admirável e tão natural de que, se tivesse nascido em outro país, em uma outra seita, ele tomaria inevitavelmente como erro o que toma hoje por verdade, e por verdade o que toma hoje por erro! É importante para os homens aterem-se menos às opiniões que os dividem que às que os unem! Mas, ao contrário, negligenciando o que têm em comum, eles aferram-se às opiniões particulares com uma espécie de furor; e apegam-se tanto mais a essas opiniões quanto menos razoáveis elas parecem, e cada qual quer suprir, à força de confiança, a autoridade que a razão recusa a seu partido. Assim, basicamente de acordo sobre tudo o que é importante para nós, mas que não levam quase em conta, passam a vida a disputar, a chicanear, a atormentar, a perseguir, a bater-se pelas coisas que menos compreendem, e que são as que menos se necessita compreender. Decisões amontoam-se sobre decisões; em vão se remendam suas contradições com um jargão ininteligível. A cada dia depara-se com novas questões por resolver; a cada dia surgem novos assuntos de querelas, porque cada doutrina tem infinitas ramificações e cada um, obstinado em sua mesquinha opinião, acredita ser essencial aquilo que está longe de sê-lo e negligencia o que verdadeiramente o é. E quando lhes propomos objeções que não podem resolver — o que, em vista da precária estrutura de suas teorias, torna-se cada dia mais fácil — eles se irritam como crianças; e como são mais apegados a seu partido que à verdade, e têm mais orgulho que boa-fé, é quanto ao que menos podem provar que menos toleram qualquer tipo de dúvida.

Minha própria história caracteriza melhor que qualquer outra o juízo que se deve fazer dos cristãos de hoje, mas como fala demasiado deles para ser acreditada, pode ser que um dia ela leve a um juízo totalmente oposto. Um dia, talvez, o que hoje faz o opróbrio de meus contemporâneos fará sua glória, e os simplórios que lerem meu livro dirão com admiração: Que tempos angélicos deviam ser aqueles, nos quais um livro como esse foi queimado como ímpio e seu autor perseguido como malfeitor! Sem dúvida, nessa época todos os escritos respiravam a mais sublime devoção, e a Terra estava coberta de santos!

Mas outros livros permanecerão. Saber-se-á, por exemplo, que esse mesmo século produziu um panegirista da Noite de São Bartolomeu, francês, e como se pode crer, homem da Igreja, sem que nem Parlamento nem prelado tenham cogitado fazer-lhe objeções. Assim, comparando a moral dos dois livros e o erro dos dois autores, é possível mudar a linguagem e chegar a outra conclusão.

As doutrinas abomináveis são as que levam ao crime, ao assassinato e produzem fanáticos. E o que haveria no mundo de mais abominável que tornar a injustiça e a violência um sistema, e fazê-las decorrer da clemência de Deus? Abstenho-me, Senhor Arcebispo, de traçar aqui um paralelo que poderá desagradá-lo. Peço-lhe apenas que concorde que se a França tivesse professado a religião do Padre Saboiano — religião tão simples e tão pura, que faz temer a Deus e amar os homens — os rios de sangue não teriam inundado tão freqüentemente os campos franceses; esse povo tão brando e tão alegre não teria espantado os outros com suas crueldades em tantas perseguições e massacres, da Inquisição de Toulouse[50] até a véspera de São Bartolomeu, das guerras dos albigenses até

---

50. É verdade que Domingos, santo espanhol, teve nela um grande papel. O santo, segundo um escrivão de sua ordem, teve a caridade, pregando contra os albigenses, de se associar a pessoas devotas, zelosas pela fé, as quais cuidaram de extirpar corporalmente e pelo gládio material os heréticos que não tinha podido vencer

as dragonadas. O Conselheiro Anne du Bourg não teria sido enforcado por se inclinar à brandura para com os reformados; os habitantes de Merindol e de Cabrières não teriam sido executados por uma sentença do Parlamento de Aix, e o inocente Calas, torturado pelos carrascos, não teria morrido na roda sob nossos olhos. Retornemos agora, Senhor Arcebispo, às suas censuras e às razões em que as baseia.

São sempre os homens, diz o Vigário, que nos atestam a palavra de Deus, e atestam-na em línguas que desconhecemos; embora freqüentemente tenhamos, ao contrário, grande necessidade de que Deus nos atestasse a palavra dos homens. É bastante certo, pelo menos, que ele poderia ter-nos comunicado sua palavra sem se servir de porta-vozes tão suspeitos. O Vigário se queixa de que tantas testemunhas humanas sejam necessárias para certificar a palavra divina: *quantos homens, diz ele, entre Deus e mim!*[51]

A isso, o senhor responde: *Para que essa queixa fosse razoável, caríssimos irmãos, seria preciso poder concluir que a Revelação é falsa simplesmente porque não foi feita a cada homem individualmente; seria preciso poder dizer: Deus não pode exigir de mim que eu creia no que me asseguram que ele disse, porque ele não dirigiu a palavra diretamente a mim.*[52]

Mas, ao contrário, essa queixa só é razoável quando se admite a verdade da Revelação. Pois, supondo que ela seja falsa, que queixa haveria a fazer quanto ao meio empregado por Deus, já que ele não terá empregado nenhum? É ele o responsável pelos logros de um impostor? Se nos deixamos enganar, é nossa falta, não dele. Mas quando Deus, livre para escolher seus meios, preferiu um que exige de nossa parte tanta sabedoria e tão profundas discussões, está errado o Vigário quando diz: "Vejamos, entretanto, examinemos, comparemos, verifiquemos. Oh,

---

pelo gládio da palavra de Deus: *Ob caritatem, praedicans contra Albienses, in adjutorium sumsit quasdam devotas personas, zelantes pro fide, quae corporaliter illos Haereticos gladio materiali expugnarent, quos ipse gladio verbi Dei amputare non posset.* (Antonio de Siena, *Chronicon* III, 23, 14 § 2). Essa caridade não se parece em nada com a do Vigário, e recebe também um prêmio muito diferente: a primeira faz canonizar, a segunda, condenar os que a professam.

51. *Emílio* IV [*OC* IV 610].

52. Carta Pastoral, § 15.

se Deus tivesse se dignado a dispensar-me de todo esse trabalho, teria eu o servido com menos agrado?"[53]

Senhor Arcebispo, sua premissa menor é admirável. É preciso transcrevê-la aqui integralmente; agrada-me citar suas próprias palavras; é minha maior descortesia:

*Mas não há então uma infinidade de fatos, mesmo anteriores aos da Revelação cristã, dos quais seria absurdo duvidar? Por qual outra via que não a do testemunho humano o próprio autor conheceu essa Esparta, essa Atenas, essa Roma, cujas leis, costumes e heróis ele exalta tantas vezes e com tanta segurança? Quantos homens entre ele e os historiadores que preservaram a memória desses acontecimentos!*

Se o assunto fosse menos grave, e se eu tivesse menos respeito pelo senhor, essa maneira de raciocinar fornecer-me-ia, talvez, a oportunidade para divertir um pouco meus leitores; mas não permita Deus que eu abandone o tom que convém ao assunto do qual estou tratando e ao homem a quem me dirijo. Com o risco de ser insípido em minha resposta, contento-me em mostrar que o senhor está enganado.

Peço, então, que considere ser perfeitamente normal que fatos humanos sejam atestados pelos testemunhos humanos. Não há outra forma de fazê-lo; não posso saber que Esparta e Atenas existiram a não ser porque isso me é dito por autores contemporâneos; e entre mim e um outro homem que viveu longe de mim deve haver necessariamente intermediários. Mas por que deveria havê-los entre Deus e mim, e por que deveriam ser tão remotos, exigindo por isso tantos outros? É simples, é natural que Deus tenha ido procurar Moisés para falar a Jean-Jacques Rousseau?

Além disso, ninguém é obrigado, sob pena de danação, a acreditar que Esparta tenha existido; ninguém será devorado pelas chamas eternas por duvidar disso. Todo fato que não testemunhamos só se estabelece para nós com base em provas morais[54], e toda prova moral é suscetível de nuanças. Devo crer que a justiça divina me precipitará para sempre no Inferno apenas por não ter sabido determinar com exatidão o ponto em que uma tal prova se torna inquestionável?

---

53. *Emílio* IV [*OC* IV 610].

54. [*Provas morais* aqui significam provas empíricas, experimentais, em oposição às provas demonstrativas da geometria e da aritmética.]

Se há no mundo uma história atestada, é a dos vampiros. Nada lhe falta: atas, depoimentos de notáveis, cirurgiões, párocos, magistrados. A prova jurídica é das mais completas. Com tudo isso, quem é que crê em vampiros? Seremos todos condenados por não termos acreditado neles?

Ainda que muitos dos prodígios relatados por Tito Lívio estejam tão bem atestados, a ponto de satisfazer o incrédulo Cícero, não os considero mais que meras fábulas, e não sou certamente o único. Minha experiência constante, e a de todos os homens, é mais forte, em relação a isso, que o testemunho de uns poucos. Se as próprias Esparta e Atenas tiverem sido prodígios, foram prodígios do tipo moral. E assim como seria um erro, na Lapônia, fixar a estatura natural do homem em quatro pés de altura, não seria menor o erro de fixar a medida das almas humanas pelas pessoas que vemos ao nosso redor.

Peço que o senhor se recorde que continuo aqui a examinar seus raciocínios neles mesmos, sem defender aqueles que o senhor ataca. Depois dessa necessária recordação, permito-me mais uma suposição sobre a maneira pela qual o senhor raciocina.

Um morador da rua Saint Jacques vem dirigir este discurso a Sua Graça, o Arcebispo de Paris: "Senhor Arcebispo, sei que o senhor não acredita nem na beatitude de São João de Paris[55], nem nos milagres que aprouve a Deus operar publicamente sobre seu túmulo, à vista da cidade mais esclarecida e populosa do mundo. Mas creio dever atestar que acabo de ver ressuscitar o santo em pessoa, no local em que seus ossos foram depositados."

A isso, o homem da rua Saint Jacques acrescenta os detalhes de todas as circunstâncias que podem impressionar o espectador de um tal fato. Estou persuadido de que, ao ouvir essa notícia, antes de explicar se lhe dá algum crédito, o senhor começará por interrogar a pessoa que a está atestando sobre sua posição, suas opiniões, seu confessor, sobre outros dados similares; e quando, por suas maneiras e seu discurso, tiver compreendido que se trata de um pobre operário, que, não tendo um bilhete de confissão para lhe mostrar, confirmará sua opinião de

---

55. [Trata-se do diácono Jean de Pâris (1690-1727), em cujo túmulo ocorriam milagres, acompanhados de convulsões dos espectadores.]

que é um jansenista. "Ah!", o senhor lhe dirá com ar reprovador, "sois convulsionário e vistes ressuscitar São Paris? Não é de espantar, deveis ter visto muitas outras maravilhas!"

Prosseguindo nessa suposição, ele insistirá, sem dúvida; e dirá ao senhor que não fora o único a ver o milagre, estava com duas ou três pessoas que viram a mesma coisa, e que outros a quem quis relatar o fato dizem também tê-lo presenciado. Ao ouvir isso, o senhor lhe perguntará se todas essas testemunhas eram jansenistas. "Sim, Senhor Arcebispo", ele dirá, "mas não importa, são em número suficiente, pessoas de bons hábitos, de bom senso e a quem nada desabona; a prova é completa e nada falta a nossa declaração para estabelecer a verdade do fato."

Outros bispos menos caridosos mandarão buscar um comissário e lhe entregarão o bom homem honrado pela visão gloriosa, para ir dar graças a Deus atrás das grades. Quanto ao Senhor Arcebispo, mais humano, mas não mais crédulo, após uma grave reprimenda, contentar-se-á em dizer-lhe: "Sei que duas ou três testemunhas, honestas e de bom senso, podem atestar a vida ou a morte de um homem; mas não sei ainda quantas são necessárias para certificar a ressurreição de um jansenista. Enquanto eu descubro isso, ide, meu filho, e cuidai de fortificar vossa cabeça oca. Dispenso-vos do jejum, e aqui está algo para vos preparar um bom caldo."

É isso, aproximadamente, o que diria o Senhor Arcebispo e o que diria qualquer outro homem sábio em seu lugar. Daí concluo que, mesmo segundo o senhor, e segundo qualquer outro homem sábio, as provas morais suficientes para confirmar os fatos que estão na ordem das possibilidades morais não bastam para confirmar fatos de outra ordem, puramente sobrenaturais. Com isso, deixo que o senhor mesmo julgue sobre a justeza de sua comparação.

Eis, porém, a triunfante conclusão que o senhor tira daí contra mim: *Seu ceticismo, portanto, está fundado aqui apenas no interesse de sua incredulidade.*[56] Senhor Arcebispo, se algum dia ela me proporcionar um bispado de cem mil libras de renda, então o senhor poderá falar do interesse de minha incredulidade.

---

56. Carta Pastoral, § 15.

Continuemos agora a transcrever suas palavras, tomando apenas a liberdade de restituir, quando necessário, as passagens de meu livro que o senhor truncou.

"Que um homem", *acrescenta ele mais adiante,* "venha nos dizer estas palavras: Mortais, eu vos anuncio as vontades do Altíssimo; reconhecei em minha voz aquele que me envia. Eu ordeno ao Sol que mude seu curso, às estrelas que se arranjem de outra forma, às montanhas que se aplainem, às águas que se elevem, à Terra que tome outro aspecto. Diante dessas maravilhas, quem não reconhecerá imediatamente o senhor da natureza?" *Quem não concordará, meus caríssimos irmãos, que quem assim se exprime está apenas à espera de ver milagres para ser cristão?*

Muito mais que isso, Senhor Arcebispo, pois nem mesmo tenho necessidade de milagres para ser cristão.

*Escutai, entretanto, o que ele acrescenta:* "Resta, enfim", *diz ele,* "o exame mais importante na doutrina anunciada; pois, visto que os que admitem os milagres de Deus aqui na Terra também aceitam que o diabo os imite de vez em quando, nem mesmo os mais bem constatados prodígios serão suficientes para nos deixar em melhor situação que antes. E, dado que os mágicos do Faraó ousaram, na própria presença de Moisés, operar os mesmos sinais que ele operou por ordem expressa de Deus, por que não teriam, em sua ausência, da mesma maneira, pretendido a mesma autoridade? Assim, após ter provado a doutrina pelo milagre, será preciso provar o milagre pela doutrina, para evitar tomar a obra do demônio pela obra de Deus.[57] Que fazer em semelhante caso para evitar o círculo? Uma única coisa: retornar ao raciocínio e deixar de lado os milagres, aos quais teria sido melhor não recorrer."

*Vale dizer: mostrem-me milagres, e acreditarei.* Sim, Senhor Arcebispo, vale dizer: mostrem-me milagres e acreditarei em milagres. *Vale dizer: mostrem-me milagres e ainda assim recusar-me-ia a crer.* Sim, Senhor Arcebispo, vale dizer, segundo o próprio preceito de Moisés[58]: mostrem-me milagres e recusar-me-ei a crer em uma doutrina absurda e despropositada

---

57. Sou forçado a misturar aqui a nota e o texto, a exemplo do Senhor de Beaumont. O leitor poderá consultá-los no próprio livro. [*Emílio* IV *OC* IV 612-13.]

58. Deuteronômio 13.

que pretenda se estabelecer com base neles. Preferiria crer na magia, antes de reconhecer a voz de Deus em lições contrárias à razão.

Eu disse que se tratava aí do mais simples bom senso, que só poderia ser obscurecido por distinções no mínimo muito sutis; é mais uma de minhas predições, e eis aqui seu cumprimento.

*Quando uma doutrina é reconhecida como verdadeira, divina, fundada sobre uma Revelação segura, servimo-nos dela para julgar os milagres, isto é, para rejeitar os pretensos prodígios que impostores desejariam opor a essa doutrina. Quando se trata de uma doutrina nova, que se anuncia como emanada do seio de Deus, os milagres são produzidos como provas; isto é, aquele que assume a qualidade de enviado do Altíssimo confirma sua missão e sua prédica por milagres, que são o próprio testemunho da divindade. Assim, a doutrina e os milagres são usados respectivamente segundo os diversos pontos de vista assumidos no estudo e no ensino da religião. Nisso não há nem mau uso do raciocínio, nem sofisma risível, nem círculo vicioso.*[59]

O leitor julgará por si mesmo; não acrescentarei nenhuma palavra. Já dei algumas respostas em minhas passagens anteriores, mas é com sua própria resposta que quero responder-lhe aqui.

*Onde está, então, meus caríssimos irmãos, a boa-fé filosófica da qual se gaba esse escritor?*

Senhor Arcebispo, jamais me vangloriei de uma boa-fé filosófica, pois não sei o que é isso. Nem mesmo ouso falar muito de boa-fé cristã, depois que tantos supostos cristãos dos dias de hoje consideram tão ruim não serem suprimidas as objeções que os embaraçam. Mas quanto à boa-fé pura e simples, pergunto qual das duas, a minha ou a sua, é mais fácil de ser encontrada aqui.

Quanto mais avanço, mais os pontos a tratar se tornam interessantes. É preciso, portanto, Senhor Arcebispo, continuar transcrever suas palavras, nenhuma das quais eu gostaria de ver omitida numa discussão desta importância.

*Acreditar-se-ia que, após os maiores esforços para desacreditar os testemunhos humanos que atestam a Revelação cristã, o mesmo autor acede a isso, entretanto, da maneira mais positiva e mais solene.*

---

59. Carta Pastoral, § 17.

JEAN-JACQUES ROUSSEAU

E com razão, sem dúvida, pois tenho como revelada toda doutrina em que reconheço o espírito de Deus. É preciso apenas remover a ambigüidade de sua frase, pois se o verbo *aceder* se refere à Revelação cristã, então o senhor tem razão, mas se se refere aos testemunhos humanos, então o senhor se engana. Seja como for, registro seu testemunho contra os que ousam dizer que rejeito toda revelação; como se fosse rejeitar uma doutrina o fato de considerá-la sujeita a dificuldades insolúveis para o espírito humano; como se fosse rejeitá-la não admiti-la com base no testemunho dos homens, quando há outras provas equivalentes ou superiores que o dispensam. É verdade que o senhor diz condicionalmente, *acreditar-se-ia*, mas *acreditar-se-ia* significa *acredita-se* quando a razão de exceção para não se acreditar reduz-se a nada, como se verá a seguir com a razão que o senhor apresenta. Comecemos pela prova afirmativa.

*É preciso, para convencer-vos disso, meus caríssimos irmãos, e ao mesmo tempo para edificar-vos, colocar sob vossos olhos este trecho de sua obra.* "Confesso que a majestade das Escrituras me assombra; a santidade do Evangelho[60] fala a meu coração. Vede os livros dos filósofos, com toda sua pompa, como são pequenos ao lado dele. Será possível que um livro ao mesmo tempo tão sublime e tão simples seja obra de homens? Será possível que aquele cuja história narra seja ele próprio apenas um homem? Há nele o tom de um fanático, de um sectário ambicioso? Que doçura, que pureza em seus modos! Que graça tocante em suas lições, que elevação em suas máximas, que sabedoria profunda em seus discursos, que presença de espírito, que delicadeza e precisão em suas respostas, que domínio sobre suas paixões! Onde está o homem, onde está o sábio que sabe agir, sofrer e morrer sem fraqueza e sem ostentação?[61] Quando Platão pinta seu imaginário

---

60. A negligência com a qual o Senhor de Beaumont transcreve minhas palavras fê-lo introduzir aqui duas mudanças em uma linha. Ele colocou a *majestade da Escritura* em vez de *a majestade das Escrituras*; e *a santidade da Escritura* em vez de *a santidade do Evangelho*. É verdade que isso não é fazer-me dizer heresias, mas é fazer-me falar bem tolamente.

61. Preencho, como de costume, as lacunas deixadas pelo Senhor de Beaumont, não que essas deixadas aqui por ele sejam absolutamente insidiosas como em outros lugares, mas porque a falta de continuidade e de ligação enfraquecem a passagem

homem justo, coberto de todo opróbrio do crime e digno de todos os prêmios da virtude, ele pinta Jesus Cristo, traço a traço; a semelhança é tão chocante que todos os Padres da Igreja a sentiram: não é possível enganar-se quanto a ela. Quantos preconceitos, quanta cegueira não são necessários para ousar comparar o filho de Sofronisco com o filho de Maria? Que distância entre um e outro! Sócrates morrendo sem dor, sem ignomínia, mantém facilmente até o final seu personagem, e se essa morte fácil não tivesse honrado sua vida, duvidar-se-ia que Sócrates, com todo seu espírito, teria sido algo mais que um sofista. Ele inventou, diz-se, a moral. Outros antes dele a haviam posto em prática, ele não fez mais que dizer o que eles haviam feito, não fez mais que extrair as lições de seus exemplos. Aristides foi justo antes de Sócrates dizer o que era a justiça; Leônidas morreu por seu país antes que Sócrates tivesse feito do amor à pátria um dever; Esparta foi sóbria antes de Sócrates ter louvado a sobriedade. Antes de ele ter definido a virtude, Esparta abundava em homens virtuosos, mas onde Jesus teria encontrado, entre os seus contemporâneos, essa moral elevada e pura da qual só ele deu as lições e o exemplo? Do seio do mais furioso fanatismo fez-se ouvir a mais alta sabedoria, e a simplicidade das virtudes mais heróicas honrou o mais vil de todos os povos. A morte de Sócrates filosofando tranqüilamente com seus amigos é a mais doce que se poderia desejar; a de Jesus, expirando em tormentos, insultado, escarnecido, amaldiçoado por todo um povo, é a mais horrível que se poderia temer. Sócrates, tomando a taça envenenada, bendiz aquele que, chorando, a oferece. Jesus, em meio a uma tortura apavorante, reza por seus carrascos enfurecidos. Sim, se a vida e a morte de Sócrates são as de um sábio, a vida e a morte de Jesus são as de um Deus. Diremos que a história do Evangelho foi arbitrariamente inventada? Não, não é assim que se inventa, e os fatos acerca de Sócrates, dos quais ninguém duvida, são menos bem atestados que os acerca de Jesus Cristo. No fundo, isso é postergar a dificuldade sem resolvê-la. Seria mais inconcebível pensar que vários homens se

---

quando ela é truncada; e também porque, como meus perseguidores suprimem cuidadosamente tudo o que eu disse de coração em favor da religião, é sempre bom restabelecer essas coisas quando a oportunidade se apresenta.

pusessem de acordo para forjar esse livro do que pensar que um único homem tenha lhe fornecido o assunto. Jamais autores judeus teriam encontrado nem esse tom nem essa moral, e o Evangelho tem marcas de verdade tão grandes, tão impressionantes, tão perfeitamente inimitáveis que seu inventor seria mais espantoso que seu herói."[62]

*Seria difícil, meus caríssimos irmãos, prestar uma mais bela homenagem à autenticidade do Evangelho.*[63] Sou-lhe reconhecido, Senhor Arcebispo, por essa admissão; o senhor faz uma injustiça a menos que os outros. Passemos agora à prova negativa, que faz o senhor dizer *acreditar-se-ia* em vez de *acredita-se.*

*No entanto o autor não crê nessa autenticidade senão em conseqüência de testemunhos humanos.* O senhor se engana, Senhor Arcebispo, eu a reconheço em conseqüência do Evangelho e da sublimidade que nele encontro, sem que ela me seja atestada por ninguém. Não tenho necessidade que me afirmem que existe um Evangelho quando o tenho comigo. *São sempre homens que lhe reportam o que outros homens reportaram.* Absolutamente: ninguém me reporta a existência do Evangelho, vejo-o com meus próprios olhos, e ainda que todo o universo me asseverasse de sua não existência, eu saberia muito bem que todo o universo estaria mentindo ou enganado. *Quantos homens entre Deus e ele?* Nem um único. O Evangelho é a prova decisiva, e essa prova está em minhas mãos. Como quer que tenha aí chegado, e seja quem for que o tenha escrito, reconheço nele o espírito divino: ele é tão imediato quanto possível; não há homens entre essa prova e mim. E, no sentido em que os haveria, o histórico desse livro, de seus autores, da época em que foi composto, etc. remete a discussões críticas em que a prova moral é admissível. Essa é a resposta do Vigário Saboiano.

*Ei-lo, portanto, em evidente contradição consigo mesmo; ei-lo confundido por suas próprias admissões.* Deixo-o saborear toda a minha confusão. *Que estranha cegueira, então, levou-o a acrescentar:* "Com tudo isso, esse mesmo Evangelho está cheio de coisas inacreditáveis, de coisas que repugnam à razão e que é impossível a qualquer homem sensato conceber ou aceitar. Que fazer em meio a todas essas contradições?

---

62. *Emílio* IV [*OC* IV 625-27].
63. Carta Pastoral, § 17.

Ser sempre modesto e circunspecto, respeitar em silêncio[64] o que não se poderia rejeitar nem compreender, e prostrar-se diante do grande Ser que, só ele, sabe a verdade. Eis o ceticismo involuntário em que permaneci." *Mas, meus caríssimos irmãos, pode o ceticismo ser involuntário quando recusa submeter-se à doutrina de um livro que não poderia ter sido inventado pelos homens? Quando esse livro traz marcas de verdade tão grandes, tão impressionantes, tão perfeitamente inimitáveis que o inventor delas seria mais espantoso que seu herói? Com certeza aqui se pode dizer que a iniqüidade põe a nu sua mentira.*[65]

Senhor Arcebispo, o senhor me acusa de iniqüidade sem motivo, imputa-me muitas vezes mentiras e não exibe nenhuma delas. De minha parte, adoto com relação ao senhor uma máxima contrária, e tenho às vezes oportunidade de usá-la.

O ceticismo do Vigário é involuntário pela própria razão que faz o senhor negar que ele o seja. Com base nas débeis autoridades que se quer atribuir ao Evangelho, ele o rejeitaria pelas razões listadas anteriormente, se o espírito divino que brilha na moral e na doutrina desse livro não lhe comunicasse toda a força que falta no testemunho dos homens sobre esse ponto. Ele aceita, portanto, esse livro sagrado com todas as coisas admiráveis que contém e que o espírito humano pode compreender. Mas, quanto às coisas inacreditáveis que nele encontra, *as quais repugnam à razão e que é impossível a qualquer homem sensato conceber ou aceitar,* ele as *respeita em silêncio sem as compreender nem*

---

64. Para que os homens se imponham esse respeito e esse silêncio, é preciso que alguém lhes diga uma primeira vez as razões para assim proceder. Aquele que conhece essas razões pode enunciá-las, mas os que os censuram e não dão as razões bem poderiam ficar calados. Falar ao público com franqueza, com firmeza, é um direito comum a todos os homens, e mesmo um dever em relação a toda coisa útil. Mas não é de modo algum permitido a um indivíduo censurar publicamente um outro por isso; isso é atribuir-se uma excessiva superioridade de virtudes, de talentos, de luzes. É por isso que jamais me pus a criticar ou a repreender ninguém. Disse a meu século duras verdades, mas não as disse a nenhum indivíduo; e se ocorreu que eu nomeasse e atacasse alguns livros, jamais falei de autores vivos senão com decência e consideração. Vê-se agora como me retribuem. Parece-me que todos esses senhores, que se põem tão orgulhosamente a ensinar-me a humildade, acham a lição mais fácil de ensinar que de seguir.

65. Carta Pastoral, § 17.

JEAN-JACQUES ROUSSEAU

*as rejeitar, e se prostra diante do grande Ser que, só ele, sabe a verdade.* É esse o seu ceticismo, e é de fato um ceticismo involuntário, pois está fundado em provas inquestionáveis de um lado e de outro, que forçam a razão a permanecer em suspenso. Esse é o ceticismo de todo cristão razoável e de boa-fé, que das coisas do Céu só deseja saber as que pode compreender, as que têm relevância para sua conduta; e que rejeita, com o apóstolo, *as questões pouco sensatas, que não proporcionam instrução e engendram apenas conflitos.*[66]

O senhor começa fazendo-me rejeitar a Revelação para restringir-me à religião natural, mas, em primeiro lugar, não rejeitei a Revelação. Em seguida, acusa-me *de não admitir nem mesmo a religião natural, ou, pelo menos, de não reconhecer sua necessidade*; e sua única prova está na passagem que cita a seguir: "Se me engano, é de boa-fé. Isso basta[67] para que meu erro não me seja imputado como crime, e se vos enganásseis do mesmo modo haveria pouco mal nisso." *O que significa,* prossegue o Senhor, *que, segundo ele, basta persuadir-se de que se está de posse da verdade; que essa persuasão, ainda que acompanhada dos erros mais monstruosos, não possa ser objeto de censura; que se deve sempre considerar um homem sábio e religioso aquele que, adotando os próprios erros do ateísmo, disser que o faz de boa-fé. Ora, não é isso abrir a porta a todas as superstições, a todos os sistemas fanáticos, a todos os delírios do espírito humano?*[68]

De sua parte, o Senhor Arcebispo não poderá dizer aqui como o Vigário: *se me engano, é de boa-fé.* Pois é evidentemente de propósito que o senhor se deixa enganar, levando junto seus leitores. Isso é o que me proponho a provar irrefutavelmente; e já o aviso agora desse propósito, para que o acompanhe com atenção.

A profissão do Vigário Saboiano compõe-se de duas partes. A primeira, que é a mais extensa, a mais importante, a mais cheia de verdades novas e marcantes, visa a combater o moderno materialismo, a estabelecer a existência de Deus e da religião natural com toda a força de que o autor é capaz. Dessa parte, nem o senhor nem os padres falam

---

66. Timóteo 2,23.
67. *Emílio* IV [*OC* IV 566]. O Senhor Arcebispo pôs: *isso me basta.*
68. Carta Pastoral, § 18.

em absoluto; porque ela lhes é totalmente indiferente e porque, no fundo, a causa de Deus pouco lhes importa, desde que a causa do clero esteja garantida.

A segunda parte, bem mais curta, menos regular, menos aprofundada, levanta dúvidas e dificuldades sobre as revelações em geral, embora atribuindo à nossa [revelação cristã] a verdadeira certeza na pureza e na santidade de sua doutrina, e na sublimidade inteiramente divina daquele que foi seu Autor. O objetivo dessa segunda parte é tornar cada qual mais reservado, em sua religião, quanto a taxar os outros de má-fé na deles, e a mostrar que as provas de todas as religiões não são tão conclusivas aos olhos de todos para que se deva inculpar os que não vêem nelas a mesma clareza que nós. Essa segunda parte, escrita com toda a modéstia, com todo o respeito que convém, é a única que atraiu sua atenção e a dos magistrados. O senhor só teve fogueiras e insultos como meios de refutar meus raciocínios. O senhor viu o mal em duvidar do que é duvidoso; não viu o bem na prova do que é verdadeiro.

De fato, essa primeira parte, que contém o que é realmente essencial à religião, é decisiva e dogmática. O autor não hesita, não titubeia. Sua consciência e sua razão o determinam de uma maneira invencível. Ele crê, afirma, está fortemente persuadido.

Ele começa a segunda parte, ao contrário, declarando que *o exame que lhe resta a fazer é muito diferente, só vê nele embaraço, mistério, obscuridade; que não traz ao assunto senão incerteza e desconfiança, somente a autoridade da razão deve ser atribuída a seu discurso; que ele próprio ignora se está errado, e todas as suas asserções aqui são apenas razões para duvidar.*[69] Assim ele propõe suas objeções, suas dificuldades, suas dúvidas. Propõe também suas grandes e poderosas razões para crer; e, de toda essa discussão, resulta a certeza dos dogmas essenciais e um ceticismo respeitoso sobre os outros. Ao final dessa segunda parte, ele insiste novamente sobre a circunspecção necessária para escutá-lo: *Se estivesse mais seguro de mim mesmo, eu teria,* diz ele, *assumido um tom dogmático e decisivo; mas sou homem, ignorante, sujeito ao erro; que podia fazer? Abri-vos meu coração sem reservas; o que tenho como certo dei-vos*

---

69. *Emílio* IV [*OC* IV 607].

*como tal; e dei-vos minhas dúvidas como dúvidas, minhas opiniões como opiniões; disse-vos minhas razões para duvidar e para crer. Agora é a vós que cabe julgar.*[70]

Assim, quando no mesmo escrito o autor diz: *Se me engano, é de boa-fé; isso basta para que meu erro não me seja imputado como crime,* pergunto a todo leitor sensato e sincero se é sobre a primeira ou sobre a segunda parte que pode recair essa suspeita de estar em erro; se sobre aquela em que o autor afirma ou aquela em que ele titubeia? Se essa suspeita marca o temor de crer indevidamente em Deus ou o de ter erroneamente dúvidas sobre a Revelação? O senhor assumiu a primeira opção contra toda a evidência, e com o único desejo de tornar-me criminoso; eu o desafio a apresentar qualquer outro motivo. Senhor Arcebispo, onde estão, não digo nem a eqüidade e a caridade cristãs, mas o bom senso e a humanidade?

Ainda que o senhor tivesse podido se enganar quanto ao objeto do temor do Vigário, o simples texto ao qual se referiu já teria bastado para corrigi-lo. Pois quando o autor diz: *isso basta para que meu erro não me seja imputado como crime,* ele está reconhecendo que um erro como esse poderia constituir um crime, e que esse crime poderia lhe ser imputado, se ele não procedesse de boa-fé. Mas ainda que Deus não existisse, seria porventura um crime acreditar que houvesse um? E ainda que fosse um crime, quem poderia imputá-lo? O temor de estar errado não pode então recair aqui sobre a religião natural, e o discurso do Vigário seria uma verdadeira algaravia se tivesse o sentido que o senhor lhe empresta. É, portanto, impossível deduzir, da passagem que o senhor reporta, que *eu não admito a religião natural* ou que *não reconheço a necessidade dela;* é igualmente impossível deduzir *que se deve sempre* — são seus termos — *considerar um homem sábio e religioso alguém que, adotando os erros do ateísmo, disser que o faz de boa-fé.* E é até mesmo impossível que o senhor tenha acreditado que essa dedução fosse legítima. Se isso não está demonstrado, nada jamais poderá estar, a menos que eu seja um insensato.

A fim de mostrar que não se pode basear a autoridade em uma missão divina para difundir absurdos, o Vigário põe em confronto

---

70. *Emílio* IV. [*OC* IV 630].

um homem inspirado e um raciocinador (que o senhor decidiu denominar, respectivamente, um cristão e um incrédulo), e os faz disputar cada qual em sua própria linguagem, que ele desaprova e, certamente, não é nem a dele nem a minha.[71] Com base nisso, o senhor me acusa de *uma insigne má-fé*[72], cuja prova está dada pela inépcia dos discursos do primeiro. Mas se esses discursos são ineptos, como então o senhor o reconhece como cristão? E se o raciocinador só refuta inépcias, com que direito o acusa de incredulidade? Segue-se das inépcias despejadas por um inspirado que ele seja um católico, e das refutadas por um raciocinador que ele seja um descrente? O Senhor Arcebispo bem poderia prescindir de reconhecer-se em uma linguagem tão cheia de cólera e contra-sensos, já que ainda não havia divulgado sua Carta Pastoral.

*Se a razão e a Revelação fossem opostas uma à outra, é certo*, diz o senhor, *que Deus estaria em contradição consigo mesmo.*[73] Essa é uma importante admissão, pois seguramente Deus não se contradiz. *Dizeis, ó ímpios, que os dogmas que consideramos como revelados opõem-se às verdades eternas; mas não basta dizê-lo.* Concordo; cuidemos de fazer mais.

Estou seguro de que o senhor já pressente para onde me dirijo. Vê-se que o senhor passa pelo artigo sobre os mistérios como por sobre brasas ardentes: mal ousando pousar os pés. O senhor me força, entretanto, a fazê-lo deter-se um momento nessa dolorosa situação. Terei a discrição de tornar esse momento o mais curto possível.

O senhor certamente concordará, suponho, que uma das verdades eternas que servem de elementos à razão é que a parte é menor que o todo, e é por ter afirmado o contrário que o inspirado lhe parece sustentar um discurso cheio de disparates. Ora, segundo sua doutrina da transubstanciação, quando Jesus ceou pela última vez com seus discípulos e, partindo o pão, deu seu corpo a cada um deles, é claro que teve seu corpo inteiro entre suas mãos; e se ele próprio comeu do pão consagrado, como pode ter feito, então ele pôs a cabeça em sua boca.

Aqui está, de forma bem clara e precisa, o caso de uma parte maior que o todo, e de um continente menor que o conteúdo. Que diz o

---

71. *Emílio* III [*OC* IV 614s.]
72. Carta Pastoral, § XIX.
73. *Ibid.*, § XX.

JEAN-JACQUES ROUSSEAU

senhor disso? De minha parte, parece-me que apenas o Chevalier de Causans[74] poderia tirá-lo dessa dificuldade.

Bem sei que o senhor dispõe ainda do recurso de Santo Agostinho, o qual, entretanto, não constitui uma solução. Após amontoar uma quantidade de discursos ininteligíveis sobre a Trindade, que admite não terem nenhum sentido, diz candidamente esse Padre da Igreja: *exprimimo-nos assim não para dizer alguma coisa, mas para não permanecermos mudos.*[75]

Tudo bem considerado, Senhor Arcebispo, creio que o caminho mais seguro a ser tomado pelo senhor quanto a esse artigo, e sobre muitos outros, é o que já tomou com relação ao Senhor de Montazet[76], e pela mesma razão.

*A má-fé do autor de* Emílio *não é menos revoltante na linguagem que ele atribui a um suposto católico.*[77] "Nossos católicos", *ele o faz dizer*, "fazem grande alarido sobre a autoridade da Igreja, mas o que ganham com isso se, para estabelecer essa autoridade, precisam de um aparato tão grande de provas quanto as outras seitas para estabelecer diretamente sua doutrina? A Igreja decide que a Igreja tem direito de decidir; não é essa uma autoridade bem fundada?" *Quem não acreditaria, meus caríssimos irmãos, ao ouvir esse impostor, que a autoridade da Igreja é provada apenas por suas próprias decisões, e que seu procedimento consiste em dizer: eu decido que sou infalível, portanto o sou? Que caluniosa imputação, caríssimos irmãos.* Eis o que o senhor Arcebispo assegura, mas resta ver suas provas. Enquanto isso, ousaria o senhor afirmar que os teólogos católicos jamais estabeleceram a autoridade da Igreja *ut in se virtualiter reflexam*? Se o fizeram, não os acusarei de imputação caluniosa.

*A constituição do cristianismo, o espírito do Evangelho, os próprios erros e a fraqueza do espírito humano tendem a demonstrar que a Igreja*

---

74. [De Mauléon de Causans, Cavaleiro de Malta, havia, à época, proposto uma solução para o problema da quadratura do círculo.]

75. *Dictum est tamem tres personae, non ut aliquid diceretur, sed ne taceretur.* Agostinho, *de Trinitate*, livro 5, cap. 9.

76. [Malvin de Montazet, Arcebispo de Lyon, havia escrito a Beaumont, por ocasião de uma disputa hierárquica, uma carta à qual este jamais respondeu.]

77. Carta Pastoral, § XXI.

*estabelecida por Jesus Cristo é uma Igreja infalível.*[78] O Senhor Arcebispo começa por dirigir-nos palavras que não nos enganam: discursos vagos jamais constituem provas, e todas as coisas desse tipo que pretendem demonstrar não demonstram nada. Vamos, portanto, de uma vez ao cerne da demonstração. Ei-lo:

*Asseguramos que, como esse divino legislador sempre ensinou a verdade, sua Igreja também a ensina sempre.*[79]

Mas quem é o senhor, que nos oferece isso como única prova, senão um membro da Igreja e um de seus chefes? Pela maneira de argumentar, o senhor parece contar muito com a assistência do Espírito Santo. O que diz o senhor, então, e o que disse o impostor? Por favor, veja por si mesmo, pois não tenho a coragem de ir até o fundo.

Devo, entretanto, notar que toda a força da objeção que o senhor tão bem ataca consiste nesta frase, a qual o senhor teve o cuidado de suprimir no final da passagem em questão: *Abandonai essa posição e retornareis a todas as nossas discussões.*[80]

Qual é aqui, de fato, o raciocínio do Vigário? Para escolher entre as diferentes religiões é preciso, diz ele, fazer uma de duas coisas: ou ouvir as provas de cada seita e compará-las, ou confiar na autoridade dos que nos instruem. Ora, o primeiro método pressupõe conhecimentos que poucos homens estão em condição de adquirir, e o segundo justifica a crença de cada um na religião — qualquer que seja — em que tenha nascido. Ele cita como exemplo a religião católica, na qual se oferece como lei a autoridade da Igreja, e com base nisso estabelece seu segundo dilema. Ou é a Igreja que atribui a si mesma essa autoridade e diz: *eu decido que sou infalível, portanto o sou*, e com isso cai no sofisma chamado círculo vicioso; ou ela prova que recebeu essa autoridade de Deus, e, nesse caso, necessita de um aparato tão grande de provas para mostrar que de fato recebeu essa autoridade, quanto as outras seitas para estabelecer diretamente suas doutrinas. Não há, portanto, nada a ganhar quanto à facilidade de

---

78. Carta Pastoral § XXI.
79. *Ibid.* Esta passagem merece ser lida na própria Carta Pastoral. [reproduzida na p. 232 deste volume]
80. *Emílio* IV [*OC* IV 620].

JEAN-JACQUES ROUSSEAU

instrução, e o povo não está mais apto a examinar as provas da autoridade da Igreja entre os católicos do que a verdade da doutrina entre os protestantes. Como, então, decidir isso razoavelmente, a não ser pela autoridade dos que o instruem? Mas então o turco se decidirá do mesmo modo. Em que o turco é mais culpado que nós? Eis, Senhor Arcebispo, o raciocínio ao qual o senhor não respondeu e ao qual duvido que se possa responder.[81] Sua imunidade episcopal o livra do apuro, truncando de má-fé a passagem do autor.

Graças aos Céus terminei essa tediosa tarefa. Segui ponto a ponto suas razões, citações e censuras, Senhor Arcebispo, e mostrei que em todas as vezes nas quais atacou meu livro o senhor esteve errado. Resta o último artigo, sobre o governo, que estou disposto a relevar, sentindo-me muito seguro de que, quando aquele que lamenta as misérias do povo e as experimenta é acusado pelo senhor de envenenar as fontes da felicidade pública, não há leitor que não perceba o quanto vale tal discurso. Se o tratado do *Contrato social* não existisse e fosse necessário provar de novo as grandes verdades que lá desenvolvo, os cumprimentos que o senhor faz aos poderosos às minhas custas seriam um dos fatos que eu citaria como prova, e a sorte do autor seria outra, ainda mais chocante. Nada mais me resta a dizer quanto a isso; meu simples exemplo já disse tudo, e a paixão do interesse privado não deve manchar as verdades úteis. É o decreto de minha prisão, é meu livro queimado pelo carrasco que transmito à posteridade como provas justificativas. Minhas opiniões não são tão bem estabelecidas por meus escritos quanto por meus infortúnios.

Senhor Arcebispo, acabo de discutir tudo que o senhor alega contra meu livro. Nenhuma de suas proposições foi deixada sem exame; mostrei que o senhor não tinha razão em nenhum ponto, e não temo que

---

81. Eis aqui uma dessas objeções terríveis nas quais os que me atacam evitam cuidadosamente tocar. Nada é tão cômodo quanto responder com insultos e santas declamações; evita-se facilmente tudo que traz embaraços. Também é preciso admitir que, disputando entre si, os teólogos dispõem de muitos recursos que lhes faltam diante dos ignorantes, e aos quais é preciso suprir como podem. Eles se outorgam reciprocamente mil suposições gratuitas, que não se ousa recusar quando não se tem nada melhor a oferecer. Daí a invenção de não sei qual fé infusa que, para tirá-los do apuro, obrigam Deus a transmitir do pai à criança, mas reservam esse jargão para disputar com os doutores; caso se servissem dele contra nós, profanos, teriam medo de serem ridicularizados.

minhas provas sejam refutadas, elas estão acima de qualquer réplica que obedeça ao senso comum.

Mas ainda que eu tenha errado em alguns momentos, ainda que tenha errado em todos, que indulgência não mereceria um livro no qual se sente por toda parte, mesmo nos erros, mesmo no mal que nele pode haver, o amor sincero do bem e a devoção à verdade? Um livro no qual o autor, tão pouco assertivo, tão pouco decisivo, adverte tantas vezes seus leitores para desconfiarem de suas idéias, ponderarem suas provas e não lhe darem senão a autoridade da razão? Um livro que só respira paz, doçura, paciência, amor pela ordem, obediência às leis em todas as coisas, mesmo em matéria de religião? Um livro, enfim, no qual a causa da divindade está tão bem defendida, a utilidade da religião tão bem estabelecida, no qual os costumes são tão respeitados, a arma do ridículo tão bem subtraída ao vício, no qual a maldade é pintada como tão pouco sensata e a virtude tão amável. Ah! Mesmo que não houvesse uma única palavra verdadeira nessa obra, seus sonhos deveriam ser honrados e amados como as mais doces fantasias que podem confortar e nutrir o coração de um homem de bem. Sim, não temo dizer que, se existisse na Europa um único governo verdadeiramente esclarecido, um governo cujas perspectivas fossem verdadeiramente úteis e saudáveis, ele teria prestado honras públicas ao autor do *Emílio* e ter-lhe-ia erguido estátuas. Eu conhecia demasiado os homens para esperar deles esse reconhecimento, mas não os conhecia o bastante, confesso, para esperar que fizessem o que fizeram.

Após ter provado que o senhor raciocinou mal em suas censuras, resta-me provar que me caluniou com seus insultos. Mas como o senhor só me insultou em virtude dos erros supostamente contidos em meu livro, mostrar que meus alegados erros são na verdade erros seus já não diz suficientemente que os insultos que seguem não devem ser dirigidos a mim? O senhor ataca a minha obra com os mais odiosos epítetos e chama-me um homem abominável, um temerário, um ímpio, um impostor. Caridade cristã, que estranha linguagem assumis na boca dos Ministros de Jesus Cristo!

Mas o senhor, que ousa reprovar-me por blasfêmias, o que faz quando toma os apóstolos por cúmplices das propostas ofensivas que lhe agradou fazer sobre mim? Ao ouvi-lo, acreditar-se-ia que São Paulo fez-me a honra de sonhar comigo e predizer minha vinda, como a do Anticristo. E como ele a predisse? Aqui está, é o início de sua Carta Pastoral:

*São Paulo predisse, meus caríssimos irmãos, que dias perigosos viriam em que haveria homens amantes de si mesmos, orgulhosos, soberbos, blasfemadores, ímpios, caluniadores, inflados de orgulho, amantes das volúpias mais do que de Deus; homens de espírito corrompido e pervertidos no que concerne à fé.*[82]

Não contesto, certamente, que essa predição de São Paulo se tenha cumprido muito bem. Mas se ele tivesse predito, ao contrário, que viria um tempo em que não mais se veria esse tipo de gente, confesso que teria ficado muito mais impressionado pela predição e, sobretudo, pelo seu cumprimento.

Em seguida a essa profecia tão bem aplicada, o senhor tem a bondade de fazer-me um retrato no qual sua gravidade episcopal se diverte com as antíteses, e no qual me vejo como um personagem bastante atraente. Essa parte, Senhor Arcebispo, pareceu-me o trecho mais gracioso de sua Carta Pastoral. Ninguém poderia escrever uma sátira mais agradável, nem difamar um homem com mais espírito.

*Do seio do erro* (é verdade que passei minha juventude em sua Igreja) *elevou-se* (não muito alto) *um homem cheio da linguagem da filosofia* (como adotaria uma linguagem que absolutamente não compreendo?) *sem ser verdadeiramente filósofo* (oh! estou de acordo; jamais aspirei a esse título, ao qual reconheço não ter nenhum direito, e certamente não é a modéstia que me faz renunciar a ele); *uma mente dotada de uma multidão de conhecimentos* (aprendi a ignorar multidões de coisas que acreditava saber) *que não o esclareceram* (ensinaram-me a não me considerar esclarecido) *e espalharam as trevas em outras mentes* (as trevas da ignorância valem mais que a falsa luz do erro); *caráter dedicado aos paradoxos de opiniões e de conduta* (há algo a perder por não agir e pensar como todo mundo?), *aliando a simplicidade dos hábitos à ostentação dos pensamentos* (a simplicidade dos hábitos eleva a alma; quanto à ostentação de meus pensamentos, não sei o que é isso); *o zelo pelas máximas antigas ao furor de estabelecer novidades* (nada de mais novo para nós que as máximas antigas; não há nenhuma mistura nisso e não coloquei

---

82. Carta Pastoral, § I.

aí nenhum furor); *a obscuridade do retiro ao desejo de ser conhecido por todo mundo* (o senhor parece-se aqui com os fazedores de romances que adivinham tudo que seu herói disse e pensou em seu quarto; se esse é o desejo que pôs a pena em minha mão, explique-me como ele me veio tão tarde ou por que demorei tanto para satisfazê-lo). *Vimo-lo invectivar contra as ciências que cultivava* (o que prova que não imito os homens de letras e que, em meus escritos, o interesse da verdade caminha à frente do meu); *preconizar a excelência do Evangelho* (sempre, e com o mais autêntico zelo), *cujos dogmas destruía* (não, mas preguei sua caridade, tão destruída pelos padres); *pintar a bondade das virtudes que extinguia no coração de seus leitores* (almas honestas, é verdade que extingo em vós o amor da virtude?).

*Ele se fez o preceptor do gênero humano para enganá-lo, o monitor público para desencaminhar todo mundo, o oráculo do século para completar sua perdição* (acabei de examinar como o senhor provou todas essas alegações). *Em uma obra sobre a desigualdade das condições* (por que das condições? Esse não é nem meu assunto nem meu título), *ele rebaixou o homem ao nível das bestas* (qual de nós o rebaixa ou eleva, se a alternativa for ser uma besta ou ser maléfico?); *em um outro trabalho mais recente ele havia insinuado o veneno da voluptuosidade* (ah, pudesse eu substituir os horrores da devassidão pelo encanto da voluptuosidade! Mas posso tranquilizá-lo: seus padres são imunes à *Heloísa;* eles têm *Aloísia*[83] como profilático). *E nesse último livro ele se apodera dos primeiros momentos do homem a fim de estabelecer o império da irreligião* (esta acusação já foi examinada).

Eis, Senhor Arcebispo, como o senhor me trata, e muito mais cruelmente ainda; a mim, que não conhece e só julga por ouvir dizer. É essa, então, a moral do Evangelho de que se põe como defensor? Admitamos que queira preservar seu rebanho do veneno de meu livro; por que desferir ataques pessoais ao autor? Ignoro qual efeito espera de uma conduta tão pouco cristã, mas sei que defender sua religião com tais armas é torná-la muito suspeita aos olhos das pessoas de bem.

É a mim, entretanto, que o senhor denomina temerário. Mas como merecer esse nome se apenas levantei dúvidas, e mesmo assim com tanta

---

83. [Referência a um livro obsceno de Nicholas Chorier (1612-1692).]

reserva, se apenas propus razões, e mesmo assim com tanto respeito, se não ataquei ninguém, não nomeei ninguém? E o senhor, Senhor Arcebispo, como ousa tratar assim aquele de quem fala com tão pouca justiça e decência, com tão pouca consideração, com tanta leviandade?

O senhor me trata de ímpio, mas de qual impiedade pode me acusar, a mim, que jamais falei do Ser supremo a não ser para dar-lhe a glória que lhe é devida, nem do próximo senão para levar todos a amá-lo? Ímpios são aqueles que profanam indignamente a causa de Deus fazendo-a servir às paixões dos homens, ímpios são os que, ousando tomarem-se por intérpretes da divindade, por árbitros entre ela e os homens, exigem para si próprios as honras que a ela são devidas. Ímpios são aqueles que se arrogam o direito de exercer o poder de Deus sobre a Terra e querem abrir e fechar o Céu a seu bel-prazer. Ímpios são aqueles que fazem ler libelos nas igrejas... Diante dessa horrível idéia, todo meu sangue se inflama, e lágrimas de indignação correm de meus olhos. Sacerdotes do Deus de paz, sem dúvida vós lhe prestareis contas um dia do uso que ousastes fazer de sua casa.

O senhor me trata de impostor! Mas por quê? Segundo sua maneira de pensar, eu erro; mas onde está minha impostura? Raciocinar e enganar-se, seria isso agir como impostor? O próprio sofista que engana sem se enganar não é ainda um impostor enquanto se limitar à autoridade da razão, mesmo que dela abuse. Um impostor quer receber crédito com base em sua palavra; quer ele próprio estabelecer a autoridade. Um impostor é um trapaceiro que quer impressionar os outros para seu próprio proveito; mas onde está, pergunto-lhe, meu proveito em todo esse assunto? Os impostores são, segundo Ulpiano[84], os que realizam truques mágicos, imprecações, exorcismos; ora, seguramente jamais fiz nada disso.

O senhor e outros homens de dignidade constituída, como discorrem confortavelmente! Não reconhecendo outros direitos além dos seus, nem leis além das que impõem, longe de assumir o dever de ser justos, não se crêem obrigados sequer a ser humanos. Oprimem orgulhosamente o fraco sem dar contas a ninguém de suas iniqüidades. Os ultrajes não lhes custam mais que a violência; à menor conveniência

---

84. [Domício Ulpiano (c. 170-228), jurisconsulto romano nascido em Tiro.]

de interesse ou de Estado, varrem-nos de sua frente como poeira. Uns aprisionam e queimam, outros difamam e desonram sem direito, sem razão, sem desprezo, até mesmo sem cólera, unicamente porque isso lhes convém e o infortunado jaz em seu caminho. Quando nos insultam impunemente, nem mesmo é permitido que nos queixemos, e se mostramos nossa inocência e seus erros, acusam-nos ainda de faltar-lhes com o respeito.

Senhor Arcebispo, o senhor insultou-me publicamente, e acabo de provar que me caluniou. Se o senhor fosse um homem comum como eu, que eu pudesse citar diante de um tribunal eqüitativo, diante do qual compareceríamos, eu com meu livro e o senhor com sua Carta Pastoral, seria certamente declarado culpado e condenado a fazer-me uma reparação tão pública quanto foi a ofensa. Mas o senhor ocupa uma posição que o dispensa de ser justo, e eu não sou nada. Entretanto, o senhor que professa o Evangelho, o senhor, prelado feito para ensinar aos outros seu dever, o senhor sabe qual é o seu nesse caso. Quanto a mim, cumpri o meu; não tenho nada mais a dizer-lhe, e me calo.

Digne-se, Senhor Arcebispo, a aceitar meu profundo respeito.

J.-J. ROUSSEAU
Motiers, 18 de novembro de 1762.

# CARTA DE J.-J. ROUSSEAU AO SENHOR DE VOLTAIRE (CARTA SOBRE A PROVIDÊNCIA)[*]
## 18 de agosto de 1756

---

[*] Tradução e notas de Ana Luiza Silva Camarani.

# Carta de J.-J. Rousseau
## ao Senhor de Voltaire

18 de agosto de 1756.

Vossos últimos poemas chegaram até mim em minha solidão, e embora todos os meus amigos conheçam o amor que tenho por vossos escritos, não sei da parte de quem estes poderiam ter vindo, a menos que seja da vossa. Neles encontrei prazer e instrução, e reconheci a mão do mestre, e acredito ter o dever de agradecer-vos tanto o exemplar como a obra. Não vos direi que tudo me parece igualmente bom, mas as coisas que ali me desagradam só fazem impor mais confiança naquelas que me entusiasmam. Não é sem dificuldade que defendo algumas vezes minha razão contra os encantos de vossa poesia, mas é para tornar minha admiração mais digna de vossas obras que me esforço para não admirar tudo nelas.

Farei mais, Senhor: dir-vos-ei sem rodeios não as belezas que acreditei sentir nesses dois poemas, a tarefa assustaria minha preguiça, nem mesmo os defeitos que neles talvez observarão pessoas mais hábeis do que eu, mas os desprazeres que perturbam neste instante o gosto que eu tinha em vossas lições, e os direi a vós, ainda enternecido por uma primeira leitura na qual meu coração escutava avidamente o vosso, amando-vos como meu irmão, honrando-vos como meu mestre, orgulhando-me, enfim, de que reconhecereis em minhas intenções a franqueza de uma alma correta, e em meus discursos, o tom de um amigo da verdade que fala a um filósofo. Aliás, quanto mais vosso segundo poema me encanta, mais tomo livremente partido contra o primeiro; pois se não tendes medo de expor-vos a vós mesmo, por que temeria eu ser de vossa opinião? Devo acreditar que não vos atendes muito a sentimentos que tão bem refutais.

Todas as minhas censuras são contra vosso poema sobre o desastre de Lisboa, porque esperava dele efeitos mais dignos da humanidade que parece tê-lo inspirado. Reprovais a Pope e a Leibniz insultarem nossos males, ao sustentar que tudo está bem, e ampliais tanto o quadro de nossas misérias que delas agravais o sentimento; no lugar das consolações que eu esperava, não fazeis outra coisa senão me afligir. Dir-se-ia que temeis que eu não veja suficientemente o quanto sou infeliz; e acreditais, parece, tranqüilizar-me bastante provando-me que tudo está mal.

Não vos enganeis, Senhor; acontece tudo ao contrário do que propondes. Esse otimismo, que achais tão cruel, consola-me, entretanto, nas mesmas dores que pintais como insuportáveis.

O poema de Pope[1] suaviza meus males e leva-me à paciência, o vosso aguça minhas dores, leva-me às queixas e, retirando-me tudo exceto uma esperança abalada, reduz-me ao desespero. Nessa estranha oposição que reina entre o que estabeleceis e o que eu sinto, acalmai a perplexidade que me agita e dizei-me quem se engana, o sentimento ou a razão. "Homem, tem paciência", dizem-me Pope e Leibniz. "Teus males são um efeito necessário de tua natureza e da constituição deste universo. O Ser eterno e benfazejo que te governa teria querido proteger-vos deles. De todos os planos possíveis, escolheu o que reunia menores males e maiores bens, ou (para dizer a mesma coisa ainda mais cruamente, se necessário), se ele não fez melhor, é porque não podia fazer."

Que me diz, agora, vosso poema? "Sofre para sempre, infeliz. Se há um Deus que te criou, sem dúvida ele é todo-poderoso; ele podia evitar todos os males; logo, não esperes que eles terminem, pois não se poderia ver para que existes se não é para sofrer e morrer." Não sei o que tal doutrina pode ter de mais consolador do que o otimismo e a própria fatalidade. Quanto a mim, confesso que ela me parece ainda mais cruel do que o maniqueísmo. Se o embaraço da origem do mal vos forçava a alterar alguma das perfeições de Deus, por que querer justificar seu poder em detrimento de sua bondade? Se é preciso escolher entre dois erros, prefiro ainda o primeiro.

Não quereis, Senhor, que vossa obra seja vista como um poema contra a Providência; e abster-me-ei de lhe dar esse nome, embora

---

1. *Ensaio sobre o homem,* quatro epístolas publicadas de 1732 a 1734.

tenhais qualificado de livro contra o gênero humano um escrito em que eu defendia a causa do gênero humano contra ele mesmo. Sei a distinção que é preciso fazer entre as intenções de um autor e as conseqüências que podem ser tiradas de sua doutrina. A justa defesa de mim mesmo obriga-me somente a fazer-vos observar que, ao pintar as misérias humanas, meu objetivo era desculpável, e mesmo louvável; pois mostrava aos homens como eles próprios produziam suas desgraças e, conseqüentemente, como podiam evitá-las.

Não vejo como se possa buscar a fonte do mal moral em outro lugar que não no homem livre, aperfeiçoado, portanto corrompido; e, quanto aos males físicos, se a matéria sensível e impassível é uma contradição, como me parece ser, eles são inevitáveis em todo sistema do qual o homem faça parte; e então a questão não é por que o homem não é perfeitamente feliz, mas por que ele existe. Além disso, acredito ter mostrado que, exceto a morte, que quase não é um mal senão pelos preparativos de que se a faz preceder, a maior parte de nossos males físicos são mais uma vez obra nossa. Sem deixar o assunto de Lisboa, convinde, por exemplo, que a natureza não reuniu ali vinte mil casas de seis a sete andares, e que se os habitantes dessa grande cidade tivessem sido distribuídos mais igualmente, e vivessem de maneira mais modesta, o dano teria sido muito menor, e talvez nulo. Todos teriam fugido ao primeiro abalo, e poderiam ser vistos no dia seguinte a vinte léguas de lá, tão alegres como se nada houvesse acontecido; mas é preciso permanecer, obstinar-se ao redor das habitações, expor-se a novos tremores, porque o que se abandona vale mais do que o que se pode levar. Quantos infelizes pereceram nesse desastre por querer pegar, um suas roupas, outro seus papéis, outro seu dinheiro? Acaso não se sabe que a pessoa de cada homem tornou-se a menor parte dele mesmo, e que quase não vale a pena salvá-la quando se perde todo o resto?

Teríeis desejado (e quem não o teria?) que o terremoto houvesse ocorrido antes nos confins de um deserto do que em Lisboa. Alguém pode duvidar de que eles também ocorram nos desertos? Mas desses não falamos porque não fazem mal nenhum aos senhores da cidade, os únicos homens que levamos em conta; fazem pouco mal até mesmo aos animais e aos selvagens que habitam dispersos nos lugares retirados, e que não temem nem a queda dos telhados nem o incêndio das casas. Mas o que significaria tal privilégio? Será, então, que a ordem do mundo deve mudar de acordo com nossos caprichos, que a natureza deve ser submissa a nossas leis e que, para impedir um terremoto em algum lugar, bastaria construir lá uma cidade?

Há acontecimentos que muitas vezes nos tocam mais ou menos, segundo os ângulos sob os quais são considerados, e que perdem muito do horror que inspiram à primeira vista quando se quer examiná-los de perto. Aprendi em *Zadig*, e a natureza confirma-me dia após dia, que uma morte rápida não é sempre um mal real, e que pode algumas vezes passar por um bem relativo. De tantos homens esmagados sob as ruínas de Lisboa, muitos, sem dúvida, evitaram desgraças maiores; e, apesar do que tal descrição tem de tocante e provê à poesia, não é certo que um único desses infortunados tenha sofrido mais do que se, de acordo com o curso ordinário das coisas, tivesse esperado em longa agonia a morte que vinha surpreendê-lo. Há fim mais triste do que o de um moribundo a quem se extenua com cuidados inúteis, a quem um notário e herdeiros não deixam respirar, a quem os médicos assassinam à vontade em seu leito e a quem padres bárbaros fazem, com arte, saborear a morte? Quanto a mim, vejo em toda parte que os males a que a natureza nos submete são muito menos cruéis que os que nós a eles acrescentamos.

No entanto, por mais engenhosos que possamos ser em suscitar nossas misérias à força de belas instituições, não pudemos até agora nos aperfeiçoar a ponto de tornar a vida em geral penosa para nós e preferir o nada à nossa existência; pois, se não fosse assim, o desencorajamento e o desespero logo se apoderariam da maioria das pessoas, e o gênero humano não teria podido subsistir por muito tempo. Ora, que para nós seja melhor existir do que não existir, só isso já bastaria para justificar nossa existência, mesmo que não tivéssemos nenhuma compensação a esperar pelos males os quais devemos sofrer e que esses males fossem tão grandes quanto os descreveis. Mas é difícil encontrar sobre esse assunto boa-fé nos homens e bons cálculos nos filósofos; porque estes, na comparação dos bens e dos males, esquecem sempre o doce sentimento da existência, independentemente de qualquer outra sensação, e porque a pretensão de desprezar a morte leva os outros a caluniar a vida, quase como essas mulheres que, com um vestido manchado e munidas de tesouras, declaram preferir os furos às manchas.

Pensais com Erasmo que pouca gente gostaria de renascer nas mesmas condições em que viveram, mas aquele que pede um alto preço por sua mercadoria é justamente o que faria um grande abatimento se houvesse alguma esperança de concluir o negócio. Aliás, Senhor, quem devo supor que consultastes sobre este assunto? Ricos, talvez, fartos de falsos prazeres, mas ignorando os verdadeiros, sempre enfadados com a vida e sempre temendo perdê-la; talvez pessoas de letras, de todas as espécies de homens a mais sedentária, a mais malsã, a mais reflexiva e, por conseqüência, a mais infeliz. Quereis encontrar homens de melhor composição, ou no mínimo mais sinceros, e que, por formarem a maioria, devem ao menos por isso ser escutados preferencialmente? Consultai um honesto burguês que tenha passado uma vida obscura e tranqüila, sem projetos e sem ambição; um bom artesão que viva comodamente de sua profissão; até mesmo um camponês, não da França, onde se supõe que é preciso fazê-los morrer de miséria para que nos façam viver, mas, por exemplo, do país em que estais, e, em geral, de qualquer país livre. Ouso, de fato, afirmar que não há, talvez, no alto Valais um único montanhês descontente com sua vida quase automática, e que não aceitasse de bom grado, em troca até mesmo do Paraíso, a proposta de renascer sem cessar para assim vegetar perpetuamente. Essas diferenças fazem-me crer que muitas vezes é o mal uso que fazemos da vida que a torna penosa; e tenho uma opinião bem menos boa dos que lastimam ter vivido do que daquele que pode dizer com Catão: *Nec me vixisse poenitet, quoniam ita vixi, ut frustra me natum non existimem.*[2] Isso não impede que o sábio possa algumas vezes partir voluntariamente, sem protesto e sem desespero, quando a natureza ou a fortuna lhe trazem bem distintamente a ordem da partida. Mas, de acordo com o curso natural das coisas, apesar de alguns males de que está semeada a vida humana, ela não é, levando-se tudo em conta, uma dádiva ruim; e se morrer não é sempre um mal, viver o é muito raramente.

---

2. Cícero, *De senectude*, XXIII: "não me arrependo de ter vivido, porque vivi de tal maneira que estimo não ter nascido em vão".

Nossas diferentes maneiras de pensar sobre todos esses tópicos mostram-me por que várias de vossas provas são pouco concludentes para mim. Pois não ignoro quanto a razão humana toma mais facilmente o molde de nossas opiniões do que o da verdade, e que entre dois homens de opiniões contrárias, aquilo que um acredita demonstrar é muitas vezes apenas um sofisma para o outro. Quando, por exemplo, atacais a cadeia dos seres tão bem descrita por Pope[3], dizeis não ser verdade que, se tirarmos um átomo do mundo, o mundo não poderia subsistir. Citais sobre isso o Senhor de Crouzas[4]; depois, acrescentais que a natureza não se submete a nenhuma medida ou forma precisa; nenhum planeta se move em uma curva absolutamente regular; nenhum ser conhecido tem uma forma precisamente matemática; nenhuma quantidade precisa é requerida para nenhuma operação; que a natureza nunca age com rigor; que não há, assim, nenhuma razão para assegurar que um átomo a menos na Terra seria a causa de sua destruição. Confesso-vos sobre tudo isso, Senhor, que fico mais surpreso com a força da asserção do que com a do raciocínio, e nesse momento cederia com mais confiança à vossa autoridade do que a vossas provas.

A respeito do Senhor de Crouzas, não li seu escrito contra Pope, e talvez não esteja em posição de compreendê-lo; mas o que há de muito certo é que não cederia a ele o que teria disputado convosco, e que tenho tão pouca fé em suas provas quanto em sua autoridade. Longe de pensar que a natureza não seja submissa à precisão das quantidades e das figuras, acreditaria, ao contrário, que apenas ela segue com rigor essa precisão, porque só ela sabe comparar exatamente os fins e os meios, e adequar a força à resistência. Quanto a essas pretensas irregularidades, é possível porventura duvidar que cada uma delas tenha sua causa física, e bastaria não perceber essa causa para negar que ela exista? Essas aparentes irregularidades provêm certamente de algumas leis que ignoramos e que a natureza segue tão fielmente quanto as que nos são

---

3. No *Ensaio sobre o homem*, Epístola 1.
4. Jean-Pierre de Crousaz (1663-1750),filósofo e teólogo suíço, participou de várias polêmicas e publicou em 1737 uma crítica ao sistema otimista de Pope. No texto de Rousseau, seu nome está grafado incorretamente.

conhecidas, de algum agente que não percebemos e cuja resistência e contribuição têm medidas fixas em todas as suas operações; em caso contrário seria preciso dizer com clareza que há ações sem princípio e efeitos sem causa, o que repugna a qualquer filosofia.

Suponhamos dois pesos em equilíbrio e entretanto desiguais; que se acrescente ao menor a quantidade que os difere: ou os dois pesos permanecerão ainda em equilíbrio e ter-se-á uma causa sem efeito, ou o equilíbrio se rompe e ter-se-á um efeito sem causa. Mas se os pesos forem de ferro e houver um pequeno ímã oculto sob um dos dois, a precisão da natureza tirar-lhe-ia então a aparência de precisão, e em virtude de tanta exatidão, esta lhe pareceria faltar. Não existe nenhuma figura, nenhuma operação, nenhuma lei no mundo físico às quais não se possa aplicar algum exemplo semelhante ao que acabo de propor sobre o peso.

Dizeis que nenhum ser conhecido tem uma forma precisamente matemática; pergunto-vos, Senhor, se existe alguma forma possível que não o seja, e se a curva mais estranha não é tão regular aos olhos da natureza quanto um círculo perfeito aos nossos olhos. De resto, imagino que se algum corpo pudesse ter essa aparente regularidade, não seria senão o universo enquanto tal, suposto como pleno e limitado, pois as figuras matemáticas, sendo somente abstrações, só têm relações com elas mesmas, ao passo que todas as relações dos corpos naturais referem-se a outros corpos e aos movimentos que os modificam; assim, isso mais uma vez nada provaria contra a precisão da natureza, ainda que estivéssemos de acordo sobre o que entendeis pela palavra *precisão*.

Distinguis os acontecimentos que têm efeitos daqueles que não os têm. Duvido que essa distinção seja sólida. Todo acontecimento parece-me ter necessariamente algum efeito, ou moral, ou físico, ou um composto dos dois, que nem sempre, contudo, são percebidos, porque a filiação dos acontecimentos é ainda mais difícil de seguir que a dos homens. Como em geral não se deve buscar efeitos mais consideráveis que os acontecimentos que os produzem, a pequenez das causas torna muitas vezes o exame ridículo, embora os efeitos sejam certos, e muitas vezes, também, vários efeitos quase imperceptíveis reúnam-se para produzir um acontecimento considerável. Acrescentai que tal efeito não deixa de ocorrer embora aja fora do corpo que o produz. Assim,

JEAN-JACQUES ROUSSEAU

a poeira que uma carruagem ergue pode nada fazer à marcha do veículo e influenciar a do mundo; mas como não há nada de estranho ao universo, tudo que nele se faz, age necessariamente sobre ele próprio. Assim, Senhor, vossos exemplos parecem-me mais engenhosos do que convincentes; vejo mil razões plausíveis pelas quais talvez não fosse indiferente à Europa que, um certo dia, a herdeira da Borgonha estivesse bem ou mal penteada; nem ao destino de Roma que César voltasse os olhos à direita ou à esquerda e cuspisse de um lado ou de outro ao ir ao Senado no dia em que ali foi condenado.[5] Em duas palavras, recordando o grão de areia citado por Pascal[6], sou, de certa maneira, da opinião de vosso brâmane[7], e de qualquer modo que se vejam as coisas, se nem todos os acontecimentos têm efeitos sensíveis, parece-me incontestável que todos têm efeitos reais, dos quais a mente humana perde facilmente o fio, mas que a natureza jamais confunde.

Dizeis que está demonstrado que os corpos celestes fazem sua revolução em um espaço sem resistência. Essa é certamente uma coisa bela de demonstrar, mas segundo o costume dos ignorantes, tenho muito pouca fé nas demonstrações que ultrapassam meu alcance. Imaginaria que, para se construir essa demonstração, ter-se-ia raciocinado mais ou menos desta maneira:

Tal força agindo segundo tal lei deve dar aos astros tal movimento em um meio sem resistência; ora, os astros têm exatamente o movimento calculado; logo, não há resistência. Mas quem pode saber se não há, talvez, um milhão de outras leis possíveis, sem contar a verdadeira, segundo as quais os mesmos movimentos se explicariam melhor ainda em um fluido do que no vácuo? Não é verdade que o horror ao vácuo explicou por muito tempo a maioria dos efeitos que depois foram atribuídos à ação do ar? Em seguida, depois que outras experiências destruíram o horror ao vácuo, não se tornou tudo pleno? E não se restabeleceu o vazio sobre novos cálculos? Quem nos responderá se um sistema ainda mais exato não o destruirá mais uma vez? Deixemos as inúmeras dificuldades que um físico levantaria, talvez, sobre a natureza da luz e dos espaços

---

5. Exemplos citados por Voltaire em seu comentário.
6. Em *Pensées*.
7. Denominação que Rousseau teria dado ao eremita de *Zadig*, conto de Voltaire.

iluminados; mas, acreditais honestamente que Bayle[8], de quem, como vós, admiro a sabedoria e a firmeza em matéria de opinião, teria achado a vossa tão demonstrada? Em geral, parece que os céticos se esquecem um pouco disso tão logo tomam um tom dogmático, e deveriam usar mais sobriamente do que ninguém o termo *demonstrar*. Como obter crédito ao afirmar tantas coisas quando se vangloria de nada saber?

De resto, fizestes uma correção muito justa ao sistema de Pope, ao observar que não há nenhuma gradação proporcional entre as criaturas e o Criador, e que se a cadeia dos seres criados chega até Deus é porque ele a tem nas mãos, não porque é seu termo final.

Sobre o bem do todo, preferível ao de sua parte, fazeis dizer ao homem: "Devo ser tão caro a meu mestre, eu, ser que pensa e sente, quanto os planetas que provavelmente não sentem nada." Sem dúvida, esse universo material não deve ser mais caro a seu Autor do que um único ser que pensa e sente. Mas o sistema desse universo que produz, conserva e perpetua todos os seres que pensam e sentem deve ser-lhe mais caro do que um único desses seres; logo, ele pode, apesar de sua bondade, ou antes, por sua própria bondade, sacrificar alguma coisa da ventura dos indivíduos à conservação do todo. Eu creio, eu espero valer mais aos olhos de Deus do que a terra de um planeta, mas se os planetas são habitados, como é provável, por que valeria eu a seus olhos mais que todos os habitantes de Saturno? Mesmo que essas idéias sejam ridicularizadas, é certo que todas as analogias são a favor desse povoamento e apenas o orgulho humano é contra. Ora, supondo-se esse povoamento, a conservação do universo parece ter, para o próprio Deus, uma moralidade que se multiplica pelo número de mundos habitados.

Que o cadáver de um homem alimente vermes, lobos ou plantas, não é, confesso, uma compensação da morte desse homem; mas se, no sistema do universo, for preciso à conservação do gênero humano que haja uma circulação de substância entre homens, animais e vegetais, então o mal particular de um indivíduo contribui para o bem geral. Morro, sou comido pelos vermes, mas meus filhos, meus irmãos viverão como eu vivi, e faço, pela ordem da natureza, para todos os

---

8. Pierre Bayle (1647-1706), escritor francês cujo espírito crítico anuncia o pensamento filosófico do século XVIII.

JEAN-JACQUES ROUSSEAU

homens, o que Codro, Cúrcio, os Décios, os Filenos[9] e mil outros fizeram voluntariamente para uma pequena parte dos homens.

Para voltar, Senhor, ao sistema que atacais, creio que não se pode examiná-lo convenientemente sem distinguir, com cuidado, o mal particular, de que nenhum filósofo jamais negou a existência, do mal geral, que o otimismo nega. A questão não é saber se cada um de nós sofre ou não, mas sim se é bom que o universo exista, e se nossos males são inevitáveis na constituição deste. Assim, a adição de um artigo tornaria, parece-me, a proposição mais exata, e em lugar de *tudo está bem*, talvez fosse preferível dizer: *o todo está bem, ou ainda, tudo está bem para o todo.* Fica bem evidente, então, que nenhum homem poderia dar provas diretas nem a favor nem contra essa proposição, pois tais provas dependem de um conhecimento perfeito da constituição do mundo e do objetivo de seu Autor, e esse conhecimento está incontestavelmente acima da inteligência humana. Os verdadeiros princípios do otimismo não podem ser tirados nem das propriedades da matéria nem da mecânica do universo, mas somente por indução das perfeições de Deus que preside a tudo; de modo que não se prova a existência de Deus pelo sistema de Pope, mas o sistema de Pope pela existência de Deus, e não se nega a questão da Providência ao se propor a origem do mal. Se tanto uma questão quanto a outra não foram mais bem tratadas é porque sempre se refletiu tão mal sobre a Providência que todo o absurdo dito sobre ela confundiu enormemente todos os corolários que se podiam tirar desse grande e consolador dogma.

Os primeiros que prejudicaram a causa de Deus foram os padres e os devotos, os quais não admitem que nada se faça segundo a ordem

---

9.  Tendo um oráculo revelado que a cidade seria tomada pelo inimigo se o rei fosse poupado, Codro, rei de Atenas, resolveu sacrificar-se por sua pátria: disfarçado de mendigo, rumou para a linha inimiga e foi morto por um adversário. O oráculo de Roma declarou que o grande abismo que surgira na cidade só se fecharia quando os romanos lançassem nele o que tinham de mais precioso; entendendo que o maior valor de Roma estava em sua juventude e em seus soldados, Cúrcio, jovem soldado romano, precipitou-se no abismo. Décio era o nome de família de três romanos, pai, filho e neto, que se sacrificaram aos deuses infernais para garantirem as vitórias de Roma. Os Filenos eram dois irmãos de Cartago, que se deixaram enterrar vivos, como condição proposta pelos habitantes de Cirene para demarcar a fronteira entre as duas cidades da África.

CARTA AO SENHOR DE VOLTAIRE

estabelecida, e fazem sempre intervir a justiça divina em acontecimentos puramente naturais, e, para se certificarem desse fato, punem e castigam os malvados, põem à prova ou recompensam os bons, indiferentemente com bens ou males, de acordo com as circunstâncias. Quanto a mim, não sei se essa é uma boa teologia, mas penso que não é um exemplo de bom raciocínio fundamentar indiferentemente no pró e no contra as provas da Providência, e atribuir-lhe sem escolha tudo o que se faria igualmente sem ela.

Os filósofos, por sua vez, não me parecem muito mais razoáveis quando os vejo culpar o Céu pelo que os perturba, gritar que tudo está perdido quando têm dor de dentes, ou porque são pobres, ou foram roubados, e encarregar Deus, como diz Sêneca, da guarda de sua valise.[10] Se algum trágico acidente tivesse feito perecer Cartouche[11] ou César na infância, teriam dito: que crimes cometeram eles? Esses dois bandidos viveram, e nós dizemos: por que se deixou que vivessem? Ao contrário, um devoto dirá no primeiro caso: Deus quis punir o pai tirando-lhe seu filho; e no segundo: Deus conservou a criança para castigo do povo. Assim, qualquer partido que tenha tomado a natureza, a Providência tem sempre razão para os devotos e sempre erra para os filósofos. Talvez, na ordem das coisas humanas, ela nem erre nem tenha razão, porque tudo depende das leis gerais e não há exceção para ninguém. Pode-se supor que os acontecimentos particulares aqui embaixo não são nada aos olhos do Senhor do universo, que sua Providência é apenas universal, que ele se contenta em conservar os gêneros e as espécies e presidir ao todo, sem se inquietar com a maneira de cada indivíduo passar esta curta vida. Será que um rei sábio, que quer que cada um viva feliz em seus Estados, precisa certificar-se de que as tabernas ali são boas? Se forem ruins, o freguês reclama uma noite, e durante todo o resto de seus dias ri-se de uma irritação tão despropositada. *Commorandi enim Natura diversorium nobis, non habitandi dedit.*[12]

---

10. Em *De providencia*, VI, vers. I.

11. Louis Dominique Cartouche (1693-1721), chefe de um bando de ladrões, nascido em Paris.

12. Cícero, em *De senectute*, XXIII, 84: "A natureza quis que estivéssemos na Terra como hóspedes de passagem, não como habitantes."

131

Para pensar de forma correta sobre isso, parece-me que as coisas deveriam ser consideradas relativamente na ordem física e absolutamente na ordem moral; de modo que a maior idéia que posso fazer da Providência é que cada entidade material esteja disposta o melhor possível em relação ao todo, e cada ser inteligente e sensível, o melhor possível em relação a si próprio. O que significa, em outras palavras, que, para aquele que sente sua existência, mais vale existir que não existir.

Mas é preciso aplicar essa regra à duração total de cada ser sensível, e não a alguns instantes particulares de sua duração, tais como a vida humana. O que mostra quanto à questão da Providência está ligada à da imortalidade da alma, em que tenho a ventura de acreditar sem ignorar que a razão pode dela duvidar, e à da eternidade dos sofrimentos, em que nem vós, nem eu, nem nenhum homem que pense bem de Deus jamais acreditaremos.

Trazendo essas diversas questões de volta a seu princípio comum, parece-me que todas se referem à questão da existência de Deus. Se Deus existe, ele é perfeito; se é perfeito, é sábio, poderoso e justo; se é sábio e poderoso, tudo está bem; se é justo e poderoso, minha alma é imortal; se minha alma é imortal, trinta anos de vida não são nada para mim, e são talvez necessários à manutenção do universo. Se concordam com a primeira proposição, as seguintes jamais serão abaladas; se a negam, não é preciso discutir sobre as conseqüências.

Não estamos, nem vós nem eu, nesse último caso. Longe, pelo menos, de poder presumir algo semelhante de vossa parte ao ler o conjunto de vossas obras, a maioria delas oferecem as idéias mais altas, mais suaves, mais consoladoras da Divindade; e prefiro um cristão ao vosso modo do que ao modo da Sorbonne.

Quanto a mim, confessar-vos-ei ingenuamente que, nesse ponto, nem o pró nem o contra me parecem demonstrados pelas luzes da razão, e se o teísta funda seu sentimento apenas sobre probabilidades, o ateu, menos preciso ainda, parece-me fundar o seu apenas sobre possibilidades contrárias. Além disso, as objeções, de uma e de outra parte, são sempre insolúveis, porque giram em torno de coisas das quais os homens não têm uma verdadeira idéia. Reconheço tudo isso e, no entanto, creio em Deus tão fortemente quanto em qualquer outra verdade, porque crer e não crer são as coisas que menos dependem de mim; porque o estado de dúvida é um estado demasiado violento para minha alma; porque, quando minha razão divaga, minha fé não pode permanecer muito tempo em suspenso e se determina sem ela; enfim, porque mil questões me atraem de preferência para o lado mais consolador, e juntam o peso da esperança ao equilíbrio da razão.

[Lembro-me que, em toda a minha vida, o que me impressionou mais fortemente sobre a questão do arranjo fortuito do universo foi o vigésimo primeiro pensamento filosófico, em que se mostra, pelas leis da análise dos acasos, que, quando a quantidade dos lances é infinita, a dificuldade do acontecimento é mais do que suficientemente compensada pela multidão dos lances, e que, em conseqüência, a mente deve espantar-se mais com a duração hipotética do caos do que com o nascimento real do universo.[13] — Tal consideração, supondo-se o movimento necessário, é, para o meu gosto, a mais poderosa que ouvi sobre essa disputa; e, quanto a mim, declaro que não tenho para ela a menor resposta dotada de senso comum, nem verdadeiro nem falso, a não ser negar como falso o que não se pode saber, isto é, que o movimento seja essencial à matéria. Em contrapartida, não é de meu conhecimento que se tenha algum dia explicado pelo materialismo a geração dos corpos organizados e a perpetuação dos germes; mas entre as duas posições opostas há a diferença de que, embora uma e outra me pareçam igualmente convincentes, somente a última me persuade. Quanto à primeira, se me disserem que a *Henriade*[14] foi composta por um lance fortuito de caracteres, nego-o sem titubear: é mais possível ao acaso obter esse resultado do que à minha mente acreditar nele; e sinto que há um ponto em que as impossibilidades morais equivalem a uma certeza física. Não adianta falarem-me da eternidade dos tempos, eu não a percorri; da infinidade dos lances, não os contei; e minha incredulidade, tão pouco filosófica quanto queiram, triunfará sobre a própria demonstração. Não proíbo isso que chamo *prova de sentimento* ser chamado *preconceito*, e não ofereço essa obstinação de crença como modelo, mas, com uma honestidade talvez única, apresento-a

---

13. Cf. Diderot, *Pensées philosophiques*.

14. Exilado na Inglaterra, Voltaire publica em 1728 a *Henriade*, recomposição do poema *La Ligue*, que dedica à rainha do país que o acolheu.

como disposição invencível de minha alma, que nada jamais poderá sobrepujar, da qual, até agora, nada tenho a lastimar, e que não se pode atacar sem crueldade.]

Eis, pois, uma verdade da qual os dois partimos com base na qual sentis o quanto o otimismo é fácil de ser defendido e a Providência, de ser justificada, e não vos é necessário repetir os raciocínios repisados, mas sólidos, que tantas vezes foram feitos sobre esse assunto. Quanto aos filósofos que não aceitam o princípio, não é preciso discutir com eles sobre essas matérias porque aquilo que para nós não é mais que uma prova de sentimento não pode tornar-se para eles uma demonstração, e porque não é razoável dizer a um homem: deveis acreditar nisso porque eu acredito. Eles, por seu lado, não devem disputar conosco essas mesmas matérias porque são apenas corolários da proposição principal que um adversário honesto quase não ousa opor-lhes e porque, de sua parte, eles estarão errados em exigir que se lhes prove o corolário independentemente da proposição que lhe serve de base. Penso que não devem fazê-lo ainda por uma outra razão. É que é falta de humanidade perturbar as almas pacíficas e entristecer os homens inutilmente, quando o que se quer ensinar-lhes não é certo nem útil. Em duas palavras, penso, seguindo seu exemplo, que se deve atacar com a máxima força a superstição que perturba a sociedade, e dedicar o máximo respeito à religião que a sustenta.

Mas, assim como vós, fico indignado com o fato de que não se conceda a cada um mais perfeita liberdade para dividir sua fé, que o homem ouse controlar o interior das consciências onde não poderia penetrar; como se dependesse de nós crer ou não crer em matérias nas quais a demonstração não tem lugar, e que se pudesse algum dia escravizar a razão à autoridade. Têm, então, os reis deste mundo alguma visão do outro? E têm eles o direito de atormentar seus súditos aqui na Terra para forçá-los a ir para o Paraíso? Não, todo governo humano limita-se por sua natureza aos deveres civis; e, não importa o que possa ter dito o sofista Hobbes, quando um homem serve bem ao Estado, não deve prestar contas a ninguém da maneira como serve a Deus.

Ignoro se esse Ser justo não punirá um dia toda tirania exercida em seu nome; ao menos, estou bem certo de que ele não compartilhará dela e não recusará a ventura eterna a nenhum incrédulo virtuoso e de boa-fé. Sem ofender sua bondade, e mesmo sua justiça, posso porventura duvidar de que um coração honesto resgate um erro involuntário, e que hábitos irreprocháveis valham tanto quanto mil cultos bizarros prescritos pelos homens e rejeitados pela razão? Direi mais: se pudesse, à minha escolha, obter as boas obras à custa de minha fé e compensar à força de virtude minha suposta incredulidade, não hesitaria um só instante; e preferiria poder dizer a Deus: sem pensar em ti, fiz o bem que te é agradável, e meu coração seguia tua vontade sem conhecê-la; do que lhe dizer, como será preciso que faça um dia: ai de mim! Amei-te e não cessei de te ofender; eu te conheci, e nada fiz para te agradar.

Confesso que existe uma espécie de profissão de fé que as leis podem impor[15]; mas, exceto os princípios da moral e do direito natural, ela deve ser puramente negativa, porque podem existir religiões que ataquem os fundamentos da sociedade, e é preciso começar por exterminar essas religiões para assegurar a paz do Estado. Desses dogmas a serem proscritos, a intolerância é, sem dúvida, o mais odioso, mas é preciso tomá-lo em sua origem, pois os mais sanguinários fanáticos mudam sua linguagem segundo a fortuna, e pregam apenas paciência e doçura quando não são os mais fortes. Assim, em princípio, denomino intolerantes todos aqueles que imaginam que um homem de bem deve necessariamente acreditar em tudo o que eles acreditam, e condenam impiedosamente os que não pensam como eles próprios. Com efeito, os fiéis raramente têm a disposição de deixar os condenados às penas eternas em paz neste mundo; e um santo que acredita viver com réprobos habitualmente se antecipa ao ofício do diabo. E se houvesse incrédulos intolerantes que quisessem forçar o povo a não crer em nada, eu não os baniria menos severamente do que os que o querem forçar a crer em tudo aquilo que lhes agrada.

Gostaria, então, que houvesse em cada Estado um código moral, ou uma espécie de profissão de fé civil, contendo, positivamente, as máximas sociais as quais cada um seria obrigado a admitir, e negativamente, as máximas fanáticas as quais seria obrigado a rejeitar, não como ímpias, mas como sediciosas. Assim, toda religião que pudesse

---

15. Rousseau delineia aqui o que chamará de "religião civil" no *Contrato social*.

estar de acordo com o código seria admitida, toda religião que discordasse dele seria proscrita, e cada um seria livre para não ter outra a não ser o próprio código. Essa obra, feita com cuidado, seria, parece-me, o livro mais útil jamais composto e talvez o único necessário aos homens. Eis, Senhor, um assunto para vós. Desejaria apaixonadamente que aceitásseis empreender essa obra e embelezá-la com vossa poesia, a fim de que, podendo ser aprendida facilmente, ela trouxesse a todos os corações, desde a infância, esses sentimentos de doçura e de humanidade que brilham em vossos escritos e que sempre faltarão aos devotos. Exorto-vos a examinar atentamente esse projeto, que deve agradar ao menos à vossa alma. Destes-nos, em vosso *Poema sobre a religião natural*, o catecismo do homem; dai-nos agora, nesse que vos proponho, o catecismo do cidadão. É uma matéria a ser meditada por muito tempo e, talvez, reservada como última de vossas obras, a fim de encerrar, com um benefício ao gênero humano, a mais brilhante carreira jamais percorrida por um homem de letras.

Não posso impedir-me, Senhor, de observar a esse propósito uma oposição bem singular entre vós e mim quanto ao assunto desta carta. Saciado de glória e descrente das vãs grandezas, viveis livre em meio à abundância; bem seguro da imortalidade, filosofais pacificamente sobre a natureza da alma; e se o corpo ou o coração sofre, tendes Tronchin como médico e amigo; não encontrais, entretanto, senão o mal sobre a Terra. E eu, obscuro, pobre e atormentado por um mal sem remédio, medito com prazer em meu retiro e acho que tudo está bem. De onde provêm essas manifestas contradições? Vós mesmo as explicastes: vós gozais a vida, mas eu espero, e a esperança embeleza tudo.

Tenho tanta dificuldade em concluir esta carta enfadonha quanto vós tereis em acabar de lê-la. Perdoai-me, grande homem, um zelo talvez indiscreto, mas que não se expandiria convosco se eu vos estimasse menos. Que a Deus não praza que eu queira ofender aquele de meus contemporâneos de quem mais respeito os talentos e cujos escritos mais falam a meu coração, mas trata-se da causa da Providência da qual espero tudo. Depois de haver por tanto tempo buscado consolações e coragem em vossas lições, é-me penoso que vós me tireis agora tudo isso para não me oferecer mais que uma esperança incerta e vaga, mais como um paliativo presente que uma compensação futura. Não!

Sofri demais nesta vida para não ter esperança em uma outra. Todas as sutilezas da metafísica não me farão duvidar um só momento da imortalidade da alma e de uma Providência benfazeja. Eu a sinto, creio nela, quero-a, espero por ela, defendê-la-ei até o meu último suspiro; e essa será, de todas as discussões que terei sustentado, a única em que meu interesse não será esquecido.

Sou, Senhor, etc.

# CARTAS MORAIS
# (CARTAS A SOPHIE)[*]
# 1758

---

[*] Tradução e notas de José Oscar de Almeida Marques.

# Cartas morais

CARTA 1

Vinde, minha cara e digna amiga, escutar a voz daquele que vos ama; ela não é, bem o sabeis, a de um vil sedutor; se alguma vez meu coração se desencaminhou nos votos com os quais me fizestes enrubescer, minha boca pelo menos não tentou justificar meus descaminhos, a razão travestida em sofismas não cedeu seus préstimos ao erro; o vício humilhado calou-se diante do sacro nome da virtude; a fé, a honra, a santa verdade não foram ultrajadas em meu discurso; ao abster-me de dar nomes honestos a minhas faltas, impedi que a honestidade abandonasse meu coração, mantive-o aberto às lições da sabedoria que vos dignastes fazer-me ouvir. É minha vez, agora, ó Sophie, de dar-vos o prêmio de vossos esforços. Como conservastes em minha alma as virtudes que vos são caras, quero infundir na vossa aquelas que talvez lhe sejam desconhecidas. Como sou feliz por não ter jamais prostituído nem minha pena nem minha boca pela mentira! Sinto-me por isso menos indigno de encarnar hoje, junto a vós, a voz da verdade.

Recordando a ocasião em que me demandastes regras morais para vosso uso, duvido que já não praticásseis então uma das mais sublimes, e que, no perigo ao qual me expunha uma cega paixão, não cuidásseis mais ainda de minha instrução que da vossa. Só um celerado poderia expor os deveres de outrem ao mesmo tempo em que calca os seus próprios sob os pés ou molda a moral a suas paixões, e vós, que me honrais com vossa amizade, sabeis bem que, apesar de um coração fraco, não tenho uma alma malévola. Ao esforçar-me, hoje, para cumprir a nobre tarefa que me impusestes, presto-vos uma merecida homenagem. A virtude é-me mais cara após tê-la recebido de vós.

Ao submeter ao dever e à razão os sentimentos que me havíeis inspirado, exercestes a maior e mais digna autoridade que o Céu outorgou à beleza e à sabedoria. Não, Sophie, um amor como o meu não poderia ceder senão a ele próprio; somente vós, como os deuses, poderíeis destruir vossa obra, e caberia apenas a vossas virtudes apagar os efeitos de vossos encantos.

Meu coração ao depurar-se não se separou do vosso, muito pelo contrário: ao amor cego sucederam-se mil sentimentos esclarecidos que me impõem o encantador dever de amar-vos por toda a minha vida, e sois ainda mais cara para mim depois que cessei de vos adorar. Meus desejos, longe de se atenuarem pela mudança de objeto, ficaram ainda mais ardentes ao se tornarem mais honestos. Se eles ousaram, no segredo de meu coração, prestar atenção a vossos atrativos, já expiaram esse ultraje; e nada mais almejam além de aperfeiçoar vossa alma e justificar, se possível, tudo que a minha sentiu por vós. Sim, sede perfeita como podeis sê-lo, e serei mais feliz do que se vos houvesse possuído. Possa meu zelo ajudar a elevar-vos tão alto acima de mim que o amor próprio me compense em vós por minhas humilhações e, de algum modo, me console por não ter podido alcançar-vos. Ah! Se os cuidados de minha amizade podem encorajar vossos progressos, pensai algumas vezes em tudo que tenho direito de esperar de um coração que o meu não pôde merecer.

Após tanto tempo perdido a perseguir uma glória vã, a dizer ao público verdades que ele não está absolutamente em condições de compreender, vejo-me enfim voltado para um objetivo útil: cumprirei os encargos que exigis de mim, ocupar-me-ei de vós, de vossos deveres, das virtudes que vos convêm, dos meios de aperfeiçoar vossa boa disposição natural. Ter-vos-ei sempre sob os olhos; ainda que passasse a vida a procurar uma ocupação agradável, não poderia encontrar uma que se adequasse melhor a meu coração que essa que me impondes.

Jamais algum projeto se formou sob mais doces auspícios, jamais uma empreitada prometeu sucesso mais venturoso. Tudo o que pode inflamar a coragem e alimentar a esperança une-se à mais terna amizade para estimular minha dedicação. O caminho da perfeição abre-se a vós sem obstáculos; a natureza e o destino tanto fizeram por vós que o que ainda vos falta não depende senão de vossa vontade, e vosso coração dá testemunho dela em tudo o que diz respeito à virtude. Portais um nome ilustre, sustentado por vossa fortuna e honrado por vosso mérito; uma família nascente espera apenas vossos cuidados para tornar-vos, um dia, a mais feliz das mães; vosso esposo, bem recebido na Corte, admirado na guerra, hábil nos negócios, goza de uma felicidade ininterrupta desde seu casamento. O gosto dos prazeres não vos é desconhecido, mas a reserva e a moderação são-vos ainda mais naturais; tendes as qualidades que trazem o sucesso na vida mundana, as luzes que fazem desprezá-la e os talentos que compensam esse desprezo; estareis em toda parte em que quiserdes estar, e sempre em vosso lugar.

Mas isso ainda não seria o bastante: mil outras gozam de todas essas vantagens e não passam de mulheres comuns. Outros bens, mais preciosos, fazem parte de vosso admirável quinhão. Um espírito justo e penetrante, um coração reto e sensível, uma alma tomada de amor pelo belo e um refinado sentimento para reconhecê-lo, eis as garantias das esperanças que concebi em relação a vós. Não sou eu que quero que sejais a melhor, a mais digna, a mais respeitável das mulheres: é a natureza que assim o desejou; não frustre seus desígnios, não sepulte seus talentos. Só vos peço que interrogueis vosso coração e façais o que ele vos prescreve. Não ouçais minha voz, Sophie, senão quando a sentirdes confirmada pela dele.

Entre todos esses dons que o Céu vos atribuiu, ousaria eu incluir o de um amigo fiel? Sabeis que há um que, não contente em vos querer bem tal como sois, está tomado de um vivo e puro entusiasmo por tudo o que se deve esperar de vós. Ele vos contempla com um olhar ávido em todas as situações em que podeis vos encontrar, ele vos vê em cada instante de sua vida, no passado, no presente, no porvir; ele gostaria de reunir de uma só vez todo vosso ser no fundo de sua alma, ele não conhece outro prazer que o de ocupar-se incessantemente de vós, seu mais caro desejo é o de ver-vos perfeita o bastante para inspirar a todo o universo os mesmos sentimentos que ele tem por vós. Próximo ao fim de minha curta carreira, o ardor de que me sinto inflamado parece indicar que recebo uma nova vida para empregá-la a guiar a vossa. Meu espírito se ilumina pelo fogo de meu coração, e experimento em mim o impulso invencível do gênio. Creio-me um enviado do Céu para aperfeiçoar sua obra mais digna. Sim, Sophie, o trabalho de meus últimos dias absolverá minha juventude estéril se vos dignardes

JEAN-JACQUES ROUSSEAU

a me escutar; o que eu tiver feito por vós redimirá a inutilidade de minha vida inteira, e tornar-me-ei melhor esforçando-me para dar-vos o exemplo das virtudes pelas quais quero inspirar vosso amor.

Embora tenhamos deixado de nos ver, sinto que jamais deixaremos de nos amar, pois nossa afeição mútua se funda em relações que não perecem. É em vão que o destino e os maldosos nos separam, nossos corações estarão sempre próximos, e se eles se entendiam tão bem quando duas paixões contrárias lhes inspiravam desejos incompatíveis, o que não farão hoje, reunidos no objeto mais puro que poderia preenchê-los?

Lembrai-vos dos belos dias daquele verão tão encantador, tão curto e tão apropriado para deixar longas recordações.[1] Lembrai-vos das caminhadas solitárias que gostávamos de refazer sobre aquelas colinas sombreadas, onde o mais fértil vale do mundo espalhava sob nossos olhos todas as riquezas da natureza, como para desinteressar-nos dos falsos bens da opinião mundana. Pensai naquelas deliciosas conversas em que, na efusão de nossas almas, a confidência de nossos pesares os aliviava mutuamente, e em que vertíeis a paz da inocência sobre os mais doces sentimentos que o coração do homem jamais experimentou. Sem estarmos unidos no mesmo laço, sem arder na mesma chama, não sei que fogo celeste nos animava com seu ardor e nos fazia suspirar juntos por bens desconhecidos que estávamos feitos para gozar em companhia um do outro. Não duvideis, Sophie, de que esses bens tão desejados eram os mesmos cuja imagem venho hoje vos oferecer, a mesma inclinação por tudo que é bom e honesto nos ligava um ao outro, e a mesma sensibilidade reunida nos fazia encontrar mais encantos no objeto comum de nossa adoração. Como estaríamos mudados e como seria lamentável se pudéssemos chegar a esquecer momentos tão caros, se pudéssemos deixar de nos lembrar prazerosamente um do outro, sentados ao pé de um carvalho, vossa mão sobre a minha, vossos olhos enternecidos fixos nos meus e derramando lágrimas mais puras que o orvalho do céu. Sem dúvida, o homem vil e corrompido poderia de longe interpretar nossos discursos de acordo com a baixeza de seu coração, mas o observador irrepreensível, o olho eterno que jamais se

---

1.    O idílio amoroso com Sophie d'Houdetot está descrito no livro IX das *Confissões*.

144

engana, via, talvez com satisfação, duas almas sensíveis incentivando-se mutuamente à virtude e alimentando em uma deliciosa comunicação todos os puros sentimentos dos quais ele as havia impregnado.

Eis as garantias do sucesso de meus esforços, eis o que me dá o direito de ousar empreendê-los. Ao vos expor meus sentimentos sobre as práticas da vida, pretendo menos dar-vos lições que apresentar minha profissão de fé; a quem poderia confiar melhor meus princípios que àquela que tão bem conhece todos os meus sentimentos? Sem dúvida, em meio a importantes verdades que poderão ser-vos de utilidade, encontrareis aqui erros involuntários dos quais vossa retidão de coração e espírito saberá curar-me e preservar-vos. Examinai, discerni, escolhei, dignai-vos a explicar-me as razões de vossa escolha, e que possais tirar tanto benefício destas cartas quanto o autor espera obter de vossas reflexões. Se às vezes assumo convosco o tom de um homem que crê instruir, bem o sabeis, Sophie, que com esse ar de mestre não faço senão obedecer-vos, e teria de dar-vos por muito tempo tais lições antes de terminar de pagar o preço das que de vós recebi.

Mesmo que este escrito não tenha outra utilidade senão a de nos reaproximar algumas vezes e de renovar, em nosso afastamento, aquelas doces conversas que preencheram meus últimos dias e fizeram meus últimos prazeres, bastaria essa idéia para recompensar-me dos labores pelo resto de minha vida. Consolo-me de meus males pensando que ainda serei algo para vós quando não mais existir, que meus escritos tomarão meu lugar junto a vós, que experimentareis, ao relê-los, o prazer que encontráveis em conversar comigo, e que se eles não trouxerem ao vosso espírito novas luzes, ao menos alimentarão, no fundo de vossa alma, a lembrança da mais terna amizade que jamais existiu.

Estas cartas não foram feitas para verem a luz do dia, e não preciso dizer-vos que jamais a verão sem vossa aprovação. Mas se as circunstâncias vos permitirem concedê-la um dia, de quão bom grado a pureza do zelo que me liga a vós lhes daria a declaração pública. Vosso nome e o meu, mesmo sem aparecerem nesta obra, não escapariam talvez às suspeitas daqueles que nos conheceram; quanto a mim, sentir-me-ia antes orgulhoso que humilhado por essa revelação, e só obteria mais estima ao demonstrar a que tenho por vós. Quanto a vós, cara Sophie, ainda que não tenhais necessidade de meu sufrágio para serdes honrada, eu desejaria que a Terra inteira tivesse os olhos sobre vós, desejaria ver todo o mundo informado sobre o que espero das qualidades de vossa alma, a fim de transmitir-vos mais coragem e força para satisfazer essa expectativa aos olhos do público. Sabe-se que nunca esbanjei minha afeição e minha estima, sobretudo em relação às mulheres, por isso será ainda maior a curiosidade de examinar essa que reúne tão perfeitamente uma e outra. Passo-vos o fardo de minha glória, Sophie; justificai, se possível, a honra que recebi das pessoas de bem. Fazei com que se diga um dia ao vos ver e ao recordar-se de minha memória: ah, esse homem amava a virtude e sabia julgar o mérito.

CARTA 2

O objetivo da vida humana é a felicidade, mas quem de nós sabe como atingi-la? Sem um princípio, sem uma meta segura, vagamos de desejo em desejo, e os que conseguimos satisfazer deixam-nos tão longe da felicidade quanto estávamos antes de obter qualquer satisfação. Não temos uma regra invariável nem na razão, à qual faltam sustentáculo, apoio e consistência, nem nas paixões, que sem cessar se sucedem e se destroem mutuamente. Vítimas da cega inconstância de nossos corações, o gozo dos bens desejados só abre caminho para penas e privações; tudo o que possuímos só serve para nos mostrar o que nos falta, e, por não saber como se deve viver, morremos todos sem ter vivido. O único meio de ficarmos livres dessa dúvida terrível é estendê-la por um tempo além de seus limites naturais, desconfiar de todas as nossas inclinações, estudar a nós mesmos, levar ao fundo de nossa alma a chama da verdade, examinar por uma vez tudo o que pensamos, tudo em que acreditamos, tudo o que sentimos, e tudo o que devemos pensar, sentir e acreditar para sermos felizes tanto quanto o permite a condição humana. Eis aí, minha encantadora amiga, o exame que hoje vos proponho.

Mas que vamos fazer, Sophie, senão aquilo que mil vezes já se fez? Todos os livros nos falam do bem soberano, todos os filósofos no-lo mostram, cada qual ensina aos outros a arte de ser feliz, ninguém a descobriu por si mesmo. Nesse imenso labirinto dos raciocínios humanos, aprendereis a falar da felicidade sem a conhecer, aprendereis a discursar e não a viver, e vos perdereis nas sutilezas metafísicas. As perplexidades da filosofia vos assediarão de todos os lados, em toda parte deparareis com dúvidas e objeções, e, de tanto instruir-vos, acabareis por nada saber. Esse método exercita a falar de tudo, a brilhar em um círculo social; produz sábios, belos espíritos, oradores, debatedores, pessoas felizes na opinião de quem as escuta, e infortunadas tão logo se acham sós. Não, minha cara jovem, o estudo que vos proponho não produz um saber ornamental para desfilar aos olhos dos outros, mas enche a alma de tudo o que faz a felicidade do homem; ele satisfaz, não os outros, mas a nós mesmos, e, em vez de palavras em nossa boca, põe sentimentos em nosso coração. Ao dedicarmo-nos a ele, damos mais confiança à voz da natureza que à da razão e, sem falarmos da sabedoria e da felicidade com tanta veemência, tornamo-nos sábios por dentro e felizes por nós mesmos. Essa é a filosofia na qual quero instruir-vos, é no silêncio de vosso gabinete que quero conversar convosco. Se sentirdes que tenho razão, pouco me interessará prová-lo; não vos ensinarei a resolver objeções, mas esforçar-me-ei para que não tenhais nenhuma a fazer-me; confio mais em vossa boa-fé que em meus argumentos, e, sem me embaraçar com as regras da escolástica, chamarei apenas vosso coração em testemunho de tudo o que tenho a vos dizer.

Olhai este universo, querida amiga, correi os olhos sobre este teatro de enganos e misérias que nos faz, ao contemplá-lo, deplorar o triste destino do homem. Vivemos no clima e no século da filosofia e da razão. As luzes de todas as ciências parecem reunir-se simultaneamente para iluminar nossos olhos e guiar-nos nesse obscuro labirinto da vida humana. Os mais belos gênios de todas as épocas reúnem suas lições para nos instruir, imensas bibliotecas são abertas ao público, multidões de colégios e universidades oferecem-nos desde a infância a experiência e a meditação de quatro mil anos. A imortalidade, a glória, a própria riqueza e freqüentemente as honras são o prêmio dos mais dignos na arte de instruir e esclarecer os homens. Tudo concorre para aperfeiçoar nosso entendimento e para prodigalizar a cada um de nós tudo o que pode formar e cultivar a razão. Mas tornamo-nos, por isso, melhores ou mais sábios, conhecemos melhor qual é o trajeto e qual será o término de nossa curta carreira, chegamos a um maior acordo sobre os deveres primordiais e sobre os verdadeiros bens da espécie humana? Que obtivemos com todo esse fútil saber senão querelas, ódios, incertezas e dúvidas? Cada seita é a única a ter encontrado a verdade. Cada livro contém, apenas ele, os preceitos da sabedoria; cada autor é o único que nos ensina o que é bom. Um nos prova que não existem corpos, outro nos prova que não existem almas, outro que a alma não tem nenhuma relação com o corpo, outro que o homem é um animal, outro ainda que Deus é um espelho.[2] Não há nenhuma máxima, por mais absurda, que não tenha sido proposta por algum autor de reputação; nenhum axioma, por mais evidente, que não tenha sido combatido por algum deles; tudo está bem desde que seja dito de forma diferente da dos outros, e sempre se encontram razões para sustentar o que é novo de preferência ao que é verdadeiro.

Que admirem quanto quiserem a perfeição das artes, o número e a grandeza de suas descobertas, a extensão e a sublimidade do gênio humano; deveríamos felicitá-los por conhecerem toda a natureza, exceto a si mesmos, e por terem descoberto todas as artes, exceto a de serem felizes? Mas somos felizes, exclamam eles tristemente: quantos recursos para o bem-estar, que multidão de comodidades desconhecidas de nossos pais, quantos prazeres gozamos que eles ignoravam. É verdade: vós tendes a indolência mas eles tinham a felicidade, vós sois raciocinadores, eles eram razoáveis, vós sois polidos, eles eram humanos, todos os vossos prazeres estão fora de vós, os deles estavam neles mesmos. E quanto não custam essas voluptuosidades cruéis que um pequeno número adquire às custas da multidão? O luxo das cidades leva ao campo a miséria, a fome, o desespero; se alguns homens são mais felizes, o gênero humano é apenas mais digno de lástima. Ao multiplicar as comodidades da vida para alguns ricos, nada mais se faz além de forçar a maior parte dos homens a se considerar miserável. Que felicidade bárbara é essa que só se sente às custas dos outros? Almas sensíveis, dizei-me, o que é uma felicidade que se compra com dinheiro?

---

2.  As referências seriam aqui respectivamente a Berkeley, Hobbes e aos materialistas, Malebranche, Malpertuis, Leibniz.

Dizem-nos ainda: os conhecimentos tornam os homens mais brandos, nosso século é menos cruel, derramamos menos sangue. Ah, infelizes! Fazeis porventura derramar menos lágrimas? E quanto aos infortunados que se faz morrer de inanição durante toda uma vida, não prefeririam eles perdê-la de uma só vez sobre o cadafalso? Por serem mais brandos sois vós menos injustos, menos vingativos? É a virtude menos oprimida, o poder menos tirânico, o povo menos abatido? Vêem-se menos crimes, são os malfeitores mais raros, estão as prisões menos cheias? Que ganhastes, então, ao vos abrandar? Aos vícios que trazem a marca da coragem e do vigor substituístes aqueles próprios das pequenas almas. Vossa brandura é baixa e pusilânime, vós atormentais de forma oculta e protegida aqueles contra quem antes teríeis usado a força abertamente. Se sois menos sanguinários, isso não é virtude mas fraqueza; não é em vós senão um vício a mais.

A arte de raciocinar não é absolutamente o mesmo que a razão: freqüentemente é o seu abuso. A razão é a faculdade de ordenar todas as faculdades de nossa alma de forma adequada à natureza das coisas e a suas relações conosco. O raciocínio é a arte de comparar as verdades conhecidas para compor a partir delas outras verdades as quais ignorávamos e que essa arte nos faz descobrir. Mas ele não nos ensina de modo algum a conhecer as verdades primitivas que servem de elementos às outras, e quando em seu lugar colocamos nossas opiniões, nossas paixões, nossos preconceitos, longe de nos esclarecer, ele nos torna cegos, não edifica a alma, mas exaspera e corrompe o julgamento que deveria aperfeiçoar.

Na cadeia de raciocínios que servem para formar um sistema, a mesma proposição reaparecerá uma centena de vezes com diferenças quase imperceptíveis que escaparão ao espírito do filósofo. Essas diferenças tantas vezes multiplicadas modificarão, enfim, a proposição a ponto de torná-la completamente diferente sem que ele se aperceba; ele dirá de uma coisa aquilo que acreditará estar provando de uma outra, e suas conclusões serão outros tantos erros. Esse inconveniente é inseparável do espírito sistemático, o único que conduz aos grandes princípios e consiste em generalizar sempre. Os inventores generalizam tanto quanto lhes é possível; esse método estende as descobertas, dá um ar de genialidade e de força aos que o praticam, e como a natureza sempre age por meio de leis gerais, eles acreditam, ao estabelecerem eles próprios seus princípios gerais, ter penetrado seus segredos. À força de estender e abstrair um pequeno fato, ele se transforma em uma regra universal; acredita-se ter remontado aos princípios, quer-se reunir em um único objeto mais idéias do que o entendimento humano é capaz de comparar, e afirma-se de uma infinidade de seres aquilo que muitas vezes é verdadeiro apenas para um deles. Os observadores, menos brilhantes e mais frios, vêm a seguir acrescentando incessantemente uma exceção após outra, até que a proposição geral se torne tão particular que nada mais pode ser inferido dela, e as distinções e a experiência a reduzam ao fato singular do qual foi extraída. É assim que os sistemas se estabelecem e se destroem, sem dissuadir os novos raciocinadores de erguerem sobre suas ruínas outros que não durarão muito mais tempo.

Assim, ao se extraviarem todos por diversos caminhos, cada qual acredita ter chegado ao verdadeiro objetivo, porque ninguém percebe o rastro de todas as voltas que efetuou. Que fará, então, aquele que busca sinceramente a verdade entre essas multidões de sábios, que pretendem, todos, tê-la encontrado e se desmentem uns aos outros? Deve ele pesar todos os sistemas? Folhear todos os livros, escutar a todos os filósofos, comparar todas as seitas? Ousará ele decidir entre Epicuro e Zenão, entre Aristipo e Diógenes, entre Locke e Shaftesbury? Ousará preferir as próprias luzes às de Pascal, e a própria razão à de Descartes? Ouvi discorrer na Pérsia um mulá, na China um bonzo, na Tartária um lama, um brâmane na Índia, na Inglaterra um quacre, na Holanda um rabino, e ficareis espantada com o poder de persuasão que cada um deles sabe transmitir à sua absurda doutrina. Quantas pessoas tão sensatas quanto vós cada um deles já não convenceu? Se vos derdes ao trabalho de escutá-los, se rirdes de seus vãos argumentos, se vos recusardes a crê-los, não é a razão que resiste em vós aos preconceitos deles, são os vossos preconceitos.

A vida se escoaria dez vezes antes que se tivesse discutido a fundo uma só dessas opiniões. Um burguês de Paris zomba das objeções de Calvino que assustam um doutor da Sorbonne. Quanto mais nos aprofundamos, mais encontramos material para dúvidas, e, quer se oponha razões a razões, autoridades a autoridades, opiniões a opiniões, quanto mais avançamos mais encontramos pontos questionáveis; quanto mais nos instruímos, menos sabemos, e ficamos muito espantados ao ver que, em vez de aprender o que ignorávamos, perdemos até a ciência que acreditávamos possuir.

CARTA 3

Não sabemos nada, minha querida Sophie, não vemos nada, somos um bando de cegos lançados ao léu neste vasto universo. Cada um de nós, sem perceber nenhum objeto, faz de todos uma imagem fantástica, que toma a seguir como a regra do verdadeiro. E como essa idéia não se assemelha à de ninguém mais, na espantosa multidão de filósofos, cuja tagarelice nos atordoa, não há dois que concordem quanto ao sistema desse universo que todos pretendem conhecer, nem sobre a natureza das coisas que todos cuidam de explicar.

Por infelicidade, aquilo que menos conhecemos é justamente o que mais nos importaria conhecer, a saber, o próprio homem. Não vemos nem a alma de outrem, porque ela se esconde, nem a nossa própria, pois não temos nenhum espelho intelectual. Somos inteiramente cegos, mas cegos de nascença que nem sequer imaginam o que é a visão; e por não acreditar que nos falte alguma faculdade, queremos medir as extremidades do mundo, embora nossas curtas luzes não cheguem, como nossas mãos, senão a dois pés de nós.

Se aprofundarmos essa imagem, veremos talvez que ela não é menos correta no sentido próprio que no figurado. Os sentidos são os instrumentos de todos os nossos conhecimentos. É deles que nos vêm todas as idéias, ou, pelo menos, todas são por eles ocasionadas. O entendimento humano, restrito e confinado em seu envoltório, não pode, por assim dizer, atravessar o corpo que o comprime, e só age por meio das sensações. São, se se quiser cinco janelas pelas quais nossa alma pretenderia receber a luz, mas as janelas são pequenas, os vidros, embaçados, as paredes, grossas, e a casa, muito mal iluminada. Nossos sentidos nos são dados para nos conservar, não para nos instruir, para nos informar sobre o que nos é útil ou prejudicial, e não sobre o que é verdadeiro ou falso; sua finalidade não é em absoluto a de serem empregados na investigação da natureza; quando lhes damos esse uso mostram-se insuficientes, enganam-nos, e nunca poderemos estar certos de chegar por meio deles à verdade.

Os erros de um sentido se corrigem por um outro; se tivéssemos apenas um deles, ele nos enganaria para sempre. Dispomos, portanto, apenas de regras falíveis que se corrigem mutuamente. Se duas regras errôneas vierem a concordar entre si, elas nos enganarão por esse próprio acordo, e se nos falta uma terceira, que meio nos restaria para descobrir o erro?

A vista e o tato são os dois sentidos que mais nos servem para a investigação da verdade, pois nos apresentam os objetos mais integralmente e em um estado de permanência mais próprio à observação do que quando esses mesmos objetos são apreendidos pelos três sentidos restantes. Os dois primeiros também parecem repartir entre si todo o espírito filosófico. A vista, que de um golpe de olhos mede todo o hemisfério, representa a vasta capacidade do gênio sistemático. O tato, lento e progressivo, que se assegura de um objeto antes de passar a um outro, assemelha-se ao espírito de observação. Um e outro têm igualmente os defeitos das faculdades que representam. Quanto mais o olho se fixa nos objetos distantes, mais se sujeita às ilusões de óptica, e a mão, sempre tocando alguma parte, é incapaz de abarcar uma grande totalidade.

É certo que a vista é, de todos os nossos sentidos, aquele de que recebemos ao mesmo tempo a maior quantidade de informações e a maior quantidade de erros; é por meio dela que julgamos quase toda a natureza e é ela que nos sugere quase todos os nossos juízos errôneos. Ouvistes certamente falar da famosa operação do cego de nascença: tendo recebido a visão, não de um santo mas de um cirurgião, foi-lhe preciso muito tempo para aprender a servir-se dela.[3] Segundo ele, tudo o que via estava dentro de seu olho; ao observar corpos desiguais afastados, não tinha a menor idéia nem dos tamanhos nem das distâncias, e mesmo quando começou a discernir os objetos ainda não conseguia

---

3. A operação foi realizada por William Cheselden em 1728. Ela é discutida por Berkeley, entre outros, em sua *Theory of Vision Vindicated* (1738).

distinguir entre um retrato e o original. Quanto à questão de se ele via os objetos invertidos, os pesquisadores esqueceram-se de verificá-la.

Apesar de toda a experiência adquirida, não há nenhum homem que não esteja sujeito a formular, com base na visão, falsos juízos sobre objetos que estão afastados e a avaliar erroneamente as medidas dos que estão sob seus olhos; e o mais espantoso é que esses erros nem sempre são explicáveis pelas regras da perspectiva.

Mas se a vista nos engana tão freqüentemente e só o tato a corrige, o próprio tato nos engana em milhares de ocasiões. Quem nos garante que ele não nos engana sempre, e que não precisaríamos de um sexto sentido para corrigi-lo? A experiência da bolinha rolada entre dois dedos cruzados mostra que não somos menos escravos do hábito em nossos julgamentos que em nossas inclinações. O tato, que se orgulha de julgar tão bem as formas, não julga com exatidão nenhuma, e jamais nos informará se uma linha é reta, se uma superfície é plana, se um cubo é regular; tampouco é melhor seu julgamento dos graus de calor: a mesma gruta nos parece fresca no verão e quente no inverno, sem que sua temperatura tenha se modificado. Exponde a mão direita ao ar, a esquerda a uma grande fogueira, depois mergulhai-as ao mesmo tempo em água morna: essa água parecerá quente à mão direita e fria à esquerda. Todos raciocinam sobre o peso, mas ninguém sente seu efeito mais geral que é a pressão do ar; quase não sentimos esse fluido que nos envolve, e acreditamos sustentar apenas o peso de nosso corpo quando na verdade carregamos o peso de toda a atmosfera. Se quiserdes experimentar um leve indício disso, estando ao banho, retirai lentamente o braço para fora da água em posição horizontal, e à medida que o ar pressiona o braço sentireis fatigar vossos músculos por essa pressão terrível, da qual não teríeis talvez jamais suspeitado.[4] Mil outras observações semelhantes nos ensinariam de quantas maneiras o mais seguro dos sentidos nos logra, seja dissimulando ou alterando efeitos que existem, seja supondo outros que não existem. Pouco adianta reunir a vista e o tato para julgar a extensão, que está no

---

4. Rousseau recapitula aqui os clássicos argumentos contra a veracidade dos sentidos conhecidos desde a Antigüidade. Suas afirmações sobre a pressão atmosférica são, contudo, confusas e incorretas. O que importa, entretanto, é o ponto conceitual estabelecido.

âmbito dos dois sentidos: não sabemos nem mesmo o que são o grande e o pequeno. O tamanho aparente dos objetos é relativo à estatura de quem os mede. O cascalho que um ácaro encontra em seu caminho parece-lhe ter a massa dos Alpes. Um pé para nós é uma toesa aos olhos do pigmeu e uma polegada aos do gigante. Se assim não fosse, nossos sentidos seriam desproporcionais às nossas necessidades e não poderíamos subsistir. Em relação a todos os nossos sentidos, sempre tomamos a nós mesmos como medida de todas as coisas. Onde está, então, a grandeza absoluta? Quem se engana, todos ou ninguém? Não é preciso dizer mais para fazer-vos entrever até que ponto se poderia levar as conseqüências destas reflexões. Toda a Geometria funda-se apenas na visão e no tato, e esses dois sentidos têm talvez a necessidade de serem corrigidos por outros que nos faltam; assim, aquilo que de mais bem demonstrado existe para nós é ainda suspeito, e não podemos saber se os *Elementos* de Euclides não são um emaranhado de erros.

Não é tanto o raciocínio que nos falta, mas um ponto de apoio para o raciocínio. O espírito do homem está em condições de fazer muita coisa, mas os sentidos lhe fornecem pouco material, e nossa alma, ativa nos liames que a prendem, prefere antes exercer-se sobre as quimeras que estão a seu alcance do que permanecer imóvel e ociosa. Não nos espantemos, portanto, ao ver a orgulhosa e vã filosofia perder-se em seus devaneios, e os mais belos gênios se consumirem em puerilidades. Com qual desconfiança devemos entregar-nos a nossas fracas luzes quando vemos o mais metódico dos filósofos, aquele que melhor estabeleceu seus princípios e mais conseqüentemente raciocinou, perder-se desde os primeiros passos e afundar-se de erro em erro em sistemas absurdos. Descartes, querendo cortar de um só golpe a raiz de todos os preconceitos, começou por colocar tudo em dúvida, submeter tudo ao exame da razão. Partindo desse princípio único e incontestável: *penso, logo existo*, e avançando com as maiores precauções, acreditou que se dirigia à verdade, mas não encontrou senão mentiras. Com base nesse primeiro princípio, ele começou por examinar-se; depois, tendo encontrado em si propriedades muito distintas e que pareciam pertencer a duas diferentes substâncias, dedicou-se inicialmente a bem conhecê-las, e, deixando de lado tudo o que não estava claro e necessariamente contido na idéia dessas substâncias, definiu uma como a substância extensa e a outra como a substância que pensa. Essas definições são sábias à medida que deixam, de certo modo, indecidida a obscura questão das duas substâncias, e porque delas não se seguia absolutamente que a extensão e o pensamento não pudessem se unir e penetrar em uma mesma substância. Ora, essas definições aparentemente incontestáveis foram destruídas em menos de uma geração. Newton fez ver que a essência da matéria não consiste absolutamente na extensão; Locke mostrou que a essência da alma não consiste absolutamente no pensamento. Adeus a toda a filosofia do sábio e metódico Descartes. Serão seus sucessores mais felizes, seus sistemas durarão mais? Não, Sophie, eles começam a oscilar, tombarão igualmente, são obras de homens.

Por que não podemos saber o que são o espírito e a matéria? Porque nada sabemos a não ser por nossos sentidos, e eles são insuficientes para no-lo ensinar. Tão logo pretendemos estender nossas faculdades, sentimos todas elas constrangidas por nossos órgãos; a própria razão, submetida aos sentidos, está, assim como eles, em contradição consigo mesma; a geometria está cheia de teoremas demonstrados que são impossíveis de se conceber. Em filosofia, substância, alma, corpo, eternidade, movimento, liberdade, necessidade, contingência, etc. são palavras que se é forçado a empregar a todo instante sem que ninguém jamais tenha conseguido entendê-las. A simples física não nos é menos obscura que a metafísica e a moral: o grande Newton, o intérprete do universo, nem mesmo suspeitava da existência dos prodígios da eletricidade, que parece ser o princípio mais ativo da natureza. E dentre as operações da natureza, a mais comum e mais fácil de observar, que é a multiplicação dos vegetais por suas sementes, não é ainda conhecida, e a cada dia descobre-se nesse campo fatos novos que abalam todos os raciocínios. O Plínio de nosso século[5], querendo explicar o mistério da geração, viu-se forçado a recorrer a um princípio ininteligível e irreconciliável com as leis conhecidas da mecânica e do movimento; por mais que tentemos explicar tudo, em toda parte encontramos dificuldades inexplicáveis que nos mostram que não temos nenhuma idéia segura de nada.

---

5.   George Louis Leclerc, Conde de Buffon (1707-1788), autor da imensa e muito influente *Histoire naturelle générale et particulière*, em 36 volumes (1749-1804).

Pudestes ver na estátua de Condillac[6] quais graus de conhecimento pertenceriam a cada sentido, se nos fossem dados separadamente, e os raciocínios bizarros que fariam sobre a natureza das coisas os seres dotados de menos órgãos que nós. Em vossa opinião, que diriam de nós, por sua vez, seres dotados de outros sentidos desconhecidos? Como provar que tais sentidos não podem existir e que não iluminariam as trevas que os nossos não podem dissipar? Não há nada estabelecido sobre o número de sentidos necessários para dar sentimento e vida a um ser corporal e organizado. Consideremos os animais: muitos têm menos sentidos que nós, por que outros não teriam mais? Por que não teriam eles alguns que desconheceremos para sempre, à medida que não apresentam nada pelo qual os nossos pudessem apreendê-los, e pelos quais se explicaria o que nos parece inexplicável em muitas ações dos animais? Os peixes não ouvem, nem os pássaros nem os peixes têm olfato, nem os caracóis nem os vermes têm olhos, e o tato parece ser o único sentido da ostra, mas quantos animais não mostram precauções, previdências e estratagemas impensáveis, que seria melhor talvez atribuir a algum órgão estranho ao homem que ao instinto, essa palavra ininteligível? Que orgulho pueril regular as faculdades de todos os seres pelas nossas, quando tudo desmente a nossos próprios olhos esse ridículo preconceito. Como nos assegurar de que não somos, dentre todos os seres racionais que os mundos podem conter, os menos favorecidos pela natureza, os menos providos de órgãos próprios ao conhecimento da verdade, e de que não é a essa insuficiência que devemos a incompreensão que nos detém a todo instante frente a mil verdades demonstradas?

Com tão poucos meios para observar a matéria e os seres sensíveis, como podemos esperar sermos capazes de julgar sobre a alma e os seres espirituais? Suponhamos que estes existam realmente, se ignoramos o que é um corpo, como saberemos o que é um espírito? Vemo-nos rodeados de corpos sem almas, mas quem de nós alguma vez percebeu uma alma sem corpo ou pode ter a mínima idéia de uma substância puramente espiritual? Que podemos dizer da alma, da qual não conhecemos nada exceto o que atua pelos sentidos? Como sabemos que

---

6. *Traité des sensations*, 1754.

ela não tem uma infinidade de outras faculdades que apenas aguardam, para se desenvolver, uma organização conveniente ou o retorno da liberdade? Chegam nossas luzes até nós de fora para dentro pelos sentidos, como pensam os materialistas, ou escapam de dentro para fora, como pretendia Platão? Se a luz entra na casa pelas janelas, então os sentidos são a sede do entendimento. Ao contrário, se a casa está interiormente iluminada, ainda que fechásseis tudo a luz não cessaria de existir, embora retida; mas quanto mais janelas abrirdes mais sairá a claridade e mais fácil vos será distinguir os objetos circundantes. É portanto uma questão bem pueril perguntar como uma alma pode ver, ouvir e tocar, sem mãos, sem olhos e sem orelhas; seria o mesmo que um coxo perguntar como é possível andar sem muletas. Muito mais filosófico seria perguntar como, dispondo de mãos, olhos e orelhas, uma alma pode ver, ouvir e tocar; pois a maneira pela qual a alma e o corpo agem um sobre outro sempre foi o desespero da metafísica, e atribuir sensações à pura matéria é ainda mais embaraçoso.

Quem sabe se não há espíritos de diferentes graus de perfeições, cada um tendo recebido da natureza corpos organizados segundo as faculdades de que são suscetíveis, desde a ostra até nós sobre a Terra, e, para além de nós, talvez, até as espécies mais sublimes nos diversos mundos? Quem sabe se o que distingue o homem do animal não é simplesmente o fato de que a alma deste tem apenas tantas faculdades quantas são as sensações de seu corpo, ao passo que a alma humana, comprimida em um corpo que constrange a maior parte de suas faculdades, quer a todo instante forçar sua prisão, e acrescenta uma audácia quase divina à fraqueza da humanidade? Não é assim que os grandes gênios, espanto e honra de sua espécie, franqueiam de algum modo as barreiras dos sentidos, lançam-se às regiões celestes e intelectuais, e elevam-se tanto acima do homem vulgar quanto a natureza eleva este último acima dos animais? Por que não imaginaríamos o vasto seio do universo pleno de uma infinidade de espíritos de mil ordens diferentes, eternos admiradores do jogo da natureza e espectadores inevitáveis das ações dos homens? Ó minha Sophie! Como é doce pensar que eles assistiam algumas vezes às nossas mais encantadoras conversas, e que um murmúrio de aplauso se elevava entre essas puras inteligências ao ver dois ternos e honestos amigos fazerem sacrifícios à virtude na confidência de seus corações.

Admito que essas não sejam senão conjeturas sem probabilidade, mas basta-me que não se possa refutá-las para deduzir delas as dúvidas que quero estabelecer. Onde estamos? Que vemos, que sabemos, o que existe? Corremos apenas atrás de sombras que nos escapam. Alguns espectros ligeiros, alguns fantasmas vazios esvoaçam diante de nossos olhos e cremos ver a eterna cadeia dos seres. Não conhecemos nenhuma substância no universo, não estamos nem mesmo seguros de ver sua superfície, e queremos sondar o abismo da natureza! Deixemos esse trabalho tão pueril às crianças chamadas filósofos. Após ter percorrido o círculo estreito de sua fútil sabedoria, é preciso terminar onde Descartes começara. *Penso, logo existo.* Eis tudo o que sabemos.

## CARTA 4

Quanto mais o homem se observa, mais ele se vê pequeno. Mas a lente que diminui é feita apenas para bons olhos. Não é um estranho orgulho, minha querida Sophie, esse que se obtém ao sentir toda a própria miséria? E isso, no entanto, é tudo o que se pode obter da sã filosofia. Por mim, prefiro perdoar cem vezes ao falso sábio que se vangloria de seu suposto saber que ao sábio verdadeiro orgulhoso de sua ignorância. Se um tolo se alça como um semideus, sua loucura é ao menos conseqüente; mas crer-se um inseto e rastejar altivamente pelo solo é, a meu ver, o cúmulo do absurdo. Qual é, então, a primeira lição da sabedoria, Sophie? A humildade! A humildade da qual o cristão fala e que o homem conhece tão pouco é o primeiro sentimento que o estudo de nós mesmos deve fazer nascer em nós. Sejamos humildes quanto à nossa espécie para podermos nos orgulhar de nosso indivíduo. Não digamos jamais, em nossa tola vaidade, que o homem é o rei do mundo, que o Sol, os astros, o firmamento, o ar, a terra, o mar foram feitos para ele, que os vegetais germinam para sua subsistência, que os animais existem para que ele os devore. Com essa forma de raciocinar, essa voraz sede de felicidade, de excelência e de perfeição, por que cada um não acreditaria que o restante do gênero humano fora criado para servi-lo e não se consideraria pessoalmente o único objetivo de todas as obras da natureza? Se tantos seres são úteis à nossa conservação, estamos seguros de sermos menos úteis à deles? Que prova isso senão nossa fraqueza, e como podemos conhecer melhor o destino deles que o nosso? Se estivéssemos privados da visão, como poderíamos descobrir que existem pássaros, peixes, e insetos quase imperceptíveis ao tato? Muitos desses insetos, por sua vez, parecem não ter nenhuma idéia de nós. Por que então não existiriam outras espécies mais excelentes, das quais jamais nos aperceberemos por falta de sentidos apropriados para descobri-las, e para as quais somos talvez tão desprezíveis quanto as minhocas a nossos olhos? Mas basta despojar o homem envaidecido dos dons que não possui; restam-lhe muitos outros para alimentar uma altivez mais digna e mais legítima. Se a razão o esmaga e avilta, o sentimento interior o eleva e dignifica; a homenagem involuntária que o mau presta secretamente ao justo é o verdadeiro título de nobreza que a natureza gravou no coração do homem.

Não sentistes alguma vez a secreta inquietude que nos atormenta à vista de nossa miséria e que se indigna com nossas fraquezas como um ultraje às faculdades que nos elevam? Já não experimentastes esses transportes involuntários que algumas vezes se apoderam de uma alma sensível à contemplação da beleza moral e da ordem intelectual das coisas, esse ardor insaciável que vem subitamente inflamar o coração com o amor das virtudes celestiais, esses sublimes desvarios que nos elevam acima de nosso ser e nos transportam ao empíreo, ao lado do próprio Deus? Ah, se esse fogo sagrado pudesse durar, se esse nobre delírio animasse nossa vida inteira, que ações heróicas amedrontariam nossa coragem, que vícios ousariam aproximar-se de nós, que vitórias não obteríamos sobre nós mesmos, e que haveria de tão grande que não pudéssemos obter por nossos esforços? Minha digna amiga, o princípio dessa força está em nós, ela se mostra por um momento para nos estimular a buscá-la sem cessar; esse sagrado entusiasmo é a energia de nossas faculdades que se desembaraçam de seus liames terrestres, e talvez caiba apenas a nós mantê-la permanentemente nesse estado de liberdade. Seja como for, ouvimos, ao menos em nós mesmos, uma voz que nos proíbe de nos desprezarmos; a razão rasteja mas a alma se eleva; se somos pequenos por nossas luzes, somos grandes por nossos sentimentos; e seja qual for nossa posição no sistema do universo, um ser amante da justiça e sensível às virtudes não é de modo algum desprezível por sua natureza.

Nada mais tenho a vos demonstrar, Sophie; se estivéssemos pretendendo apenas filosofar, deter-me-ia neste ponto e, sentindo-me bloqueado de todos os lados pelos limites de minhas luzes, terminaria de instruir-vos antes de ter começado. Mas já vos disse que meu intento não é raciocinar convosco, e é do fundo de vosso coração que quero extrair os únicos argumentos que devem convencer-vos. Que eu vos diga, então, o que se passa no meu, e se experimentais a mesma coisa, os mesmos princípios devem convir a nós dois, a mesma rota deve nos conduzir na busca da verdadeira felicidade.

No espaço de uma vida bastante curta, passei por grandes vicissitudes; sem sair de minha pobreza pude, por assim dizer, experimentar todos os estados; o bem-estar e o mal-estar foram sentidos por mim de todas as maneiras. A natureza deu-me a mais sensível das almas, a sorte a submeteu a todas as afecções imagináveis, e creio poder dizer, com um personagem de Terêncio, que nada de humano me é estranho.

Em todas essas diversas situações, sempre me senti afetado de duas maneiras diferentes e algumas vezes contrárias: uma proveniente do estado de minha fortuna e outra, do de minha alma, de sorte que ora um sentimento de felicidade e paz consolava-me em minhas desgraças, ora um mal-estar importuno perturbava-me durante a prosperidade.

Essas disposições interiores, independentes da fortuna e dos acontecimentos, produziram em mim uma impressão ainda mais viva pelo fato de minha inclinação para a vida solitária e meditativa dar-lhes a oportunidade de melhor se desenvolverem. Sentia em mim, por assim dizer, o contrapeso de meu destino; ia consolar-me de minhas penas na mesma solidão em que vertia lágrimas quando estava feliz. Buscando a origem dessa força oculta que equilibrava assim o domínio de minhas paixões, descobri que provinha de um juízo secreto que eu fazia, inconscientemente, sobre as ações de minha vida e sobre os objetos de meus desejos. Meus males atormentavam-me menos quando pensava que não eram minha obra, e meus prazeres perdiam toda sua gratificação quando eu observava friamente em que os fazia consistir. Acreditei perceber em mim um gérmen de bondade que me compensava da má sina, e um gérmen de grandeza que me elevava acima da boa fortuna;

vi que é fútil buscarmos longe de nós a felicidade quando negligenciamos seu cultivo em nós mesmos, pois mesmo que a recebamos de fora, ela só se faz sentir quando encontra em nosso interior uma alma própria a experimentá-la.

Esse princípio de que vos falo serve-me não apenas para dirigir minhas ações presentes de acordo com a regra que ele prescreve, mas também para avaliar corretamente minha conduta passada, censurando-a muitas vezes, apesar de aparentemente boa, aprovando-a outras vezes, embora condenada pelos homens, e recordando os acontecimentos de minha juventude apenas como uma memória local das diversas afecções que ocasionaram em mim.

À medida que me aproximo do fim de meu caminho, sinto atenuarem-se todos os impulsos que por tanto tempo mantiveram-me sob o jugo das paixões. Após ter esgotado tudo o que pode experimentar de bom e mau um ser sensível, perco, pouco a pouco, a perspectiva e a expectativa de um futuro que não tem mais com que me seduzir. Os desejos se extinguem com a esperança, minha existência está toda em minha memória, não vivo senão de minha vida passada, e sua duração deixa de interessar-me depois que meu coração nada mais tem de novo a sentir.

Nesse estado, é natural que me agrade voltar os olhos para o passado do qual retiro doravante todo o meu ser; é então que meus erros se corrigem e que o bem e o mal se apresentam a mim sem mistura e sem preconceitos.

Todos os falsos julgamentos a que as paixões me levaram se desvanecem com elas. Vejo os objetos que mais me afetaram não como me apareceram durante meu delírio, mas tal como realmente são. A lembrança de minhas boas ou más ações produzem-me um bem-estar ou um mal-estar duradouro mais real que o que foi objeto delas; assim, os prazeres de um momento freqüentemente me prepararam longos arrependimentos; assim os sacrifícios feitos à honestidade e à justiça compensam-me todos os dias do que me custaram uma só vez, e, em troca das curtas privações, dão-me eternas satisfações.

A quem posso falar melhor dos encantos dessas lembranças que àquela que tão bem me faz ainda saboreá-las? É a vós, Sophie, que cabe tornar-me cara a lembrança de meus últimos descaminhos pela memória das virtudes que me restabeleceram. Fizestes-me enrubescer demasiadas vezes por meus erros para que eu possa hoje enrubescer mais uma vez por eles, e não sei o que me torna mais orgulhoso, se as vitórias conquistadas sobre mim mesmo ou o auxílio que me fez alcançá-las. Se só tivesse dado ouvidos a uma paixão criminosa, se tivesse sido vil por um instante e vos encontrasse fraca, como pagaria caro hoje os transportes que me teriam parecido tão doces; privados de todos os sentimentos que nos haviam unido, teríamos rompido. A vergonha e o arrependimento nos teriam tornado detestáveis um ao outro; eu vos odiaria por haver-vos amado em demasia; e qual embriaguez de volúpia poderia ser capaz de compensar meu coração por uma afeição tão pura e tão terna? Em vez desse afastamento funesto, nada recordo de vós que não me torne mais satisfeito comigo mesmo e que não acresça à amizade que me inspirastes a honra, o respeito e o reconhecimento de me haver conservado digno de vos amar. Como poderia pensar sem prazer naqueles momentos que só me foram dolorosos por pouparem-me dores eternas? Como não gozaria hoje do encanto de ter escutado de vossa boca tudo o que pode elevar a alma e recompensar a união dos corações? Ah, Sophie, que teria sido de mim se a vosso lado eu tivesse sido insensível a tudo o que havia angariado vossa estima e tivesse revelado no amigo que escolhestes um infeliz que deveríeis desprezar?

É tudo o que há de mais tocante na imagem da virtude que pusestes diante de meus olhos, é o temor de enlamear tão tardiamente uma vida irrepreensível, de pôr a perder em um instante o prêmio de tantos sacrifícios; é o depósito sagrado da amizade que eu devia respeitar, é de tudo o que a fé, a honra, a probidade têm de mais inviolável que se formou a invencível barreira a qual opúnheis sem cessar a todos os meus desejos. Não, Sophie, não há um único dia em que vossos discursos não voltem a emocionar meu coração e arrancar-me deliciosas lágrimas. Todos os meus sentimentos por vós se embelezam com aquele que os sobrepujou. Eles fazem a glória e a doçura de minha vida, é a vós que devo tudo isso, é por meio de vós, pelo menos, que sinto essa recompensa. Minha cara e digna amiga, eu buscava o arrependimento e fizestes-me encontrar a felicidade.

Esse é o estado de uma alma que, ousando propor-se a vós como exemplo, não vos oferece com isso nada além do fruto de vossa dedicação. Se essa voz interior que me julga em segredo e se faz ouvir incessantemente a meu coração fizer-se também ouvir ao vosso, aprendei a escutá-la e a segui-la, aprendei a tirar de vós mesma vossos primeiros bens; eles são os únicos que não dependem da fortuna e podem suprir os demais. Eis toda a minha filosofia e, creio, toda arte de ser feliz possível para o homem.

## CARTA 5

Toda a moralidade da vida humana está na intenção do homem. Se o bem é verdadeiramente um bem, ele deve sê-lo tanto no fundo de nosso coração como em nossas obras, e a primeira recompensa da justiça é sentir que a praticamos. Se a bondade moral estiver em conformidade com nossa natureza, o homem só poderá ser são e bem constituído na medida em que for bom. Se não houver essa conformidade e o homem for naturalmente mau, não poderá deixar de sê-lo sem se corromper. A bondade seria nele apenas um vício contra a natureza: feito para causar dano a seus semelhantes, como o lobo para degolar sua presa, um homem humano seria um animal tão pervertido quanto um lobo piedoso, e a virtude nada nos deixaria senão remorsos.

Acreditaríeis que existe no mundo uma questão mais fácil de resolver? Bastaria apenas voltarmo-nos para nós mesmos e examinar, deixando de lado todo interesse pessoal, em qual direção nos conduzem nossas inclinações naturais. Qual é o espetáculo que mais nos seduz: o dos tormentos ou o da felicidade de outrem? Qual é a ação mais agradável de realizar e que nos deixa melhor impressão após ter sido feita: um ato de beneficência ou um ato de maldade? Por quem vos interessais em vossos teatros: é nos crimes que encontrais prazer, é pelos criminosos punidos que verteis lágrimas? Entre o herói infeliz e o tirano triunfante, de qual dos dois vossos desejos secretos não cessam de dar preferência, e a tal ponto o horror de fazer o mal sobrepuja naturalmente em nós o horror de suportá-lo, que, forçado a escolher, quem de vós não preferiria ser antes o bom que sofre que o mau que propera?

Quando vemos na rua ou no caminho algum ato de violência ou de injustiça, no mesmo instante um movimento de cólera e indignação se eleva do fundo do coração e nos leva a tomar a defesa do oprimido, mas um dever mais poderoso nos contém, e as leis nos privam do direito de proteger a inocência.

Ao contrário, se algum ato de clemência ou generosidade chega a nossos olhos, que admiração, que amor nos inspira! Quem não diz a si mesmo: gostaria de ter agido da mesma forma? Mesmo as almas mais corrompidas não conseguiriam perder completamente essa primeira inclinação: o ladrão que despoja os passantes cobre entretanto a nudez do pobre, não há assassino feroz que não sustente um homem que cai desfalecido, e os próprios malfeitores, ao fazerem seus conluios, apertam as mãos, dão sua palavra e a respeitam. Homem perverso, por mais que faças, não vejo em ti senão um malfeitor inconseqüente e desajeitado, pois a natureza não te fez para ser assim.

Fala-se do clamor dos remorsos que pune secretamente os crimes escondidos e tantas vezes os faz surgir à vista. Ai de nós! Quem nunca ouviu essa voz importuna? Fala-se por experiência e desejar-se-ia apagar esse sentimento involuntário que tantos tormentos nos traz. Mas obedeçamos à natureza: sabemos com que ternura ela aprova o que ordenou e qual encanto se encontra no gozo da paz interior de uma alma contente consigo mesma. O malfeitor teme sua própria companhia e dela quer fugir, alegrando-se quando escapa para fora de si mesmo; lança ao seu redor os olhos inquietos e busca um objeto que o faça rir; sem a caçoada insultuosa ele seria sempre triste. Ao contrário, a serenidade do justo é interior, seu riso não é de maldade mas de alegria, cuja fonte ele traz em si mesmo. Sozinho está tão alegre como no meio de um círculo; e esse contentamento inalterável que nele se vê reinar não é extraído dos que se aproximam, mas lhes é comunicado.

Lançai os olhos sobre todas as nações do mundo, percorrei todas as histórias; entre tantos cultos inumanos e extravagantes, em meio a essa prodigiosa diversidade de costumes e de caracteres, encontrareis por toda a parte as mesmas idéias de justiça e de honestidade, os mesmos princípios de moral, as mesmas noções do bem e do mal. O paganismo da Antigüidade criou deuses abomináveis, que teriam sido punidos cá embaixo como celerados, e que não ofereciam como imagem da suprema felicidade senão crimes a cometer e paixões a contentar. Mas foi em vão que o vício revestido de autoridade sacra desceu de sua morada eterna: a natureza o expulsou do coração dos humanos. Celebrava-se a libertinagem de Júpiter, mas admirava-se a temperança de Xenócrates; a casta Lucrécia adorava a despudorada Vênus, o romano intrépido sacrificava-se ao medo, o grande Catão fora considerado mais justo que a Providência. A voz imortal da virtude, mais forte que a dos próprios deuses, fazia-se respeitar sobre a Terra, e parecia relegar ao Céu o crime juntamente com os culpados.

Há, portanto, no fundo de todas as almas, um princípio inato de justiça e de verdade moral anterior a todos os preconceitos nacionais, a todas as máximas de educação. Esse princípio é a regra involuntária pela qual, apesar de nossas máximas pessoais, julgamos nossas ações e as de outros como boas ou más, e é a esse princípio que dou o nome de consciência.

Mas contra essa palavra ouço elevar-se de todas as partes a voz dos filósofos: erros infantis, preconceitos da educação, exclamam todos eles, como de comum acordo. Nada há no entendimento humano que não tenha se introduzido pela experiência, e não julgamos coisa alguma senão com base em idéias adquiridas. Eles fazem ainda mais: ousam rejeitar esse acordo evidente e universal de todas as nações, e, contra essa manifesta uniformidade do julgamento dos homens, vão buscar nas trevas algum exemplo obscuro que só eles conhecem, como se todas as inclinações da natureza se aniquilassem pela depravação de alguns indivíduos, e bastasse a existência de alguns monstros para que a espécie humana não fosse nada além disso. Mas de que servem ao cético Montaigne os tormentos que ele se impõe para desenterrar em um canto do mundo um costume oposto às noções de justiça? De que lhe serve dar ao mais desprezível e suspeito viajante uma autoridade que recusa aos autores mais respeitáveis? Será que alguns costumes incertos e extravagantes, fundados em causas particulares que nos são desconhecidas, bastariam para destruir a indução geral obtida da concordância de povos que se opõem em todo o restante, mas estão de acordo quanto a esse único ponto? Oh, Montaigne, tu que te orgulhas da franqueza e veracidade, sê sincero e veraz, se é que um filósofo pode sê-lo, e dize-me se há algum lugar sobre a Terra onde seja crime manter sua palavra, ser clemente, benfeitor e generoso, onde o homem de bem seja desprezível e o celerado receba honras.

Não tenho a intenção de entrar aqui em discussões metafísicas que não levam a nada. Já vos disse que não queria disputar com filósofos, mas falar a vosso coração. Mesmo que todos os filósofos do mundo provassem que estou errado, se sentirdes que tenho razão, nada mais me é necessário. Para tanto basta apenas fazer-vos distinguir nossas percepções adquiridas de nossos sentimentos naturais; pois necessariamente sentimos antes de conhecer, e como não aprendemos a querer nosso bem pessoal e a fugir do que nos faz mal, mas recebemos essa vontade da natureza, do mesmo modo o amor ao que é bom e o ódio ao que é mau são-nos tão naturais quanto nossa própria existência. Assim, por mais que as idéias nos venham de fora, os sentimentos que as avaliam estão em nosso interior, e é apenas por meio deles que conhecemos a conveniência ou inconveniência que existe entre nós e as coisas que devemos procurar ou evitar.

Para nós, existir é sentir, e nossa sensibilidade é incontestavelmente anterior à nossa própria razão. Qualquer que seja a causa de nossa existência, ela proveu a nossa conservação ao dar-nos sentimentos conformes à nossa natureza, e não se poderia negar que ao menos estes sejam inatos. Tais sentimentos, em relação ao indivíduo, são o amor a si mesmo, o medo da dor e da morte e o desejo de bem-estar. Mas se, como não se pode duvidar, o homem é um animal sociável por sua natureza, ou, pelo menos, feito para tornar-se tal, ele não pode sê-lo senão em virtude de outros sentimentos inatos relativos à sua espécie. E é do sistema moral formado por essa dupla relação consigo mesmo e com seus semelhantes que nasce o impulso natural da consciência.

Não penseis portanto, Sophie, que seja impossível explicar pelas conseqüências de nossa natureza o princípio ativo da consciência, independente da própria razão. E ainda que fosse impossível, não seria necessário. Pois os filósofos que combatem tal princípio não provam absolutamente que ele não existe, mas contentam-se em afirmar isso. Assim, quando afirmamos que ele existe, estamos tão avançados quanto eles, e contamos adicionalmente com toda a força do testemunho interior.

Querida amiga, como merecem piedade esses tristes raciocinadores! Ao apagar em si os sentimentos da natureza, destroem a fonte de todos os seus prazeres, e não sabem livrar-se do peso da consciência senão tornando-se insensíveis a ela. Não é um sistema bem desajeitado esse que não sabe retirar o remorso da voluptuosidade senão sufocando um e outro ao mesmo tempo? Se a palavra dos amantes é apenas uma quimera, se o pudor do sexo consiste em preconceitos vazios, que sucederia com todos os encantos do amor? Se vemos no universo só matéria em movimento, onde estariam então os bens morais pelos quais nossa alma incessantemente anseia, e qual será o valor da vida humana se não gozamos dela senão para vegetar?

Retorno a esse sentimento de pudor tão encantador e tão doce de vencer, e talvez ainda mais doce de respeitar, que combate e inflama os desejos de um amante e traz tantos prazeres a seu coração em troca dos que recusa aos seus sentidos. Por que rejeitaríamos a reprovação interior que vela com uma modéstia impenetrável os desejos secretos de uma jovem pudica e cobre suas faces de um maravilhoso rubor diante das ternas palavras de um amante querido? O ataque e a defesa não são, então, leis da natureza? Não é ela que permite a resistência ao sexo que pode ceder tanto quanto quiser? Não é ela que prescreve a perseguição àquele que busca tornar discreto e moderado? Não é ela que os entrega durante seus prazeres à guarda da vergonha e do mistério, em um estado de fraqueza e abandono deles mesmos que os deixa à mercê de qualquer agressor? Percebeis, então, como é falso dizer que o pudor não tem uma razão suficiente e não é senão uma quimera na natureza? E como poderia ser ele obra de preconceitos se são os próprios preconceitos da educação que o destroem, se vós o contemplais em toda sua força entre os povos ignorantes e rústicos, e se sua doce voz não se sufoca nas nações mais cultivadas senão à força de sofismas do raciocínio?

Se os primeiros clarões do julgamento nos ofuscam e confundem a princípio todos os objetos em nosso olhar, esperemos que nossos débeis olhos se reabram, se fortaleçam, e logo veremos novamente esses mesmos objetos à luz da razão tal como no-los mostrava de início a natureza. Ou, antes, sejamos mais simples e menos vãos. Limitemo-nos em tudo aos primeiros sentimentos que encontramos em nós mesmos, porque é sempre a eles que o estudo nos reconduz, quando não nos desencaminha.

Consciência, consciência, instinto divino, voz imortal e celeste, guia seguro de um ser ignorante e limitado, mas inteligente e livre, juiz infalível do bem e do mal, sublime emanação da substância eterna, que torna o homem semelhante aos deuses; és tu apenas que perfazes a excelência de minha natureza.

Sem ti não sinto nada em mim que me eleve acima dos animais, a não ser o triste privilégio de me perder de erro em erro com a ajuda de um entendimento sem regra e uma razão sem princípio.

Esforçai-vos para fazer as coisas que amais ver feitas por outros.

## CARTA 6

Temos, enfim, um guia seguro nesse labirinto dos erros humanos, mas não basta que ele exista, é preciso saber conhecê-lo e segui-lo. Se ele fala a todos os corações, Sophie, por que então há tão poucos que o ouvem? Ai de nós, ele nos fala na linguagem da natureza, e tudo nos fez esquecer dela.

A consciência é tímida e medrosa, ela busca a solidão, o mundo e os ruídos a espantam, os preconceitos, dos quais se disse que ela deriva, são seus mais mortais inimigos, ela foge ou se cala diante deles, cuja voz barulhenta sufoca a sua e a impede de ser ouvida. De tanto ser rejeitada, por fim desanima, não nos fala mais, não nos responde mais, e, depois de tanto tempo desprezada, é tão difícil chamá-la de volta quanto foi difícil bani-la.

Quando vejo cada um de nós, incessantemente ocupado com a opinião pública, estender sua existência a seu redor sem guardar quase nada dela no próprio coração, penso em um pequeno inseto formando de sua substância uma grande teia, que é a única coisa que parece torná-lo sensível enquanto jaz como morto em seu buraco. A vaidade do homem é a teia de aranha que ele estende sobre tudo que o cerca, uma tão sólida quanto a outra. O menor fio que se toca põe o inseto em movimento; ele morreria de apatia se lhe deixassem a teia tranqüila; e, se a desfazem com um dedo, prefere consumir-se de exaustão a não refazê-la imediatamente. Comecemos por voltar a ser nós mesmos, concentrar-nos em nós, circunscrever nossa alma aos limites que a natureza impôs a nosso ser; comecemos, em suma, por nos reunificar no lugar em que estamos para que, ao buscarmos nos conhecer, tudo o que nos compõe se mostre a nós de uma só vez. Quanto a mim, penso que está mais próximo da sabedoria quem sabe melhor em que consiste o eu humano, e, assim como o primeiro esboço de um desenho compõe-se das linhas que o delimitam, a primeira idéia do homem é a de separá-lo do que não é ele mesmo.

Mas como se faz essa separação? Tal arte não é tão difícil como se poderia pensar, ou, pelo menos, a dificuldade não está onde se julga. Ela depende mais da vontade que das luzes, e não é preciso um aparato de estudos e de pesquisas para chegar a ela. A luz nos ilumina e o espelho está à nossa frente, mas para vê-lo é preciso dirigir-lhe os olhos, e o meio de fixá-los nele é descartar os objetos que nos rodeiam. Recolhei-vos, procurai a solidão, eis inicialmente todo o segredo, e por meio dele logo se descobrem os outros. Pensais que a filosofia nos ensina a entrar em nós mesmos? Ah, quanto orgulho, em seu nome, disso nos afasta! É exatamente o contrário, minha encantadora amiga: é preciso começar por voltar-se a si mesmo para aprender a filosofar.

Não vos alarmeis, eu vos peço. Não tenho a intenção de enviar-vos a um claustro e impor a uma mulher da sociedade uma vida de anacoreta. A solidão de que se trata é menos fazer fechar vossa porta e permanecer em vossos aposentos que tirar vossa alma do burburinho, como dizia o abade Terrasson, e de impedir a entrada das paixões exteriores que a assaltam a cada instante. Mas um desses meios pode auxiliar o outro, sobretudo no início; não se aprende em um dia a estar só no meio da sociedade, e depois do longo hábito de projetar a existência em tudo o que vos cerca, o recolhimento de vosso coração deve principiar pelo de vossos sentidos. Já tereis, no começo, muito trabalho para conter vossa imaginação, sem que estejais adicionalmente obrigada a cerrar vossos olhos e ouvidos. Afastai os objetos que podem vos distrair até que sua presença não vos distraia mais. E então, vivei sem cessar em meio a eles; sabereis bem quando será preciso encontrar-vos com vós mesma. Não vos digo: abandonai a sociedade; não digo-vos nem mesmo: renunciai à dissipação e aos fúteis prazeres do mundo. Mas vos digo: aprendei a ficar só sem entediar-vos. Sem isso não ouvireis jamais a voz da natureza, nem conhecereis jamais a vós mesma. Não temais que a prática desses curtos retiros vos torne taciturna e selvagem e vos aparte dos hábitos aos quais não quereríeis renunciar. Estes, ao contrário, ser-vos-ão ainda mais doces.

Quando se vive só, ama-se mais os homens, um terno interesse deles nos aproxima. A imaginação nos representa a sociedade por seus encantos, e o próprio tédio da solidão reverte em benefício da humanidade. Ganhareis duplamente pelo gosto dessa vida contemplativa: encontrareis mais afeição pelo que vos é caro, enquanto o tiverdes, e menos dor ao perdê-lo, quando dele estiverdes privada.

Planejai todos os meses, por exemplo, um intervalo de dois ou três dias em vossos prazeres e em vossos negócios para consagrá-los ao maior de todos. Estipulai para vós a regra de passar sozinha esses dois ou três dias, mesmo que de início isso vos entedie bastante. É melhor passá-los no campo que em Paris; essa seria, se quiserdes, uma visita que faríeis: iríeis visitar Sophie. A solidão é sempre triste na cidade. Como tudo o que nos cerca mostra a mão dos homens e algum propósito da sociedade, quando não há essa sociedade sentimo-nos fora de nosso lugar, e estar só em um quarto assemelha-se a estar em uma prisão. No campo ocorre exatamente o contrário: lá, os objetos são risonhos e agradáveis, estimulam o recolhimento e o devaneio, sentimo-nos desembaraçados fora das tristes paredes da cidade e dos entraves das opiniões formadas. Os bosques, os regatos, a vegetação afastam de nosso coração as preocupações humanas; os pássaros, voando para lá e para cá a seu bel-prazer, oferecem-nos na solidão o exemplo da liberdade, ouvimos seu canto, sentimos o odor dos campos e das árvores. Os olhos, recebendo apenas doces imagens da natureza, aproximam-na mais de nosso coração.

É lá, então, que é preciso começar a conversar com ela e consultar suas leis em seu próprio domínio. Pelo menos o tédio não virá tão cedo perseguir-vos, e será mais fácil suportar essa atividade realizando um passeio e contemplando a variedade das coisas do campo do que em uma poltrona ou espreguiçadeira. Gostaria que evitásseis escolher uma época em que vosso coração, vivamente afetado por algum sentimento de prazer ou de inquietação, guardasse essa emoção durante o retiro, ou vossa imaginação, demasiadamente comovida, vos aproximasse involuntariamente dos seres de quem pretendíeis escapar, ou vosso espírito, demasiadamente preocupado, rejeitasse as leves impressões das primeiras reflexões sobre vós mesma. Ao contrário, para arrepender-vos menos de ir entediar-vos no campo, escolhei as ocasiões em que estaríeis obrigada a entediar-vos na cidade; mesmo a vida mais cheia de cuidados e diversões ainda deixa muitos desses momentos vazios, e essa maneira de preencher os primeiros que se apresentarem logo vos deixará insensível a todos os demais. Não peço que vos entregueis logo de início a meditações profundas; peço apenas que possais manter vossa alma em um estado de langor e de calma que a permita dobrar-se sobre si mesma, e não a ocupe em nada que seja estranho a vós.

Uma vez nesse estado, perguntar-me-eis, que devo fazer? Nada. Deixai agir essa inquietude natural que, na solidão, não tarda a fazer cada um ocupar-se de si mesmo, não importa quem a sinta.

Não digo tampouco que esse estado deva produzir um relaxamento total, e estou bem longe de crer que não tenhamos nenhum meio de despertar em nós o sentimento interior. Assim como se reanima uma parte entorpecida do corpo com suaves fricções, a alma amortecida em uma longa inação se reanima ao doce calor de um movimento moderado; é preciso estimulá-la com lembranças agradáveis que apenas a ela se referem, é preciso lembrar-lhe as afecções que a agradaram não pela interposição dos sentidos, mas por um sentimento distintivo e prazeres intelectuais. Se existisse no mundo um ser tão miserável que, durante a sua vida, não tivesse feito nada cuja lembrança pudesse lhe trazer um contentamento interior e torná-lo feliz por ter vivido, esse ser, não tendo senão sentimentos e idéias que o afastam de si mesmo, não estaria jamais em condição de chegar a se conhecer, e, por não saber em que consiste a bondade que convém à sua natureza, permaneceria forçosamente mau e seria eternamente infeliz. Mas afirmo que não há sobre a Terra um homem tão pervertido a ponto de jamais ter entregue seu coração à tentação de agir bem; essa tentação é tão natural e tão doce que é impossível resistir-lhe para sempre, e basta ceder a ela uma única vez para não mais se olvidar a volúpia que se experimenta com ela. Oh, querida Sophie, quantas ações de vossa vida vos acompanharão na solidão para ensinar-vos a amá-la. Não tenho necessidade de buscar as que me são estranhas. Pensai no coração que conservastes virtuoso, pensai em mim, e amareis estar convosco.

Eis os meios de trabalhar no mundo para agradar-vos no retiro, recolhendo vossas agradáveis lembranças, cultivando vossa própria amizade e fazendo-vos tão boa companhia a ponto de prescindir de qualquer outra. Mas quanto ao que é preciso fazer exatamente para chegar a esse ponto, não é ainda o momento de entrar em detalhes que pressupõem conhecimentos os quais estamos nos propondo adquirir. Sei que não se deve começar um tratado de moral pelo final, nem apresentar como primeiro preceito que já se pratique aquilo que se quer ensinar. Mais uma vez, porém, qualquer que seja o estado de uma alma, resta um sentimento de prazer em agir bem que não se apaga jamais e serve de primeiro degrau para todas as outras virtudes; é por esse sentimento cultivado que chegamos a amar-nos e comprazer-nos conosco mesmos. A prática da beneficência agrada naturalmente o amor-próprio por uma idéia de superioridade; todos os seus atos são lembrados como testemunhos de que, para além das próprias necessidades, tem-se ainda força para aliviar as de outrem. Essa sensação de poder faz com que se tenha mais prazer em existir e mais vontade de estar consigo mesmo. Eis tudo o que inicialmente vos exijo. Enfeitai-vos para apresentar-vos a vosso espelho, tereis assim mais prazer em observar-vos. Buscai sempre prover-vos de um sentimento de bem-estar estando só, e, dentre os objetos de vossos prazeres, dai sempre preferência aos de que se pode usufruir mesmo quando não mais os possuímos.

Uma mulher de boa estirpe está sempre cercada das marcas de sua condição; eu gostaria que pudésseis, por alguns momentos, renunciar à vossa; seria mais uma forma de entreter-vos mais imediatamente convosco. Quando fizerdes vossos retiros, deixai para trás todo o cortejo de vossa casa; não leveis nem cozinheiro nem mordomo. Tomai um lacaio e uma camareira, já é mais que o bastante. Em suma, não transporteis a vida da cidade para o campo; ide e experimentai verdadeiramente a vida retirada e campestre. Mas, e as comodidades? Ah, sempre essas fatais comodidades! Se quereis dar-lhes continuamente atenção, então não precisais de nenhum outro guia; escolhei entre elas e a sabedoria. Deitai cedo, levantai-vos pela manhã, segui aproximadamente a marcha do Sol e da natureza; nada de toalete, nada de leitura, fazei refeições simples às horas em que o povo as faz; em suma, sede em tudo uma mulher do campo. Se essa maneira de viver tornar-se de vosso agrado, descobrireis um prazer a mais; se ela vos entedia, retomareis com maior gosto aquela à qual estais acostumada.

Fazei ainda melhor: desses curtos períodos que quereis passar solitariamente, usai uma parte para tornar-vos a outra agradável. Tereis longas manhãs livres de vossas ocupações ordinárias; destinai-as a visitas à aldeia. Informai-vos sobre os doentes, os pobres, os oprimidos; buscai dar a cada um o auxílio de que tem necessidade, e não penseis que basta assisti-los com vossa bolsa se não lhes dais também vosso tempo e não os ajudais com vossos cuidados. Imponde-vos a nobre função de fazer com que haja alguns males a menos sobre a Terra, e, se vossas intenções forem puras e verdadeiras, logo conseguireis realizá-las. Bem sei que mil obstáculos vos desviarão, no início, de tal tarefa. As casas mal-asseadas, as pessoas embrutecidas, os sinais de miséria começarão por vos repugnar. Mas ao entrar na casa desses infelizes dizei: sou sua irmã, e a humanidade triunfará sobre a repugnância. Descobrireis que são mentirosos, interesseiros, cheios de vícios que desencorajarão vosso zelo, mas interrogai-vos secretamente sobre os vossos para logo aprenderdes a perdoar os dos outros, e considerai que, ao revesti-los de um ar mais honesto, a educação só os torna mais perigosos. Sobretudo o tédio, esse tirano das pessoas de vossa condição, que lhes faz pagar tão caro a isenção do trabalho e do qual sempre se cai mais prisioneiro ao esforçar-se para evitá-lo, o mero tédio vos desviará a princípio dessas ocupações salutares, e ao torná-las insuportáveis fornecerá pretextos para delas vos dispensar. Observai que aprazer-se em bem agir é o prêmio por ter agido bem, e um prêmio que não se obtém antes de tê-lo merecido. Nada é mais agradável que a virtude, mas esta só se mostra como tal àqueles que a possuem; quando queremos abraçá-la, à maneira do Proteu da fábula, ela toma de início mil formas assustadoras e não se mostra por fim sob sua forma verdadeira senão àqueles que não afrouxaram o abraço. Resisti, portanto, aos sofismas do tédio. Não afasteis de vós os objetos feitos para vos enternecer; repudiai essa piedade cruel que desvia os olhos dos males dos outros para dispensar-se de aliviá-los. Não vos dispenseis desses honrosos cuidados pelo auxílio de mercenários. Estai certa de que os criados sempre se aproveitam dos benefícios distribuídos por seus senhores; que sabem se apropriar, de uma forma ou outra, de uma parte do que se doa por suas mãos, e que exigem um reconhecimento muito oneroso por tudo que o senhor fez gratuitamente. Assumi como um dever levar por toda a parte, juntamente com uma assistência real, o interesse e as consolações que a valorizam e freqüentemente assumem seu lugar. Que vossas visitas não sejam jamais infrutíferas! Que todos estremeçam de alegria à vossa chegada, que as bênçãos públicas vos acompanhem sem cessar. Logo esse doce cortejo encantará vossa alma e, nos novos prazeres que aprendereis a experimentar, se algumas vezes perdeis o bem que acreditastes fazer, pelo menos não perdereis o bem que deles obtivestes.

# CARTA AO
# SENHOR DE FRANQUIÈRES[*]
## (1769)

---

[*] Tradução e notas de Ana Luiza Silva Camarani.

# Carta ao Senhor de Franquières

Aqui está, Senhor, esta miserável ladainha que meu humilhado amor próprio vos fez esperar tanto tempo, por não sentir que um amor próprio muito mais nobre deveria ensinar-me a sobrepujar o primeiro. Pouco importa que meu palavrório vos pareça miserável, contanto que eu esteja satisfeito com o sentimento que o ditou a mim. Assim que a melhora de meu estado devolveu-me algumas forças, aproveitei para relê-lo e enviá-lo a vós. Se tiverdes coragem de ir até o final, rogo-vos depois disso o obséquio de remetê-lo de volta, sem nada me dizer do que pensastes, o que aliás compreendo. Saúdo-vos e vos abraço de todo o coração.

Renou[1]

Monquin, 25 de março de 1769.

Bourgoin, 15 de janeiro de 1769.

Sinto, Senhor, a inutilidade do dever que cumpro ao responder vossa última carta: mas é um dever, enfim, que me impondes, e eu o cumpro de bom coração, embora mal, tendo em vista as distrações do estado em que estou.

Meu desígnio, ao apresentar-vos aqui minha opinião sobre os principais pontos de vossa carta, é apresentá-la com simplicidade e sem procurar fazer com que a adoteis, o que seria contra os meus princípios e mesmo contra meu gosto. Pois sou justo, e como não gosto que tentem subjugar-me, não procuro também subjugar ninguém. Sei que a razão comum é muito limitada, que tão logo se saia de seus estreitos

---

1.  Ao voltar da Inglaterra, Rousseau é aconselhado pelo Príncipe de Conti a usar outro nome durante sua permanência na França.

limites cada qual tem a sua que lhe é peculiar, que as opiniões se propagam pelas opiniões, não pela razão, e que qualquer um que ceda à razão de outro, coisa já muito rara, cede por preconceito, por autoridade, por afeição, por preguiça; raramente, nunca talvez, por seu próprio julgamento.

Vós me indicais, Senhor, que o resultado de vossas pesquisas sobre o Autor das coisas é um estado de dúvida. Não posso julgar esse estado, porque nunca foi o meu. Acreditei em minha infância por autoridade, em minha juventude por sentimento, na maturidade pela razão; agora, acredito porque sempre acreditei. Embora minha memória extinta não mais me ponha no rastro de meus raciocínios, embora minha debilitada faculdade de julgar não me permita mais recomeçá-los, as opiniões que deles resultaram guardam em mim toda sua força, e sem que eu tenha nem vontade nem coragem para colocá-las mais uma vez em deliberação, apego-me a elas com confiança e consciência, certo de, no vigor de meu julgamento, ter dedicado à sua discussão toda a atenção e boa-fé de que sou capaz. Se me enganei, não foi por minha culpa, mas da natureza que não deu à minha cabeça um quinhão maior de inteligência e de razão. Hoje não tenho mais dessas coisas, ao contrário, tenho muito menos. Sobre qual fundamento recomeçarei, então, a deliberar? O tempo urge; o momento da partida aproxima-se. Jamais terei tempo e forças para terminar o grande trabalho de uma reforma. Permiti que leve comigo até o desfecho a consistência e a firmeza de um homem, não as dúvidas desencorajadoras e tímidas de um velho caduco.

Pelo que posso lembrar de minhas antigas idéias, pelo que percebo da marcha das vossas, vejo que, não tendo seguido em nossas pesquisas o mesmo caminho, é pouco surpreendente que não tenhamos chegado à mesma conclusão. Ao sopesar as provas da existência de Deus com as dificuldades, não achastes nenhum dos lados preponderante o bastante para decidir-vos, e permanecestes na dúvida. Não foi assim que eu fiz. Examinei todos os sistemas sobre a formação do universo que pude conhecer, meditei sobre os que podia imaginar. Comparei-os todos da melhor maneira possível e decidi-me, não pelo que não me oferecia nenhuma dificuldade, pois todos apresentavam alguma, mas pelo que parecia tê-las em menor quantidade. Disse a mim mesmo

CARTA AO SENHOR DE FRANQUIÈRES

que essas dificuldades estavam na natureza do próprio assunto, que a contemplação do infinito ultrapassaria sempre os limites de meu entendimento, que, não devendo jamais esperar conceber plenamente o sistema da natureza, tudo o que eu podia fazer era considerá-lo pelos lados que podia apreender, e que era preciso saber ignorar em paz todo o resto, e confesso que, nessas pesquisas, eu pensava como as pessoas de que falais, as quais não rejeitam uma verdade clara ou suficientemente provada por causa das dificuldades que a acompanham e que não poderão ser suprimidas. Tinha então, confesso-o, uma confiança tão temerária, ou ao menos uma tão forte persuasão, que teria desafiado qualquer filósofo a propor algum sistema inteligível sobre a natureza ao qual eu não tivesse oposto objeções mais fortes, mais invencíveis do que aquelas que ele podia opor ao meu, e então foi preciso resolver-me a permanecer sem acreditar em nada, como fazeis, o que não dependia de mim, ou a raciocinar mal, ou a crer, como fiz.

Uma idéia que me veio há trinta anos pode ter contribuído mais do que qualquer outra para tornar-me inabalável. Suponhamos, dizia-me, que o gênero humano tivesse chegado até o dia de hoje no mais completo materialismo, sem que jamais a idéia de divindade ou de alma tivesse entrado em nenhuma mente humana. Suponhamos que o ateísmo filosófico tivesse esgotado todos os seus sistemas para explicar a formação e a marcha do universo unicamente pelo funcionamento da matéria e do movimento necessário, noção, aliás, que nunca concebi. Nessa situação, Senhor, desculpai minha franqueza, supus que mais uma vez ocorreria o que sempre vi e o que sentia que devia ocorrer: que, em lugar de encontrar um tranqüilo repouso nesses sistemas, como no seio da verdade, seus inquietos partidários procuravam incessantemente falar de sua doutrina, esclarecê-la, estendê-la, explicá-la, atenuá-la, corrigi-la, e, como aquele que sente tremer sob seus pés a casa em que habita, escorá-la com novos argumentos. Encerremos, enfim, essas suposições com a de um Platão, de um Clarke[2], que, erguendo-se de repente no meio deles, tivesse lhes dito: meus amigos, se houvésseis principiado a análise desse universo pela de vós mesmos, teríeis encontrado na natureza de vosso estado a

---

2. Samuel Clarke (1675-1729), filósofo inglês, autor de *Tratado da existência e dos atributos de Deus*, obra destinada a refutar as teorias de Hobbes e Espinosa.

chave da constituição desse mesmo universo, sem isso procurais em vão; que, em seguida, explicando-lhes a distinção das duas substâncias, tivesse lhes provado, pelas propriedades mesmo da matéria, ser a suposição da matéria pensante, não importa o que diga Locke, um verdadeiro absurdo; que os tivesse feito ver qual é a natureza do ser verdadeiramente ativo e pensante, e, do estabelecimento desse ser que julga, tivesse enfim remontado às noções confusas mas seguras do Ser supremo. Quem pode duvidar que, tocados pelo brilho, pela simplicidade da verdade, da beleza dessa maravilhosa idéia, os até então cegos mortais, iluminados pelos primeiros raios da divindade, não lhe tivessem oferecido por aclamação suas primeiras homenagens, e que os pensadores, sobretudo os filósofos, tivessem enrubescido por ter contemplado tanto tempo o exterior dessa máquina imensa sem encontrar, sem mesmo pressentir a chave de sua constituição, e, sempre grosseiramente limitados por seus sentidos, por nunca terem sabido ver senão matéria onde tudo lhes mostrava que uma outra substância dava vida ao universo e inteligência ao homem. É só então, Senhor, que teria surgido a moda dessa nova filosofia, que os jovens e os sábios teriam se posto de acordo, que uma doutrina tão bela, tão sublime, tão doce e tão consoladora para qualquer homem justo teria incitado realmente todos os homens à virtude, e que essa bela palavra *humanidade*, repetida agora até a insipidez, até o ridículo pelas pessoas menos humanas do mundo, teria se imprimido mais profundamente nos corações do que nos livros. Assim, teria bastado uma simples transposição de tempo para inverter totalmente a moda filosófica, com a diferença que a de hoje, apesar do brilho enganador de palavras, não nos promete uma geração estimável nem filósofos virtuosos.

Objetais, Senhor, que se Deus tivesse desejado obrigar os homens a conhecê-lo, teria feito sua existência evidente a todos os olhos. Cabe àqueles que fazem da fé em Deus um dogma necessário para a salvação responder a essa objeção, e eles a respondem pela revelação. Quanto a mim que creio em Deus sem acreditar ser essa fé necessária, não vejo por que Deus seria obrigado a dá-la a nós. Penso que cada um será julgado, não pelo que acreditou mas pelo que fez, e não creio que um sistema de doutrina seja necessário às obras porque a consciência o substitui.

Acredito, é verdade, que é preciso ser honesto nessa crença e não fazer dela um sistema favorável às nossas paixões. Como não somos

CARTA AO SENHOR DE FRANQUIÈRES

totalmente inteligência, não podemos filosofar de forma tão desinteressada que nossa vontade não influencie um pouco nossas opiniões; pode-se muitas vezes julgar as secretas inclinações de um homem pelos seus sentimentos puramente especulativos; isso posto, penso ser possível que aquele que não quis acreditar seja punido por não ter acreditado.

Entretanto, creio que Deus revelou-se suficientemente aos homens, por suas obras e em seus corações, e se há aqueles que não o conhecem, isso se dá, em minha opinião, porque não o querem conhecer ou porque não têm necessidade de conhecê-lo.

Neste último caso, é o homem selvagem e sem cultura que ainda não fez nenhum uso de sua razão, que, governado apenas por seus apetites, não tem necessidade de outro guia, e, seguindo apenas o instinto da natureza, caminha com passos sempre corretos. Esse homem não conhece Deus, mas não o ofende. No caso oposto está o filósofo, que, por querer exaltar sua inteligência, depurar, esmiuçar o que se pensou até ele, abala enfim todos os axiomas da razão simples e primitiva, e, por querer sempre saber mais e melhor do que os outros, acaba por não saber absolutamente nada. O homem ao mesmo tempo racional e modesto, cujo entendimento treinado, mas limitado, percebe seus limites e se mantém dentro deles, encontra nesses limites a idéia de sua alma e a do Autor de seu ser, sem ser capaz de ir além disso para tornar essas noções claras e contemplar uma e outra de tão perto como se fosse ele próprio um puro espírito. Então, tomado de respeito, pára e não toca no véu, contente de saber que o Ser imenso está sob ele. Eis até onde a filosofia é útil à prática. O resto nada mais é do que especulação ociosa para a qual o homem não foi feito, da qual o raciocinador moderado se abstém, e na qual o homem vulgar de modo algum participa. Esse homem, que não é nem um bruto nem um prodígio, é o homem propriamente dito, um meio-termo entre os dois extremos, e que compõe dezenove vigésimos do gênero humano. Cabe a essa classe numerosa cantar o Salmo *Coeli enarrant*[3]; e é ela, com efeito, que o canta. Todos os povos da Terra conhecem e adoram a Deus, e embora cada um o vista à sua moda, sob todas essas vestes diversas sempre se encontra Deus.

---

3. Salmo XVIII (*Vulgata*).

O pequeno número de homens de elite, com as mais altas pretensões de doutrina e cujo talento se limita ao senso comum, quer algo mais transcendente; é isso que censuro neles, mas que partam daí para se colocar no lugar do gênero humano e dizer que Deus escondeu-se dos homens porque esse pequeno número não o vê mais; nisso estão errados, penso eu. Pode acontecer, concordo, que a torrente da moda e o jogo da intriga ampliem a força da seita filosófica e, por um momento, persuadam a multidão de que ela não crê mais em Deus; mas essa moda passageira não pode durar, e de qualquer maneira, a longo prazo, sempre será preciso um Deus para os homens. Enfim, ainda que, forçando a natureza das coisas, a evidência da divindade aumentasse para nós, não duvido que no novo Liceu a sutileza para negá-la não aumentasse na mesma proporção. A razão toma com o tempo o molde que o coração lhe dá, e quando se quer pensar em tudo diferentemente do povo, chega-se, cedo ou tarde, a esse resultado.

Tudo isso, Senhor, parece-vos pouco filosófico, e a mim também; mas sempre honesto comigo mesmo, sinto juntar-se a meus simples raciocínios o peso do assentimento interior. Quereis que se duvide dele, mas eu não poderia pensar como vós nesse ponto, e, ao contrário, encontro nesse julgamento interno uma salvaguarda natural contra os sofismas de minha razão. Temo mesmo que nessa ocasião vós confundis as inclinações secretas de nosso coração, que nos afastam do caminho, com esse ditame mais secreto, mais interno ainda, que reclama e se queixa dessas decisões interessadas, e nos reconduz, a despeito de nós mesmos, à estrada da verdade. Esse sentimento interno é o da própria natureza, é um apelo de sua parte contra os sofismas da razão, e o que o prova é que ele jamais fala mais forte do que quando nossa vontade cede com a maior complacência aos julgamentos que ele se obstina em rejeitar. Longe de crer que quem julga segundo esse sentimento esteja sujeito a enganar-se, acredito que ele nunca nos engana, e que ele é, de fato, a luz de nosso fraco entendimento quando queremos ir além do que podemos conceber.

E, afinal de contas, quantas vezes a própria filosofia, com todo seu orgulho, não é forçada a recorrer a esse julgamento interno que ela finge desprezar? Não foi somente ele que fez Diógenes caminhar como única resposta a Zenão, que negava o movimento? Não foi por meio

CARTA AO SENHOR DE FRANQUIÈRES

dele que toda a filosofia da Antigüidade respondeu aos pirrônicos?[4] Nem é preciso ir tão longe: enquanto toda a filosofia moderna rejeita o espírito, de repente o Bispo Berkeley levanta-se e sustenta que não há corpo. Como se conseguiu responder a esse terrível lógico? Tirai o sentimento interior, e desafio todos os filósofos modernos em conjunto a provar a Berkeley que existem corpos. Bom jovem que me pareceis tão bem-nascido, de boa-fé, vos conjuro, e permiti que vos cite aqui um autor que não vos será suspeito, o das *Pensées philosophiques*.[5] Se um homem vier dizer-vos que, lançando ao ar ao acaso um grande número de caracteres tipográficos, ele obteve como resultado o texto da *Eneida* perfeitamente organizado, convide que, em vez de ir verificar essa maravilha, vós lhe responderíeis friamente: Senhor, isso não é impossível, mas mentis. Em virtude de quê, eu pergunto, vós lhe responderíeis assim?

Pois bem, quem ignora que, se suprimíssemos o sentimento interno, já não restariam mais traços de verdade sobre a Terra, que todos nós nos tornaríamos joguetes das opiniões mais monstruosas, desde que sustentadas por homens de mais talento, destreza e espírito, e que, reduzidos a envergonharmo-nos de nossa própria razão, logo não mais saberíamos em que acreditar ou o que pensar.

Há sem dúvida objeções que não podemos resolver, e sei que são muitas. Mas, repito, dai-me um sistema em que não haja objeções, ou dizei-me como devo me decidir.

Mais ainda, pela natureza de meu sistema, desde que minhas provas diretas estejam bem estabelecidas, as dificuldades não devem deter-me, tendo em vista a impossibilidade em que me encontro, eu, ser misto, de raciocinar com precisão sobre os espíritos puros e de observar-lhes suficientemente a natureza. Mas vós, materialistas que me falais de uma substância única, palpável e submissa por sua natureza à inspeção dos sentidos, estais obrigados não somente a me dizer apenas o que está claro, bem provado, mas a resolver todas as minhas dificuldades de maneira plenamente satisfatória, porque possuímos, vós e eu, todos os instrumentos necessários para essa solução. E, por exemplo, quando fazeis nascer o pensamento das combinações da matéria, deveis mostrar-me

---

4. Pertencentes à escola de Pirro, o primeiro dos grandes céticos gregos.
5. Diderot.

sensivelmente essas combinações e seu resultado unicamente com base nas leis da física e da mecânica, já que não admitis outras. Vós, epicurista, compondes a alma de átomos sutis. Mas, por favor, o que chamais de *sutis*? Sabeis que não conhecemos dimensões absolutas, que nada é pequeno ou grande senão relativamente aos olhos que o vêem. Tomo, por hipótese, um microscópio poderoso o suficiente e olho um de vossos átomos. Vejo um grande pedaço de rocha recurvada. Da dança e da junção de tais fragmentos espero ver resultar o pensamento. Vós, modernista, mostrais-me uma molécula orgânica. Tomo meu microscópio e vejo um dragão grande como a metade de meu quarto; espero ver moldarem-se e enrolarem-se dragões semelhantes até que veja resultar do todo um ser não somente organizado, mas inteligente, isto é, um ser não agregativo e que seja rigorosamente um, etc. Observastes, Senhor, que o mundo organizara-se fortuitamente como a República romana. Para que a analogia fosse justa, seria preciso que a República romana não tivesse sido composta de homens, mas de pedaços de madeira. Mostrai-me de forma clara e perceptível a geração puramente material do primeiro ser inteligente, isso é tudo que vos peço.

Mas se tudo é obra de um ser inteligente, poderoso, benfazejo, de onde vem o mal sobre a Terra? Confesso-vos que essa dificuldade tão terrível nunca me afligiu muito, seja porque não a concebi bem, seja porque efetivamente ela não tenha toda a solidez que parece ter. Nossos filósofos insurgiram-se contra as entidades metafísicas, e não conheço ninguém que as produza tanto. Que entendem eles por "o mal"? Que é "*o mal*" em si mesmo? Onde está "*o mal*" relativamente à natureza e a seu autor? O Universo subsiste, a ordem reina nele e se conserva. Tudo nele perece sucessivamente porque essa é a lei dos seres materiais e movidos; mas tudo nele também se renova, e nada degenera, porque essa é a ordem de seu autor, e essa ordem não se contradiz. Não vejo mal algum nisso tudo. Mas, quando sofro, não é isso um mal? Quando morro, não é um mal? Vamos com calma: estou sujeito a morrer porque recebi a vida. Para mim só haveria um meio de não morrer, que é o de nunca ter nascido. A vida é um bem positivo mas finito, cujo término chama-se morte. O término do positivo não é o negativo, é zero. A morte nos aterroriza, e a esse terror chamamos um mal. A dor é, mais uma vez, um mal para aquele que sofre, concordo. Mas a dor e o prazer eram os únicos meios de ligar um ser sensível e perecível à sua própria conservação, e esses meios são dispostos com uma bondade digna do Ser supremo. Neste mesmo momento em que escrevo, acabo de sentir o quanto a súbita cessação de uma dor aguda é um prazer vivo e delicioso. Ousariam dizer-me que a cessação do prazer mais vivo seja uma dor aguda? O doce gozo da vida é permanente; para gozá-la, basta não sofrer. A dor é apenas uma advertência, importuna mas necessária, de que esse bem que nos é tão caro está em perigo. Ao examinar de perto tudo isso, descobri, experimentei talvez que o sentimento da morte e da dor é quase nulo na ordem da natureza. Foram os homens que o aguçaram. Sem seus insensatos refinamentos, sem suas instituições bárbaras, os males físicos não nos atingiriam, quase não nos afetariam, e não sentiríamos a morte.

Mas e o mal moral? Outra obra do homem, na qual Deus não tem outra responsabilidade que a de tê-lo feito livre e, nisso, semelhante a ele. Será preciso culpar Deus pelos crimes dos homens e pelos males que eles atraem para si mesmos? Será preciso, ao ver um campo de batalha, repreendê-lo por ter criado tantas pernas e braços quebrados?

Por que, direis, fazer o homem livre, já que ele iria abusar de sua liberdade? Ah, Senhor de Franquières, se existiu um dia um mortal que nunca abusou dela, esse único mortal honra mais a humanidade do que a degradam todos os celerados que cobrem a Terra. Meu Deus! Dá-me virtudes, e coloca-me um dia junto aos Fénelons, aos Catões, aos Sócrates. Que me importará o resto do gênero humano? Não terei vergonha de ter sido homem.

Disse-vos, Senhor, trata-se aqui de meu sentimento, não de minhas provas, e vós o vedes muito bem. Lembro-me de já ter encontrado em meu caminho essa questão da origem do mal e de a haver tratado superficialmente, mas não lestes esse palavrório, e eu o esqueci; fizemos bem os dois. Tudo o que sei é que a facilidade que encontrei para resolvê-la vinha da opinião que sempre tive da coexistência eterna de dois princípios, um ativo, que é Deus, o outro passivo, que é a matéria, a qual o ser ativo combina e modifica com pleno poder, sem, entretanto, tê-la criado e sem poder aniquilá-la. Essa opinião fez gritarem contra mim os filósofos a quem a expus, decidiram que era absurda e contraditória. Isso pode ser verdade, mas não foi assim que a vi, e encontrei nela a vantagem de me permitir explicar à vontade, de forma fácil e clara, muitas questões com as quais eles se embaraçam, entre outras, aquela que aqui me propusestes como insolúvel.

De resto, ouso acreditar que meu sentimento, pouco refletido em qualquer outra matéria, deve sê-lo um pouco nesta, e quando conhecerdes melhor meu destino, algum dia direis, talvez pensando em mim: quem mais tem o direito de ampliar a medida que encontrou nos males que o homem sofre aqui na Terra?

Atribuís à dificuldade dessa mesma questão, da qual abusaram o fanatismo e a superstição, os males que as religiões causaram na Terra. Pode ser, e confesso-vos mesmo que todas as fórmulas em matéria de fé parecem-me apenas correntes de iniqüidade, de falsidade e de tirania. Mas não sejamos nunca injustos, e, para agravar o mal, não despojemos o bem. Arrancar do coração dos homens toda a crença em Deus é destruir toda a virtude. Essa é minha opinião, Senhor; talvez seja falsa, mas como é minha, não serei tão covarde para dissimulá-la.

Fazer o bem é a ocupação mais agradável para um homem bemnascido. Sua probidade, sua beneficência não são obra de seus princípios, mas de seu bom caráter. Ele cede às suas inclinações ao praticar a justiça do mesmo modo que o mau cede às suas ao praticar a iniqüidade. Contentar o gosto que nos leva a fazer o bem é bondade, mas não virtude.

A palavra virtude significa *força*. Não há virtude sem combate, sem vitória. A virtude não consiste apenas em ser justo, mas em sê-lo triunfando sobre suas paixões, reinando sobre seu próprio coração. Tito, ao tornar feliz o povo romano, ao verter por toda parte graças e benefícios, podia não perder um único dia e não ser virtuoso; mas ele o foi, certamente, ao devolver Berenice. Brutus, ao fazer morrer seus filhos, poderia ter sido apenas justo. Mas Brutus era um pai terno: para cumprir seu dever dilacerou suas entranhas, e foi virtuoso.

Vedes aqui, de antemão, a questão recolocada em foco. Esse divino simulacro de que me falais apresenta-se a mim sob uma imagem que não é ignóbil, e creio sentir, pela impressão que essa imagem faz em meu coração, o calor que ela é capaz de produzir. Mas esse simulacro, enfim, é apenas uma dessas entidades metafísicas que não quereis que os homens transformem em seus Deuses. É um puro objeto de contemplação. Até onde levais o efeito dessa contemplação sublime? Se quereis apenas tirar daí um novo incentivo para fazer o bem, estou de acordo convosco, mas não é disso que se trata. Suponhamos vosso honesto coração tomado das paixões mais terríveis, situação da qual não estais a salvo já que sois homem. Essa imagem, que na calmaria pinta-se tão encantadora, não perderá nada de seus encantos e não se embaçará em meio às ondas? Mas afastemos a suposição desencorajadora e terrível dos perigos que podem tentar a virtude em desespero. Suponhamos apenas que um coração demasiado sensível arde de um amor involuntário pela filha ou pela mulher de um amigo; que esteja em seu poder desfrutar dela, entre o Céu, que de nada disso se apercebe, e ele próprio, que não pretende revelar nada a ninguém; que sua figura encantadora o atraia, ornada de todos os atrativos da beleza e da volúpia. Será que, no momento em que seus sentidos inebriados estiverem prestes a se entregar a todas as suas delícias, essa imagem abstrata da virtude virá disputar seu coração ao objeto real que o toca? Será que lhe aparecerá como a mais bela nesse instante, será que conseguirá arrancá-lo dos braços daquela que ama para dedicar-se à vã contemplação de um fantasma que sabe ser sem realidade? Terminará ele como José, deixando lá seu manto?[6] Não, Senhor, ele fechará os olhos e sucumbirá. Mas o crente, direis, também sucumbirá. Sim, o homem fraco: aquele, por exemplo, que vos escreve; mas dai aos dois o mesmo grau de força e vereis a diferença que faz o ponto de apoio.

Qual é o meio, Senhor, de resistir a tentações violentas quando se pode ceder a elas sem temor dizendo-se: para que resistir? Para ser virtuoso, o filósofo necessita sê-lo aos olhos dos homens; mas sob os olhos de Deus, o justo é bem forte. Para ele, esta vida, seus bens, seus males e todas as suas pequenas glórias contam como tão pouca coisa! O que está além é tão mais perceptível! Força invencível da virtude, ninguém te conhece a não ser aquele que sente todo o seu ser, e que sabe não estar em poder dos homens dispor dela. Ledes algumas vezes a *República* de Platão? Vede, no segundo diálogo, com que energia o amigo de Sócrates, cujo nome esqueci, pinta-lhe o justo cumulado pelos ultrajes do infortúnio e pelas injustiças dos homens, difamado, perseguido,

---

6. Gênese 39,12.

JEAN-JACQUES ROUSSEAU

atormentado, vítima de todo opróbrio do crime e merecendo todos os prêmios da virtude, já vendo a morte que se aproxima e certo de que o ódio dos maus não poupará sua memória quando não tiverem mais poder sobre sua pessoa.[7] Que quadro desencorajador, se é que algo pode desencorajar a virtude. O próprio Sócrates, espantado, grita e crê dever invocar os Deuses antes de responder; mas sem a esperança de uma outra vida, ele teria respondido mal por esta. Todavia, tudo deveria terminar para nós com a morte, o que não pode ocorrer se Deus é justo e, conseqüentemente, se ele existe; a mera idéia dessa existência seria ainda para o homem um encorajamento à virtude e uma consolação em suas misérias, o que falta àquele que, acreditando-se isolado neste universo, não sente no fundo de seu coração nenhum confidente para seus pensamentos. É sempre uma alegria ter na adversidade uma testemunha de que não a merecemos; é um orgulho verdadeiramente digno da virtude poder dizer a Deus: tu, que lês em meu coração, vês que uso com alma forte e como homem justo a liberdade que me deste. O verdadeiro crente, que se sente em toda parte sob o olhar eterno, gosta de honrar-se diante do Céu por ter cumprido seus deveres na Terra.

Vedes que não disputei convosco esse simulacro que me apresentastes como único objeto das virtudes do homem sábio. Mas, caro Senhor, voltai os olhos para vós e vede como esse objeto é incapaz de ligar-se, de compatibilizar-se com vossos princípios. Como não sentis que essa mesma lei da necessidade que, segundo vós, regula sozinha a marcha do mundo e todos os acontecimentos, regula também todas as ações dos homens, todos os pensamentos de suas cabeças, todos os sentimentos de seus corações, que nada é livre, que tudo é forçado, necessário, inevitável, que todos os movimentos do homem dirigidos pela matéria cega só dependem de sua vontade porque essa própria vontade depende da necessidade; que, conseqüentemente, não há nem virtudes nem vícios, nem mérito nem demérito, nem moralidade nas ações humanas, e que os termos homem honesto ou celerado devem ser para vós totalmente vazios de sentido. Não o são, entretanto, estou bastante certo. Vosso honesto coração, a despeito de vossos argumentos, clama contra vossa triste filosofia. O sentimento da liberdade, o

---

7. Platão, *República*, discurso de Glauco.

188

encanto da virtude fazem-se sentir a vós à vossa revelia, e eis como de todas as partes essa forte e salutar voz do sentimento interior chama ao seio da verdade e da virtude todo homem desviado por sua razão mal conduzida. Abençoai, Senhor, essa voz santa e benfazeja que vos reconduz aos deveres do homem, dos quais a filosofia da moda terminará por fazer-vos esquecer. Entregai-vos a vossos argumentos apenas ao sentirdes que estão de acordo com o ditame de vossa consciência, e todas as vezes em que não estiverem, estai certo de que são eles que vos enganam.

Embora eu não queira argumentar convosco, nem seguir passo a passo vossas duas cartas, não posso, entretanto, recusar-me a dizer uma palavra sobre o paralelo do sábio hebreu e do sábio grego. Como admirador de um e de outro, não posso ser muito suspeito de preconceitos ao falar deles, mas não acredito que estejais no mesmo caso. Não me surpreende que deis ao segundo toda a vantagem. Não conheceis suficientemente o primeiro, e não vos preocupastes muito em separar o que é verdadeiramente dele do que lhe é estranho e que o desfigura a vossos olhos, assim como aos de muitas outras pessoas que, a meu ver, não consideraram o assunto mais detidamente que vós. Se Jesus tivesse nascido em Atenas e Sócrates em Jerusalém, e Platão, Xenofonte tivessem escrito a vida do primeiro, Lucas e Mateus a do segundo, vossa linguagem mudaria muito, e o que depõe contra ele a vossos olhos é precisamente o que torna a elevação de sua alma mais surpreendente e admirável, a saber, seu nascimento na Judéia, entre o povo mais desprezível que talvez existisse na época, ao passo que Sócrates, nascido entre o povo mais instruído e amável, encontrou toda a ajuda de que tinha necessidade para elevar-se facilmente ao tom que assumiu. Ele levantou-se contra os sofistas, como Jesus contra os sacerdotes, com a diferença de que Sócrates imitou muitas vezes seus antagonistas, e se sua bela e suave morte não tivesse honrado sua vida, teria passado por um sofista como eles. Para Jesus, o vôo sublime que alçou sua grande alma sempre o elevou acima de todos os mortais, e, desde a idade de doze anos até o momento em que expirou na mais cruel e mais infame de todas as mortes, não se desdisse em nenhum momento. Seu nobre projeto era o de elevar seu povo, fazer dele uma segunda vez um povo livre e digno de sê-lo, pois era por aí que era preciso começar. O profundo estudo que fez da Lei de Moisés, seus esforços para despertar o entusiasmo e o amor nos corações mostraram seu objetivo tanto quanto era possível para não assustar os romanos. Mas seus vis e fracos compatriotas, em vez de escutá-lo, odiaram-no precisamente por causa de seu gênio e sua virtude, que lhes reprovavam sua indignidade. Enfim, foi só após ter visto a impossibilidade de executar seu projeto que ele o ampliou em sua mente, e que, não podendo fazer por si mesmo uma revolução em seu povo, quis fazer uma por meio de seus discípulos no Universo. O que o impediu de ter êxito, em seu primeiro plano, além da baixeza de seu povo, incapaz de qualquer virtude, foi a excessiva suavidade de seu próprio caráter, suavidade que tem mais do anjo e de Deus que do homem, que não o abandonou nem por um instante, mesmo na cruz, e que faz verter torrentes de lágrimas em quem sabe ler sua vida corretamente, através do amontoado confuso com que essas pobres pessoas a desfiguraram. Felizmente, respeitaram e transcreveram fielmente seus discursos, que não compreendiam; eliminai alguns circunlóquios orientais ou mal traduzidos, e não se verá ali uma única palavra que não seja digna dele; e é com isso que se reconhece o homem divino, que, de tão medíocres discípulos fez, entretanto, em seu grosseiro mas orgulhoso entusiasmo, homens eloqüentes e corajosos.

Objetais que ele fez milagres. Essa objeção seria terrível se fosse justa. Mas sabeis, Senhor, ou ao menos poderíeis saber que, segundo penso, longe de ter feito milagres, Jesus declarou bem claramente que não os faria, e indicou um desprezo muito grande por aqueles que os pediam.[8]

Quanta coisa faltaria dizer! Mas esta carta está enorme. É preciso concluir. Esta é a última vez em que voltarei a tratar dessas matérias. Quis vos agradar, Senhor; não me arrependo, ao contrário. Agradeço-vos por ter-me feito retomar um fio de idéias quase apagadas, mas cujos vestígios podem ter para mim algum uso no estado em que estou.

Adeus, Senhor, lembrai-vos algumas vezes de um homem que vós teríeis amado, orgulho-me disso, se o tivésseis conhecido melhor, e que se ocupou de vós em momentos nos quais as pessoas se ocupariam apenas de si mesmas.

Renou

---

8. Cf. Rousseau, *Lettres écrites de la montagne* 1764 , 3ª carta [*OC*, III].

# FRAGMENTOS SOBRE DEUS E SOBRE A REVELAÇÃO*
## (*circa* 1735 – 1756)

---

\*    Tradução e notas de Adalberto Luis Vicente.

# Sobre Deus

Todos cremos estar persuadidos da existência de um Deus; no entanto, é inconcebível conciliar essa persuasão com os princípios que regulam nossa conduta nesta vida. A idéia de Deus é inseparável das idéias de eterno, de infinito em inteligência, em sabedoria, em justiça e em poder. Seria mais fácil aniquilar em si o sentimento da divindade que conceber um Deus sem reconhecer-lhe esses atributos, cujo conjunto forma a única maneira sob a qual se pode representá-lo em nosso espírito. Ora, por uma conseqüência necessária de seu poder infinito, é preciso que este se estenda sobre nós; e, se isso ocorre, dado que Deus é a fonte de toda sabedoria, ele pretende que nós nos governemos segundo os princípios de sabedoria que colocou em nosso espírito. Ter-lhe-ia sido possível, portanto, obrigar-nos a isso e fazer com que seguíssemos necessariamente a ordem de seus decretos, que são os fundamentos da virtude e da religião. Mas, vendo o modo como os homens se conduzem neste mundo, logo nos convencemos de que não seguem absolutamente a ordem cujos princípios estão gravados no fundo de seus corações. É preciso, portanto, que Deus não tenha empregado seu poder infinito para forçá-los a agir dessa forma, pois seria absurdo imaginar que eles pudessem, de alguma maneira, furtar-se a essa ordem. Se examinarmos agora as conseqüências disso, descobriremos a imensa fonte de benefícios que aprouve a Deus derramar sobre os homens e os meios que lhes colocou nas mãos para que possam se tornar felizes.

Uma vez que não demos a existência a nós mesmos, devemos ser obra de outro; esse é um raciocínio simples e claro em si mesmo, ao passo que nos seria impossível conceber como alguma coisa poderia ser produzida pelo nada.

# Prece

Nós nos prosternamos em vossa presença divina, grande Deus criador e conservador do universo, para render-vos as homenagens que devemos a vós, para agradecer todos os benefícios que recebemos e para vos dirigir nossas humildes preces.

Pai Nosso, etc.

Apresentamos, oh meu Deus, nossa homenagem e nossa adoração; dignai-vos a aceitá-las. Somos apenas pó e cinza diante de vós, e é com tremor que deveríamos nos apresentar em vossa temível presença. Vossa misericórdia, porém, é ainda maior que vossa majestade, e nós nos confiamos à vossa clemência infinita. Sois nosso criador, somos a obra de vossa bondade; sois nosso pai, somos vossos filhos; recebei, então, favoravelmente, oh meu Deus, nossos votos, nossas preces e nossas ações de graças.

Nós vos agradecemos por todas as graças e por todos os bens com os quais cumulais os homens, e, em particular, por aqueles que recebemos de vós desde nosso nascimento. Nós vos agradecemos por nos ter criado, por nos ter dado uma alma racional, por nos ter dado o conhecimento de vossa divindade, por ter provido, em vossa santa providência, as necessidades de nossa miséria e o alívio de nossas enfermidades, e, enfim, por ter-nos unido uns aos outros.

Continuai a oferecer-nos todas essas graças, Deus todo-poderoso, mas não nos deixeis abusar delas, dai-nos as luzes e a vontade de vos servir da maneira que vos for mais agradável, conduzi-nos sempre pelo caminho da virtude e não deixeis que dele alguma vez nos desviemos. Não permitais, oh meu Deus, que sejamos jamais tão infelizes a ponto de duvidarmos um só momento de vossa divina existência, excitai em nossos corações o amor que devemos à vossa ternura paternal e a todos os vossos benefícios, o respeito e a veneração que devemos à vossa imensa majestade e ao vosso poder temível, e a caridade que devemos a nosso próximo. Que vossa palavra esteja em nossa boca e vossa Lei em nosso coração; espalhai vossa santa bênção sobre nossa união; que ela sirva para nos incentivar mutuamente a vos servir. Em suma, oh meu Deus, dai-nos tudo aquilo que considerais necessário para contribuirmos para vossa glória e trabalharmos por nossa salvação.

## Para a noite

Dai-nos também uma noite doce e tranqüila; recomendamos nosso espírito e nosso corpo à vossa divina proteção.

## Para a manhã

Abençoai também nosso trabalho deste dia e protegei-nos, pela vossa divina providência, de tudo aquilo que possa prejudicar-nos e, principalmente, ofender-vos.

JEAN-JACQUES ROUSSEAU

# Prece

Deus todo-poderoso, Pai eterno, meu coração se eleva em vossa presença para vos oferecer a homenagem e a adoração que ele vos deve; minha alma, penetrada pela vossa imensa majestade, pelo vosso poder temível e por vossa infinita grandeza, humilha-se diante de vós com os sentimentos da mais profunda veneração e da mais respeitosa humildade. Ó meu Deus, eu vos adoro com todas as minhas forças, reconheço em vós o criador, o conservador, o senhor e o soberano absoluto de tudo o que existe, o ser absoluto e independente que precisa apenas de si mesmo para existir, que tudo criou por seu poder, e sem cujo sustento todos os seres logo retornariam ao nada. Reconheço que vossa divina providência sustenta e governa o mundo inteiro, sem que esses cuidados cheios de bondade sejam capazes de alterar minimamente vossa augusta tranqüilidade. Enfim, qualquer que seja a magnificência que reina na construção deste vasto universo, concebo que foi preciso apenas um instante de vossa vontade para fazê-lo surgir do nada em toda sua perfeição, e que, muito longe de constituir-se no esforço último de vossa potência, todo o vigor do espírito humano é incapaz de conceber quão mais poderíeis estender os efeitos de vosso poder infinito. Adoro toda essa grandeza e majestade, e como a fraqueza de minhas luzes não permite conceber a extensão devassas perfeições divinas, minha alma plena de submissão e respeito reverenciaria sua augusta e imensa profundidade, reconhecendo-se incapaz de penetrá-la.

Porém, ó Deus do Céu, se vossa potência é infinita, não o é menos vossa divina bondade. Ó meu Pai, meu coração se compraz em meditar sobre a grandeza de vossa beneficência e encontra nela mil fontes inesgotáveis de zelo e de bênçãos. Que boca poderia enumerar dignamente todos os bens que recebi de vós? Tirastes-me do nada, destes-me a existência, dotastes-me de uma alma racional, gravastes no fundo de meu coração as leis a cujo cumprimento vinculastes o prêmio de uma eterna felicidade; leis plenas de justiça e de doçura, cuja prática tende a tornar-me feliz já nesta vida. Colocastes doçuras em meu destino nesta terra e, expondo a meus olhos o tocante e magnífico espetáculo deste vasto universo, não desdenhastes destinar grande parte dele à minha comodidade e a meus prazeres. Ó sublime benfeitor, vossos benefícios são infinitos como vós; sois o Rei da natureza, mas também o pai dos humanos. Que corações se inflamarão o bastante para dar-vos testemunho de um amor e um reconhecimento dignos de vossa bondade? Ousarão minhas homenagens e minha dedicação, fracas como são, apresentar-se a vós para satisfazer minha gratidão? Sim, meu Deus, vós vos dignais a acolhê-las em consideração à minha fraqueza; aceitais, na verdade, sentimentos bem indignos de vós, que são, no entanto, o fruto de todos os esforços de meu coração; por fracos que sejam, meu reconhecimento, meu zelo e meu amor não são desdenhados por vossa divina bondade. Ó meu Criador, meu coração é incitado pela contemplação de todas as vossas graças e de todos os vossos benefícios, a oferecer-vos ações de graças e agradecimentos na medida de minhas forças; recebei-os na plenitude de vossa misericórdia.

Ó meu Deus, perdoai todos os pecados que cometi até este dia, todos os desvios aos quais sucumbi; dignai-vos ter piedade de minhas fraquezas e destruir em mim todos os vícios a que elas me arrastaram. Minha consciência me diz o quanto sou culpado, sinto que todos os prazeres que minhas paixões me fizeram imaginar, ao abandonar a sabedoria, tornaram-se, para mim, piores que a ilusão e transformaram-se em odiosas amarguras; percebo que os verdadeiros prazeres são aqueles experimentados no exercício da virtude e na prática dos deveres. Estou imbuído do pesar de ter feito tão mau uso de uma vida e de uma liberdade que me destes apenas como meios de tornar-me digno da felicidade eterna. Aceitai meu arrependimento, ó meu Deus; envergonhado de minhas faltas passadas, decido firmemente repará-las por uma conduta cheia de retidão e de prudência. De agora em diante, confiarei a vós todas as minhas ações e meditarei sobre vós; eu vos bendirei, servirei e temerei; vossa lei estará sempre em meu coração e todas as minhas ações serão dela a prática; amarei meu próximo como

JEAN-JACQUES ROUSSEAU

a mim mesmo, servi-lo-ei em tudo o que depender de mim, tanto em relação ao corpo quanto à alma, lembrar-me-ei sempre de que não desejais menos a felicidade dele que a minha própria; terei piedade dos infelizes e os socorrerei com todas as minhas forças; cuidarei de conhecer bem todos os deveres de minha condição e os cumprirei com atenção. Lembrar-me-ei de que sois testemunha de todas as minhas ações e tratarei de nada fazer que seja indigno de vossa augusta presença. Serei indulgente com os outros e severo comigo mesmo, resistirei às tentações, viverei na pureza, serei sóbrio, moderado em tudo, permitindo-me apenas os prazeres autorizados pela virtude; refrearei sobretudo minha cólera e minha impaciência, e tratarei de tornar-me doce aos olhos de todos, não falarei mal de ninguém, não me permitirei nem julgamentos temerários nem más conjecturas sobre a conduta dos outros, afastar-me-ei tanto quanto possível do prazer do mundo, das satisfações, das comodidades da vida, para ocupar-me unicamente de vós e de vossas infinitas perfeições. Perdoarei sempre do fundo do coração a todos os que vierem a me ofender, como perdôo desde já, sem reservas, a todos os que podem ter-me feito alguma ofensa, e peço-vos, ó meu Deus, que os perdoeis também e concedeis-lhes vossa graça. Evitarei cuidadosamente ofender qualquer pessoa e, se tiver a infelicidade de fazê-lo, não me envergonharei de oferecer-lhe as reparações mais satisfatórias. Serei sempre perfeitamente submisso a tudo que vossa divina providência ordenar-me, e receberei sempre com uma perfeita resignação à vossa suprema vontade todos os bens ou os males que vos aprouver enviar-me. Preparar-me-ei para a morte como para o dia em que deverei prestar-vos conta de todas as minhas ações, e a esperarei sem temor como o momento que irá libertar-me da sujeição ao corpo e me unirá para sempre a vós. Em suma, ó meu soberano senhor, empregarei minha vida em vos servir, em obedecer a vossas leis e em cumprir meus deveres; imploro vossas bênçãos sobre essas resoluções, que tomo com todo o meu coração e com um firme propósito de executá-las, sabendo por uma triste experiência que, sem o socorro de vossa graça, os mais firmes projetos se desvanecem, mas que vós não a recusais nunca àqueles que vo-la pedem de coração, com humildade e fervor.

Imploro as mesmas graças, ó meu Deus, para minha querida mãezinha, para minha querida benfeitora e para meu querido pai. Concedei-lhes,

Pai das misericórdias, todos os socorros de que necessitem, perdoai-lhes todo mal que fizeram, inspirai-lhes o bem que devem fazer, e dai-lhes a força de cumprir tanto os deveres de sua condição como os deveres que deles exigis. Lembrai-vos de todos os meus benfeitores em geral, fazei retornar a eles todos os bens que me fizeram, concedei também a assistência de vossas bênçãos divinas a todos os meus amigos, à minha pátria e ao gênero humano em geral. Lembrai-vos, ó meu Deus, que sois o pai comum de todos os homens, e tende piedade de todos nós na plenitude vossa misericórdia.

# Memorial

ENVIADO EM 19 DE ABRIL DE 1742 A MONSENHOR BOUDET,
ANTONINO, QUE TRABALHA NA HISTÓRIA DO FINADO SENHOR DE
BERNEX, BISPO DE GENEBRA.

Com a intenção que se tem de não omitir na história do Senhor de Bernex nenhum dos fatos consideráveis que possam servir para trazer plenamente à luz suas virtudes cristãs, não se poderia esquecer a conversão da Senhora Baronesa de Warens de la Tour, que foi obra desse prelado.

No mês de julho do ano de 1726, estando o Rei da Sardenha em Evian, várias pessoas de distinção da região de Vaud para lá acorreram a fim de ver a Corte. A Senhora de Warens estava entre elas, e essa dama, trazida pela simples curiosidade, lá foi retida por motivos de ordem mais elevada, não menos eficazes por terem sido menos previstos. Tendo assistido por acaso a um dos sermões que esse prelado pronunciava com o zelo e a unção que levavam aos corações o fogo de sua caridade, a Senhora de Warens comoveu-se tanto a ponto de se poder considerar esse dia como a data de sua conversão. O caso, no entanto, revestia-se de maior dificuldade, pois essa dama, sendo muito esclarecida, mantinha-se em guarda contra as seduções da eloqüência, e não estava disposta a ceder sem estar plenamente convencida. Mas quando se tem o espírito justo e o coração reto, o que pode faltar para se experimentar a verdade senão o socorro da graça? E não estava o Monsenhor de Bernex habituado a levá-la aos corações mais endurecidos? A Senhora de Warens ouviu o prelado, seus preconceitos foram destruídos, suas dúvidas foram dissipadas e, imbuída das grandes verdades que lhe eram anunciadas, resolveu dar à fé, por meio de um grandioso sacrifício, o prêmio das luzes com as quais acabava de ser iluminada.

O rumor dos planos da Senhora de Warens não tardou a se espalhar por toda a região de Vaud: foram inquietações e luto universais. Essa dama era adorada naquele lugar, e o amor que se tinha por ela transformou-se em furor contra os que eram chamados seus sedutores e seus raptores. Os habitantes de Vevai falavam em incendiar Evian e

FRAGMENTOS SOBRE DEUS E SOBRE A REVELAÇÃO

em tomá-la pelas armas, mesmo com a presença da Corte. Esse projeto insensato, fruto ordinário de um zelo fanático, chegou aos ouvidos de Sua Majestade que fez ao Monsenhor de Bernex, nessa ocasião, a gloriosa censura de que ele fazia conversões bem tempestuosas. O Rei ordenou imediatamente a partida da Senhora de Warens para Annecy, escoltada por quarenta de seus guardas. Foi lá que, algum tempo depois, Sua Majestade assegurou-lhe proteção nos termos mais elogiosos e ofereceu-lhe uma pensão que deve ser vista como uma brilhante prova da piedade e da generosidade desse Príncipe, mas que não retirou da Senhora de Warens o mérito de ter abandonado grandes bens e uma alta posição em sua pátria para seguir a voz do Senhor e entregar-se sem reservas à sua providência. Sua Majestade teve até mesmo a bondade de oferecer-lhe aumento dessa pensão para que a Senhora de Warens pudesse se mostrar com todo brilho que desejasse, e de obter para ela uma posição mais honrosa, se quisesse ir a Turim e permanecer junto à Rainha; mas a Senhora de Warens não abusou da bondade do monarca; ela iria adquirir bens maiores compartilhando daqueles que a Igreja derrama sobre seus fiéis, e o brilho dos demais não teve, a partir de então, nada que pudesse impressioná-la. Foi nesses termos que ela se explicou a Monsenhor de Bernex, e foi por essas máximas de desapego e de moderação que a vimos conduzir-se constantemente desde então.

Chegou enfim o dia em que o Monsenhor de Bernex iria assegurar à Igreja a conquista que lhe havia obtido. Ele recebeu publicamente a abjuração da Senhora de Warens e administrou-lhe o sacramento da confirmação em 8 de setembro de 1726, dia da natividade de Nossa Senhora, na Igreja da Visitação, diante da relíquia de São Francisco de Sales. Essa dama teve a honra de ter por madrinha, nessa cerimônia, a Senhora Princesa de Hesse, irmã da Princesa do Piemonte, mais tarde Rainha da Sardenha. Foi um espetáculo tocante ver uma jovem dama de nascimento tão ilustre, favorecida pelas graças da natureza e enriquecida pelos bens da fortuna, e que pouco tempo antes era a delícia de sua pátria, arrancar-se do seio da abundância e dos prazeres para vir depor aos pés da Cruz de Cristo o brilho e as volúpias do mundo, renunciando a eles para sempre. Monsenhor de Bernex fez sobre esse tema um sermão muito tocante e apaixonado; o ardor de seu zelo emprestou-lhe, nesse dia, novas forças. Toda a numerosa assembléia rompeu em prantos, e as damas, banhadas em lágrimas, vieram abraçar a Senhora de Warens, felicitá-la e, junto com ela, dar graças a Deus pela vitória que ele a fazia alcançar. De resto, procuraram inutilmente, entre os papéis do finado Monsenhor de Bernex, o texto do sermão que pronunciou naquela ocasião e que, conforme testemunho de todos os que o ouviram, é uma obra-prima de eloqüência, e é de se acreditar que, por mais belo que seja, tenha sido composto naquele momento e sem preparação.

Desde esse dia, Monsenhor de Bernex passou a chamar a Senhora de Warens de sua filha, e ela o chamava de seu pai; ele, de fato, sempre sentiu por ela um afeto paternal, e não é de se espantar que olhasse com uma certa complacência a obra de seus cuidados apostólicos, pois essa dama sempre se esforçou por seguir de tão perto quanto possível os santos exemplos desse prelado, seja em seu desapego pelas coisas mundanas, seja em sua extrema caridade com os pobres, duas virtudes que definem perfeitamente o caráter da Senhora de Warens.

O acontecimento que segue pode ingressar também no rol das provas que atestam as ações milagrosas de Monsenhor de Bernex.

No mês de setembro de 1729, estando a Senhora de Warens morando na casa do Monsenhor de Boige, um incêndio tomou conta do forno dos franciscanos, que dava para o pátio da casa, com tal violência, que esse forno, o qual compunha uma grande construção cheia de feixes e de madeira seca, logo ficou todo em chamas. O fogo, levado por um vento impetuoso, passou para o telhado da casa e chegou a penetrar nos aposentos pelas janelas. A Senhora de Warens deu logo ordens para deter o progresso do fogo e transportar seus móveis para o jardim; ocupava-se disso quando soube que o Senhor Bispo tinha acorrido ao rumor do perigo que a ameaçava e iria chegar em seguida. Ela foi ao seu encontro; juntos entraram no jardim, ele se pôs de joelhos, juntamente com todos os presentes, entre os quais eu me encontrava, e começou a fazer orações com aquele fervor que era inseparável de suas preces; o efeito foi perceptível: o vento que arrastava as chamas por cima da casa até bem perto do jardim mudou subitamente de direção e as afastou tanto que o forno, embora contíguo, foi inteiramente consumido sem que a casa sofresse outro mal além do dano que recebera antes. Trata-se de um fato bem conhecido em toda Annecy, e que eu, autor do presente memorial, vi com meus próprios olhos.

Monsenhor de Bernex continuou a manter o mesmo interesse por tudo o que dizia respeito à Senhora de Warens. Ele mandou fazer o retrato dessa dama com a intenção de que este permanecesse em sua família como uma honrosa lembrança de uma de suas obras mais bem-sucedidas. Enfim, embora ela tenha se mudado para longe, ele lhe deu provas, pouco tempo antes de morrer, de sua lembrança, e as deixou registradas no próprio testamento. Depois da morte desse prelado, a Senhora de Warens consagrou-se inteiramente à solidão e ao retiro, dizendo que, após a perda de seu pai, nada mais a ligava ao mundo.

JEAN-JACQUES ROUSSEAU

# Ficção ou Peça alegórica sobre a Revelação

Foi durante uma bela tarde de verão que o primeiro homem a tentar filosofar, entregue a um profundo e delicioso devaneio, e guiado por aquele entusiasmo involuntário que transporta, às vezes, a alma para fora de sua morada, e a faz, por assim dizer, abraçar todo o universo, ousou elevar suas reflexões até o santuário da Natureza e penetrar, pelo pensamento, tão longe quanto é permitido à sabedoria humana alcançar.

O calor começava a diminuir com o cair do sol, e os pássaros, já recolhidos, mas ainda não adormecidos, anunciavam, por um rumor lânguido e voluptuoso, o prazer que experimentavam ao respirar um ar mais fresco; um orvalho abundante e salutar já reanimava a vegetação murcha pelo ardor do sol, as flores exalavam por toda parte seus mais doces perfumes; os pomares e os bosques, com todo seu ornato, compunham, através do crepúsculo e dos primeiros raios da lua, um espetáculo menos vivo, porém mais tocante do que durante o brilho do dia. O murmúrio dos riachos, abafado pelo tumulto do dia, começava a se fazer ouvir. Diversos animais domésticos, voltando a passos lentos, mugiam ao longe e pareciam alegrar-se com o repouso que a noite iria lhes oferecer. A calma que começava a reinar por toda parte tornava-se tão mais encantadora por anunciar lugares tranqüilos sem serem desertos, e a paz mais do que a solidão.

Nessa confluência de objetos agradáveis, o filósofo — tocado, a exemplo do que sente toda alma sensível nesses casos em que reina a tranqüila inocência — entrega seu coração e seus sentidos a doces impressões. Para gozar delas mais à vontade, deita-se na relva e, apoiando a cabeça nas mãos, passeia deliciosamente o olhar sobre tudo aquilo que o deleita. Depois de alguns instantes de contemplação, volta casualmente os olhos para o céu e, diante dessa aparência que lhe é tão familiar e que ordinariamente o tocava tão pouco, fica tomado de

204

admiração. Acredita ver pela primeira vez aquela abóbada imensa e sua soberba ornamentação. Nota ainda, no poente, os traços de fogo deixados atrás de si pelo astro que nos dá o calor e a luz. Em direção ao nascente, percebe a luminosidade doce e melancólica do outro astro, que guia nossos passos e excita nossos devaneios durante a noite. Distingue ainda dois ou três astros que se fazem notar pela aparente irregularidade de seu trajeto em meio à disposição constante e regular de todas as outras partes do céu; considera, com um frêmito indefinido, a marcha lenta e majestosa dessa multidão de globos que rolam em silêncio sobre sua cabeça e que lançam incessantemente através do espaço dos céus uma luz pura e inalterável. Apesar dos espaços imensos que os separam, esses corpos mantêm entre si uma secreta correspondência que os faz moverem-se todos na mesma direção, e ele observa, entre o zênite e o horizonte, com uma curiosidade mesclada de inquietude, a estrela misteriosa em torno da qual parece se fazer essa revolução comum. Que mecanismo inconcebível pôde submeter todos os astros a essa lei, que mão foi capaz de ligar dessa forma todas as partes do universo entre si; e por qual estranha faculdade de mim mesmo todas essas partes, unidas externamente por essa lei comum, são também unidas em meu pensamento, em uma espécie de sistema que suspeito existir sem concebê-lo?

A mesma regularidade de movimento que observo nas revoluções dos corpos celestes, encontro-a na Terra, na sucessão das estações, na organização das plantas e dos animais. A explicação de todos esses fenômenos só pode se encontrar na matéria movida e organizada segundo certas leis; mas quem pode ter estabelecido tais leis, e como se sujeitam a elas todos os corpos? Eis o que eu não posso compreender. Além disso, o movimento progressivo e espontâneo dos animais, as sensações, a capacidade de pensar, a liberdade de querer e de agir que encontro em mim mesmo e em meus semelhantes, tudo isso ultrapassa as noções de mecânica que posso deduzir das propriedades conhecidas da matéria.

Posso acreditar sem dificuldade que a matéria tenha propriedades que não conheço, e talvez nunca venha a conhecer, que, ordenada ou organizada de uma certa maneira, ela se torne susceptível de sentimento, de reflexão e de vontade; mas, quanto à regra dessa organização, quem pode tê-la estabelecido, como pode ela ser alguma coisa por si mesma, ou em que arquétipo se pode concebê-la como existente?

Se suponho que tudo resulta de um arranjo fortuito, o que acontecerá com a idéia de ordem e com a relação entre intenção e finalidade que observo entre todas as partes do universo? Confesso que, na multidão de combinações possíveis, aquela que subsiste não pode ser excluída, e que deve mesmo ter seu lugar na infinidade das sucessões; mas essas próprias sucessões só puderam existir com a ajuda do movimento, e aí está uma fonte de novos embaraços para meu espírito.

Posso conceber que reine no universo uma certa medida de movimento que, modificando sucessivamente os corpos, continua sempre a mesma em quantidade; mas percebo que a idéia de movimento, sendo apenas uma abstração e não podendo ser concebida fora da substância movida, segue sendo necessário investigar que força pôde mover a matéria; e se a soma do movimento for suscetível de aumento ou de diminuição, a dificuldade se tornará ainda maior.

Eis-me, portanto, reduzido a supor a coisa mais contrária a todas as minhas experiências, a saber: a necessidade do movimento na matéria; pois observo em todas as ocasiões que os corpos são em si mesmos indiferentes ao movimento e ao repouso e igualmente suscetíveis de um e outro, conforme a força que os impele ou retém; ao passo que me é impossível conceber o movimento como uma propriedade natural da matéria, mesmo que fosse simplesmente pela falta de uma direção determinada, sem a qual não há nenhum movimento, e que, se existisse, arrastaria eternamente todos os corpos em linhas retas e paralelas com uma força ou, pelo menos, com uma velocidade igual, sem que nunca o menor átomo pudesse encontrar um outro, nem se desviar um instante da direção comum.

Mergulhado nessas divagações e entregue a mil idéias confusas que não podia abandonar nem esclarecer, o indiscreto filósofo esforçava-se em vão para penetrar os mistérios da natureza. O espetáculo que inicialmente o encantara era agora para ele apenas um assunto preocupante, e a fantasia de explicá-lo havia lhe retirado todo o prazer de fruí-lo.

Cansado enfim de debater-se com tanto esforço entre a dúvida e o erro, desgostoso por dividir seu espírito entre sistemas sem provas e objeções sem réplica, ele estava prestes a renunciar a essas profundas e frívolas meditações, mais apropriadas a inspirar-lhe orgulho do que sabedoria, quando de repente um raio de luz veio tocar seu espírito e desvendar-lhe essas sublimes verdades que não cabe ao homem conhecer por si mesmo, e que a razão humana permite confirmar mas não descobrir. Um novo universo ofereceu-se, por assim dizer, à sua contemplação; ele percebeu a cadeia invisível que liga entre si todos os seres, viu uma mão poderosa estendida sobre tudo o que existe, o santuário da natureza abriu-se ao seu entendimento como se abre às inteligências celestes, e todas as mais sublimes idéias que associamos à palavra *Deus* se apresentaram em seu espírito. Essa graça foi o prêmio pelo seu amor sincero à verdade e pela boa-fé com a qual, sem pensar em se ornamentar com suas procuras vãs, ele consentiu em perder o trabalho que havia empreendido e aceitar sua ignorância, de preferência a perpetuar seus erros aos olhos dos outros, sob o belo nome de filosofia. No mesmo instante, todos os enigmas que tanto o haviam preocupado se esclareceram em seu espírito. O curso dos Céus, a magnificência dos astros, a ornamentação da Terra, a sucessão dos seres, as relações de conveniência e de utilidade que ele notava entre eles, o mistério da organização, do pensamento, em suma, o funcionamento da máquina inteira, tudo se tornou para ele possível de se conceber como a obra de um Ser poderoso, condutor de todas as coisas; e se lhe restavam algumas dificuldades que não podia resolver, suas soluções lhe pareciam antes acima de seu entendimento que contrárias à razão, ele preferia fiar-se no sentimento interior que com tanta energia lhe falava a favor de sua descoberta do que em alguns embaraçosos sofismas os quais tiravam sua força apenas da fraqueza de seu espírito.

Com essas grandes e arrebatadoras luzes, sua alma, tomada pela admiração e elevando-se, por assim dizer, à altura do objeto que a ocupava, sentiu-se invadida de uma sensação viva e deliciosa; uma faísca do fogo divino que ela havia captado parecia dar-lhe uma nova vida. Arrebatado pelo respeito, pelo reconhecimento e pelo zelo, ele se levanta precipitadamente e, elevando os olhos e as mãos para o céu, e inclinando em seguida a face para a terra, seu coração e sua boca dirigiram ao Ser Divino a primeira e talvez a mais pura homenagem jamais recebida dos mortais.

Inflamado por esse novo entusiasmo, ele teria querido comunicar seu ardor a toda a natureza, teria querido sobretudo compartilhá-lo com seus semelhantes, e seus mais deliciosos pensamentos dirigiram-se para os projetos de sabedoria e felicidade que se propunha fazer os homens adotarem, mostrando-lhes, na perfeição de seu Autor comum, a fonte das virtudes que deveriam adquirir, e, em seus benefícios, o exemplo e o prêmio daqueles que deveriam distribuir. Vamos, exclamou ele, arrebatado pelo zelo, levemos por toda parte, com a explicação dos mistérios da natureza, a lei sublime do senhor que a governa e que se manifesta em suas obras. Ensinemos os homens a se verem como instrumentos de uma vontade suprema que os une uns aos outros e a um todo mais amplo, a desprezar os males desta curta vida, que é apenas uma passagem para retornar ao ser eterno do qual extraem sua existência, e a amarem-se como irmãos destinados a se reunir, um dia, no seio de seu Pai comum.

Com esses pensamentos tão lisonjeiros ao orgulho humano, e tão doces para qualquer ser afetuoso e sensível, o filósofo aguardava a chegada da luz do dia impaciente por levar uma luz mais pura e mais brilhante à alma dos outros homens e comunicar-lhes as luzes celestiais que acabara de obter. No entanto, como a fadiga de uma longa meditação esgotara seu espírito e o frescor da noite convidava-o ao repouso, ficou insensivelmente sonolento e, sem deixar de devanear e meditar, por fim adormeceu profundamente. Durante o sono, a comoção que a contemplação acabara de excitar em seu cérebro provocou um sonho extraordinário como as idéias que o haviam produzido. Pareceu-lhe estar no centro de um edifício imenso, formado por uma cúpula resplandecente sustentada por sete estátuas colossais em lugar de colunas.[1] Observadas de perto, todas essas estátuas eram horríveis e disformes mas, pelo artifício de uma hábil perspectiva, quando vistas do centro do edifício, cada uma delas mudava de aparência e apresentava-se como uma figura encantadora. Todas tinham atitudes diversas e emblemáticas. Uma, com um espelho na mão, estava sentada sobre um pavão, do qual imitava a compostura vã e soberba. Outra, com olhar impudico e uma mão lasciva, excitava os alvos de sua sensualidade brutal

---

1. As sete estátuas representam os sete pecados capitais. Rousseau limita-se, nos parágrafos seguintes, a descrever alegoricamente apenas quatro deles: a soberba, a luxúria, a ira e a avareza.

a compartilhá-la com ela. Uma outra segurava serpentes nutridas de sua própria substância que ela arrancava de seu seio para devorá-las e que dele renasciam incessantemente. Outra, um horrível esqueleto que não se poderia distinguir da morte a não ser pela fulgurante avidez de seus olhos, rejeitava alimentos verdadeiros para engolir em longos tragos taças de ouro fundido que aumentavam sua sede sem saciá-la. Todas, enfim, distinguiam-se por atributos terríveis que deveriam fazer delas objetos de horror, mas que, vistos daquela posição favorável, surgiam como ornamentos de sua beleza. Sobre o fecho da cúpula estavam escritas estas palavras em grandes caracteres: *Povos, servi os Deuses da terra.* Diretamente abaixo, isto é, no centro da construção e no ponto de perspectiva, encontrava-se um grande altar heptagonal para o qual os humanos acorriam em multidões a fim de dedicar suas oferendas e seus votos às sete estátuas, que honravam por mil ritos diferentes e sob mil nomes bizarros. Esse altar servia de base a uma oitava estátua, à qual todo o edifício estava consagrado e que compartilhava as homenagens prestadas a todas as outras. Sempre envolta em um véu impenetrável, era perpetuamente servida pelo povo sem que este jamais a contemplasse; a imaginação de seus adoradores pintava-a segundo seus próprios caracteres e paixões; e cada qual, tanto mais ligado ao objeto de seu culto quanto mais imaginário ele era, colocava sob esse misterioso véu apenas o ídolo de seu coração.

Em meio à multidão que afluía incessantemente a esse lugar, ele distinguiu a princípio alguns homens singularmente vestidos e que, por trás de uma aparência modesta e comedida, traziam em sua fisionomia algo de sinistro que anunciava ao mesmo tempo o orgulho e a crueldade. Ocupados em introduzir continuamente os povos no edifício, pareciam oficiais ou senhores do lugar e dirigiam soberanamente o culto das sete estátuas. Começavam por vendar os olhos de todos aqueles que se apresentavam na entrada do templo; depois, conduzindo-os a um canto do santuário, só lhes devolviam a visão quando todos os objetos concorriam para fasciná-la. Se durante o trajeto alguém tentava retirar a venda, no mesmo instante pronunciavam sobre ele algumas palavras mágicas que lhe davam a aparência de um monstro sob a qual, abominado por todos e irreconhecível para os seus, não tardava a ser estraçalhado pela assembléia.

O mais espantoso é que os ministros do templo, que viam plenamente toda a deformidade de seus ídolos, não os serviam com menos ardor do que os cegos homens vulgares. Eles se identificavam, por assim dizer, com suas apavorantes divindades, e, recebendo em nome delas as homenagens e as oferendas dos mortais, cada um lhes oferecia, em seu próprio interesse, os mesmos votos que o temor arrancava do povo.

O ruído contínuo dos hinos e dos cantos de alegria levava os espectadores a um entusiasmo que os punha fora de si. O altar que se elevava no meio do templo quase não era visível entre os vapores de um incenso espesso que subia à cabeça e perturbava a razão, mas enquanto o vulgo via aí apenas as fantasias de sua imaginação agitada, o filósofo, mais tranqüilo, percebia o suficiente para avaliar o que não discernia. O aparato de uma contínua carnificina rodeava aquele altar terrível; ele viu com horror a monstruosa mistura de assassinato e prostituição. Ora precipitavam criancinhas nas chamas de madeira de cedro, ora homens feitos eram imolados pela foice de um velho decrépito. Pais desnaturados fincavam, gemendo, o punhal no seio de suas próprias filhas. Moças e rapazes vestidos com uma pompa e elegância, que realçava mais ainda sua beleza, eram enterrados vivos por terem escutado a voz da natureza, enquanto outros eram entregues cerimonialmente a mais infame devassidão; e ouviam-se ao mesmo tempo, em um abominável contraste, os suspiros dos moribundos entremeados com os da volúpia.

Ah, exclamou o filósofo aterrado, que horrível espetáculo, por que conspurcar meus olhos com ele? Apressemo-nos em deixar esse lugar infernal. Ainda não é a hora, diz-lhe, detendo-o, o ser invisível que já lhe falara, acabas de compreender a cegueira dos povos, resta-te ainda ver qual é o destino dos sábios neste lugar.

No mesmo instante, ele percebeu na entrada do templo um homem vestido exatamente como ele, mas a uma distância que o impedia de distinguir-lhe as feições. Esse homem, de porte grave e ponderado, não se dirigia ele próprio ao altar, mas, tocando sutilmente a venda dos que para lá eram conduzidos sem deslocá-la perceptivelmente, devolvia-lhes o uso da visão. Esse auxílio foi logo revelado pela indiscrição dos que o recebiam, pois a maior parte deles, ao atravessar o templo, vendo a fealdade dos objetos de seu culto, recusava-se a ir até o altar e tentavam dissuadir seus vizinhos de fazê-lo. Os ministros do templo, sempre vigilantes com relação a seus interesses, logo descobriram a origem do tumulto. Apoderaram-se do homem disfarçado, arrastaram-no até o altar e imediatamente o imolaram sob a aclamação unânime do rebanho cego.

Voltando o olhar para a entrada vizinha, o filósofo viu ali um velho muito feio, mas de maneiras insinuantes e discurso simples e profundo, que faziam logo esquecer sua fisionomia.

Assim que ele se apresentou para entrar, os ministros do templo trouxeram a venda sagrada. Mas ele lhes diz: homens divinos, poupai-vos de um trabalho supérfluo no caso de um pobre velho privado da visão, e que vem, sob vossa proteção, procurar recuperá-la aqui; dignai-vos somente conduzir-me ao altar para que eu renda homenagem à divindade e ela me cure. Como ele fingia chocar-se com força contra os objetos que o rodeavam, a esperança do milagre fez esquecer uma melhor constatação de sua necessidade; a cerimônia da venda foi omitida como supérflua e o velho foi introduzido no templo apoiado em um jovem que lhe servia de guia e ao qual não se deu nenhuma atenção.

Apavorado com o aspecto horrível das sete estátuas e com o sangue que via jorrar em torno da oitava, esse jovem tentou vinte vezes escapar e sair do templo, mas, retido pelo velho com um braço vigoroso, foi obrigado a conduzi-lo, ou melhor, a segui-lo até o contorno do santuário para melhor observar o que via e um dia vir a trabalhar para a instrução dos homens. Imediatamente o pretenso cego saltou sobre o altar e, com um gesto ousado, descobriu a estátua, expondo-a sem véu a todos os olhares. Viam-se pintados em seu rosto o êxtase mesclado com a fúria; sob seus pés ela sufocava a humanidade personificada, mas seus olhos estavam ternamente voltados para o céu. Com a mão esquerda, segurava um coração em chamas e com a outra afiava um punhal. Essa visão fez estremecer o filósofo, mas, longe de revoltar os espectadores, estes viram nela não uma imagem de crueldade, mas um entusiasmo celestial; e sentiram aumentar pela estátua assim descoberta a devoção que tinham antes de conhecê-la. *Povos*, gritou-lhes em um tom inflamado o velho intrépido, ao aperceber-se disso, *que loucura é essa de servir Deuses que procuram apenas causar danos e adorar seres ainda mais malfazejos que vós? Ah, em vez de forçá-los, por meio de indiscretos sacrifícios, a pensar em vós para vos atormentar, cuidai antes para que eles vos esqueçam, pois assim sereis menos miseráveis. Se acreditais poder agradá-los destruindo suas obras, o que podereis esperar deles senão que, por sua vez, eles vos destruam? Servi àquele que quer que todos sejam felizes, se quiserdes ser felizes vós mesmos.*

Os ministros não lhe permitiram prosseguir e, interrompendo-o com grande estardalhaço, pediram ao povo justiça para aquele ingrato que, como prêmio por ter recobrado a visão sobre o altar da Deusa, diziam eles, ousava profanar sua estátua e desacreditar seu culto. De imediato todo o povo se atirou sobre ele, pronto a despedaçá-lo, mas os ministros, ao ver sua morte assegurada, quiseram revesti-la de uma forma jurídica e o fizeram condenar pela assembléia a beber água verde[2], tipo de morte freqüentemente imposta aos sábios. Enquanto se preparava o licor, os amigos do velho quiseram retirá-lo dali secretamente, mas ele se recusou a segui-los. "Deixai-me", dizia-lhes, "receber a recompensa de meu zelo daquele que é seu objeto. Vivendo entre esses povos, não estava eu submetido às suas leis, e deverei transgredi-las no momento em que elas me coroam? Acaso não sou feliz, após ter consagrado meus dias ao progresso da verdade, por poder consagrar-lhe também o fim de uma vida que a natureza iria pedir-me de volta? Ó meus amigos, o exemplo de meu último dia é a única instrução que vos deixo ou, pelo menos, aquela que deve dar peso a todas as outras. Suspeitariam que vivi apenas como sofista se temesse morrer como filósofo". Depois desse discurso, ele recebeu a taça dos sábios e, tendo bebido dela com ar sereno, passou a conversar agradavelmente com seus amigos sobre a imortalidade da alma e sobre as grandes verdades da natureza, as quais o filósofo dedicou grande atenção, pois se referiam às suas meditações precedentes. Mas o último discurso do velho, que foi uma homenagem muito nítida à própria estátua que havia desvelado, despertou no espírito do filósofo uma dúvida e um embaraço dos quais jamais pôde livrar-se, e ficou-lhe para sempre a incerteza sobre se tais palavras

---

2. Três estratégias de desmascaramento são apresentadas por Rousseau: o primeiro homem afrouxa as vendas de alguns indivíduos, e é descoberto e massacrado. O velho feio, que representa Sócrates, desvela a estátua aos olhos de todos, e é condenado a beber cicuta (água verde). A terceira estratégia será a do Salvador, Jesus Cristo (N.E.).

encerravam um sentido alegórico ou foram simplesmente um ato de submissão ao culto estabelecido pelas leis. Pois, dizia ele, se todas as maneiras de servir à divindade são-lhe indiferentes, é a obediência às leis que deve ter a preferência. Permanecia no entanto entre essa ação e a precedente uma contradição que lhe pareceu impossível suprimir.

Impressionado com tudo o que acabava de ver, o filósofo refletia profundamente sobre essas cenas terríveis quando de repente uma voz se fez ouvir nos ares, pronunciando distintamente estas palavras: *Eis aqui o filho do homem. Os céus se calam diante dele; terra, escutai sua voz.* Erguendo os olhos percebeu sobre o altar um personagem cujo aspecto imponente e doce o encheu de espanto e de respeito; suas vestimentas eram populares e semelhantes às de um artesão, mas seu olhar era celestial, seu aspecto modesto, grave e ainda menos artificial que o de seu predecessor. Seus traços tinham alguma coisa de sublime, na qual se aliavam simplicidade e grandeza, e não se podia encará-lo sem se sentir tomado de uma emoção viva e deliciosa cuja fonte não estava em nenhum sentimento conhecido pelos homens. *Meus filhos*, diz ele num tom terno que penetrava a alma, *venho expiar e curar vossos erros, amai aquele que vos ama e conhecei aquele que é.* No mesmo instante, tomando a estátua, derrubou-a por terra sem esforço, e, subindo sobre o pedestal de maneira tão calma, parecia antes retomar seu lugar que usurpar o de outro.

Seu ar, seu tom, seu gesto causaram na assembléia uma extraordinária efervescência; o povo chegou ao delírio, os ministros irritaram-se até a fúria, mas ninguém lhes dava ouvidos.

Ao pregar uma moral divina, o popular e firme desconhecido arrebatava todos. Tudo anunciava uma revolução, bastar-lhe-ia dizer uma palavra e seus inimigos seriam aniquilados; mas aquele que vinha destruir a sanguinária intolerância evitava cuidadosamente imitá-la, e não empregou senão os meios adequados às coisas que tinha a dizer e às funções de que se tinha encarregado, e o povo, cujas paixões são todas furiosas, tornou-se menos exaltado em sua defesa. Depois do testemunho de força e de intrepidez que acabava de dar, retomou seu discurso com a mesma doçura de antes; pintou o amor dos homens e todas as virtudes com traços tão tocantes e com cores tão amáveis que, exceto os oficiais do templo, inimigos por sua própria condição de toda a humanidade, ninguém o escutou sem ficar enternecido e sem amar mais seus deveres e a felicidade dos outros. Sua fala era simples e doce e, no entanto, profunda e sublime; ela nutria a alma sem ferir os ouvidos, era o leite para as crianças e o pão para os homens. O desconhecido animava o forte e consolava o fraco, e os intelectos mais díspares entre si achavam-no igualmente à sua altura; ele não discursava em um tom pomposo e erudito, mas seu discurso familiar brilhava com a mais arrebatadora eloqüência, e seus ensinamentos eram fábulas e apólogos, conversas comuns, mas cheias de justeza e profundidade. Nada o embaraçava; as questões mais capciosas que lhe propunham com a intenção de confundi-lo recebiam instantaneamente uma solução ditada pela sabedoria; bastava apenas ouvi-lo uma vez para ter a certeza de admirá-lo para sempre, sentia-se que a linguagem da verdade nada lhe custava, pois ele tinha a fonte dela em si mesmo.

# Fragmento sobre o poder infinito de Deus

Por que o sublime produz tão grande efeito? É que essa simplicidade nas grandes coisas faz supor que elas sejam familiares àquele que fala, que elas não tenham para ele nada de extraordinário. Nada anuncia melhor um poder infinito que tanta facilidade em fazer aquilo que ultrapassa o entendimento humano. A imaginação assusta-se e detém-se procurando aquilo que poderia custar algum esforço a quem não o emprega em produções tão incompreensíveis quanto essa.

Quê! Criar a luz é uma operação tão simples que basta dizer tranqüilamente à luz para existir para que de imediato ela exista!...

Mesma simplicidade no discurso e na execução. Nem o autor nem o historiador nada viram de espantoso em uma operação que o leitor nem sequer pode imaginar. Qual é então essa ordem desconhecida de poder, cujas menores operações estão acima do espírito humano, e o que se deve supor naquelas que lhe custariam um certo esforço?...

Mane, Farés, Tecel.[3] Intrepidez sublime no espectador que teria copiado tranqüilamente essas palavras em suas tabuinhas.

---

3. Vocábulos enigmáticos que apareceram escritos na parede por mão sobrenatural durante o Festim de Baltazar (Daniel 5). Nas versões da Vulgata, de Teodocião e dos Setenta, os termos aparecem em outra ordem (*Mane, Tecel, Farés*). Nas traduções modernas, a palavra *Mane* apresenta-se duplicada e em vez de *Farés* temos *Parsin* (*Mane, Mane, Tecel, Parsin*). Os vocábulos evocam três pesos ou moedas orientais: a mina, o siclo e a meia-mina, e prestam-se a trocadilhos com os verbos hebraicos "medir", "pesar" e "dividir', daí a interpretação dada por Daniel ao Rei (Daniel 5, 26-28): "*Mane* — Deus *mediu* o teu reino e deu-lhe fim; *Tecel* — tu foste *pesado* na balança e foste julgado deficiente; *Parsin* (*Farés*) — teu reino foi dividido e entregue aos medos e persas" (*A Bíblia de Jerusalém*, São Paulo, Edições Paulinas, 1993, p. 1694).

Apêndice

## CARTA PASTORAL
## DE SUA GRAÇA O ARCEBISPO DE PARIS[*]

---

[*] Tradução de Ana Luiza Silva Camarani.

# Carta Pastoral

de SUA GRAÇA O ARCEBISPO DE PARIS contendo a condenação de um livro que tem como título *Emílio, ou Da educação*, de J.-J. ROUSSEAU, cidadão de Genebra

CHRISTOPHE DE BEAUMONT, pela misericórdia divina e pela graça da Santa Sé apostólica, Arcebispo de Paris, Duque de Saint-Cloud, Par de França, Comendador da ordem do Espírito Santo, provedor da Sorbonne, etc.; a todos os fiéis de nossa diocese, saudações e bênçãos.

I. São Paulo predisse, meus caríssimos irmãos, que viriam dias perigosos *em que haveria homens amantes de si mesmos, orgulhosos, soberbos, blasfemadores, ímpios, caluniadores, inflados de orgulho, amantes das volúpias mais do que de Deus; homens de espírito corrompido, e pervertidos no que concerne à fé.*[1] E em que tempos infelizes essa predição cumpriu-se mais literalmente que nos nossos? A incredulidade, incentivada por todas as paixões, apresenta-se sob todas as formas, a fim de adaptar-se de algum modo a todas as idades, todos os caracteres, todos os estados. Às vezes, para insinuar-se nas mentes que encontra já *enfeitiçadas pela futilidade*[2], ela se reveste de um estilo leve, agradável, frívolo: daí tantos romances, igualmente obscenos e ímpios, cuja finalidade é distrair a imaginação para seduzir o espírito e corromper o coração. Às vezes, afetando um ar de profundidade e de sublimidade em seu olhar, finge remontar aos primeiros princípios de nossos conhecimentos, e pretende derivar deles a autoridade para sacudir um jugo que, segundo ela, desonra a humanidade e a própria Divindade. Às vezes, ela declama furiosamente contra o zelo e a religião e prega com arrebatamento a tolerância universal. Às vezes, por fim, ao reunir todas essas linguagens diversas, ela mistura o sério ao divertido, máximas puras a obscenidades, grandes verdades a grandes erros, a fé à blasfêmia; em uma palavra, tenta conciliar as luzes e

---

1. II Timóteo 3,1.4.8.
2. Sabedoria 4,12.

APÊNDICE

as trevas, Jesus Cristo e Belial. E tal é especialmente, meus caros irmãos, o objetivo que parece estar proposto em uma obra recente, intitulada *Emílio, ou Da educação*. Do seio do erro elevou-se um homem cheio da linguagem da filosofia sem ser verdadeiramente filósofo; mente dotada de uma abundância de conhecimentos que não o esclareceram e que espalharam as trevas por outras mentes; caráter dedicado aos paradoxos de opiniões e de conduta aliando a simplicidade dos costumes ao fausto dos pensamentos, o zelo pelas máximas antigas ao furor em estabelecer novidades, a obscuridade do retiro ao desejo de ser conhecido por todo o mundo. Vimo-lo investir contra as ciências que cultivava, preconizar a excelência do Evangelho cujos dogmas destruía, pintar a beleza das virtudes que extinguia na alma de seus leitores. Fez-se o preceptor do gênero humano para enganá-lo, o monitor público para desencaminhar todo mundo, o oráculo do século para acabar de perdê-lo. Em uma obra sobre a desigualdade das condições, rebaixou o homem ao nível dos animais; em uma outra produção mais recente, insinuou o veneno da volúpia quando parecia proscrevê-lo. E nesta obra, apodera-se dos primeiros momentos do homem, a fim de estabelecer o império da irreligião.

II. Que empreitada, meus caríssimos irmãos! A educação dos jovens é um dos objetos mais importantes da solicitude e do zelo dos pastores. Sabemos que, para reformar o mundo, tanto quanto permitem a fraqueza e a corrupção de nossa natureza, bastaria observar, sob a direção e a influência da graça, os primeiros lampejos de luz da razão humana, tomá-los cuidadosamente e dirigi-los para o caminho que conduz à verdade. Com isso, esses espíritos, ainda livres de preconceitos, estariam sempre em guarda contra o erro; esses corações, ainda livres de grandes paixões, absorveriam as impressões de todas as virtudes. Mas a quem conviria mais do que a nós, e a nossos colaboradores no santo ministério, velar assim pelos primeiros momentos da juventude cristã; administrar-lhe o leite espiritual da religião, a fim de que cresça para a salvação[3]; preparar desde cedo, por meio de lições salutares, adoradores sinceros do verdadeiro Deus, súditos fiéis do soberano, homens dignos de serem o suporte e o ornamento da pátria?

---

3. I Pedro 2.

III. Ora, meus caríssimos irmãos, o autor de *Emílio* propõe um plano de educação que, longe de estar em concordância com o cristianismo, não é sequer apropriado para produzir cidadãos ou homens. Sob o vão pretexto de restituir o homem a si próprio e de fazer de seu aluno o aluno da natureza, ele estabelece como princípio uma assertiva desmentida não apenas pela religião mas também pela experiência de todos os povos e de todos os tempos. *Estabeleçamos*, diz ele, *como máxima incontestável, que os primeiros movimentos da natureza são sempre corretos; não há maldade original no coração humano.* Nessa linguagem, não se reconhece absolutamente a doutrina das santas Escrituras e da Igreja no que tange à revolução que ocorreu em nossa natureza; perde-se de vista o raio de luz que nos faz conhecer o mistério de nosso próprio coração. Sim, meus caríssimos irmãos, há dentro de nós uma impressionante mistura de grandeza e mesquinharia, de paixão pela verdade e gosto pelo erro, de inclinação para a virtude e tendência para o vício. Espantoso contraste que, ao desconcertar a filosofia pagã, a faz divagar em vãs especulações; um contraste cuja origem a revelação nos desvenda na queda deplorável de nosso primeiro pai! O homem sente-se arrastado por uma propensão funesta; e como poderia resistir a ela se sua infância não estivesse dirigida por mestres plenos de virtude, de sabedoria, de vigilância, e se, durante todo o curso de sua vida, não fizesse ele próprio vigorosos e contínuos esforços, sob a proteção e com as graças de seu Deus? Ai! Meus caríssimos irmãos, apesar dos princípios da mais saudável e virtuosa educação, apesar das mais magníficas promessas da religião e das mais terríveis ameaças, os erros da juventude são agora muito mais freqüentes, muito mais multiplicados! Em que erros, em que excessos ela não se precipitará, se for abandonada a si mesma? É uma torrente que transborda malgrado os diques que lhe serviam de bloqueio; o que aconteceria, então, se nenhum obstáculo detivesse as vagas e rompesse sua força?

IV. O autor de *Emílio,* que não reconhece nenhuma religião, indica, no entanto sem refletir sobre isso, a via que conduz infalivelmente à verdadeira religião: "Nós", diz ele, "que não queremos dar nada à autoridade, que não queremos ensinar a nosso Emílio nada que ele não

APÊNDICE

possa compreender por si mesmo em qualquer lugar, em que religião o educaremos? Em que seita admitiremos o aluno da natureza? Não o agregaremos nem a esta nem àquela; nós o colocaremos em posição de escolher aquela em que o melhor emprego da razão deverá conduzi-lo." Queira Deus, meus caríssimos irmãos, que esse objetivo seja atingido! Se o autor realmente tivesse *colocado seu aluno em posição de escolher entre todas as religiões aquela a que o melhor emprego da razão deveria conduzi-lo*, infalivelmente o teria preparado nas lições do cristianismo. Pois, meus caríssimos irmãos, a luz natural conduz à luz evangélica; e o culto cristão é essencialmente *um culto racional*.[4] Com efeito, *se o melhor emprego de nossa razão* não devesse nos conduzir à revelação cristã, nossa fé seria vã, nossas esperanças seriam quiméricas. Mas de que modo esse *melhor emprego* da razão nos conduz ao bem inestimável da fé e, com isso, ao objetivo precioso da salvação? É à própria razão que recorremos. Tão logo se reconheça um Deus, a única questão é saber se ele se dignou a falar aos homens por outros meios além das impressões da natureza. Assim, é preciso examinar se os fatos que atestam a revelação não são superiores a todos os esforços da mais habilidosa astúcia. Centenas de vezes a incredulidade tratou de destruir esses fatos, ou, ao menos, de enfraquecer as provas, e centenas de vezes sua crítica se mostrou impotente. Pela revelação, Deus deu testemunho de si mesmo, e esse testemunho é evidentemente *muito digno de fé*.[5] O que resta, então, ao homem que determina *o melhor emprego de sua razão*, exceto aquiescer a esse testemunho? É vossa graça, oh meu Deus, que consome essa obra de luz! É ela que determina a vontade, que forma a alma cristã: mas o desenvolvimento das provas e a força dos motivos previamente ocuparam, apuraram a razão; e é nesse trabalho, tão nobre quanto indispensável, que consiste esse *melhor emprego da razão,* de que o autor de *Emílio* dispõe-se a falar sem ter dele uma noção fixa e verdadeira.

V. Para obter uma juventude mais dócil às lições que lhe prepara, esse autor quer que ela seja desprovida de qualquer princípio religioso. Aí está por que, segundo ele, conhecer *o bem e o mal, conhecer a razão*

---

4. Romanos 12,1.
5. Salmos 92,5.

222

*dos deveres do homem não é assunto para uma criança... Pretenderia tão pouco exigir que uma criança, aos dez anos, tivesse cinco pés de altura, como que fosse provida de julgamento,* acrescenta ele.

VI. Sem dúvida, meus caríssimos irmãos, o julgamento humano é progressivo e só se forma gradativamente; mas resultaria disso que, na idade de dez anos, uma criança não conheça a diferença entre o bem e o mal, que confunda a sensatez com a loucura, a bondade com a barbárie, a virtude com o vício? Quê! Nessa idade ela não perceberá que obedecer a seu pai é um bem, que lhe desobedecer é um mal? Pretendê-lo, meus caríssimos irmãos, é caluniar a natureza humana, atribuindo-lhe uma imbecilidade que não possui.

VII. "Toda criança que crê em Deus", diz ainda esse autor, "é idólatra ou antropomorfista". Mas, se ela é idólatra, acredita então em vários deuses; atribui, assim, a natureza divina a simulacros insensíveis. Se é apenas antropomorfista, ao reconhecer o verdadeiro Deus, dá-lhe um corpo. Ora, não se pode admitir nem uma coisa nem outra em uma criança que recebeu educação cristã. Se a educação foi errônea nesse aspecto, é soberanamente injusto imputar à religião o que é tão-somente um erro daqueles que a ensinam mal. Além disso, a idade de dez anos não é de modo algum a idade de um filósofo; uma criança, ainda que bem instruída, pode expressar-se mal, mas, ao inculcar-lha que a Divindade não é nada que se apresenta ou se pode apresentar aos sentidos, que é uma inteligência infinita que, dotada de poder supremo, executa tudo o que lhe agrada, é possível dar-lhe uma noção de Deus adequada ao alcance de seu julgamento. Não se duvida de que um ateu, por meio de seus sofismas, consiga facilmente confundir as idéias desse jovem crente; mas toda a habilidade do sofista certamente não fará que essa criança, quando ela crê em Deus, seja *idólatra* ou *antropomorfista*, isto é, que só creia na existência de uma quimera.

VIII. O autor vai ainda mais longe, meus caríssimos irmãos; ele *não atribui a capacidade de crer em Deus nem mesmo a um jovem de quinze anos.* O homem não saberia nem mesmo nessa idade se há ou não um Deus. Por mais que toda a natureza se esforce para anunciar a glória

APÊNDICE

de seu Criador, ele não entenderá nada de sua linguagem! Existirá sem saber a que deve sua existência! E será a própria justa razão que o mergulhará nessas trevas! Eis, meus caríssimos irmãos, como a cega impiedade gostaria de poder obscurecer, com seus negros vapores, o facho de luz que a religião apresenta a todas as idades da vida humana. Santo Agostinho raciocinava corretamente, com base em diferentes princípios, quando, ao falar dos primeiros anos de sua juventude, dizia: "Desde aqueles tempos, Senhor, caí nas mãos de algumas pessoas que tinham o cuidado de vos invocar; e compreendi, pelo que me diziam de vós, e de acordo com as idéias que eu era capaz de formar naquela idade, que éreis algo de grandioso e que, embora fôsseis invisível e fora do alcance de nossos sentidos, podíeis ouvir-nos e socorrer-nos. Comecei, assim, desde minha infância, a orar para vós e a considerar-vos como meu refúgio e meu apoio; e, à medida que minha língua se soltava, empregava seus primeiros movimentos para vos invocar."[6]

IX. Continuemos, meus caríssimos irmãos, a destacar os estranhos paradoxos do autor de *Emílio*. Após ter reduzido os jovens a uma tão profunda ignorância em relação aos atributos e aos direitos da Divindade, concederá a eles ao menos a honra de se conhecerem a si próprios? Saberão eles se sua alma é uma substância absolutamente distinta da matéria? Ou irão considerar-se seres puramente materiais e submetidos apenas às leis do mecanismo? O autor de *Emílio* duvida de que aos dezoito anos já seja hora de seu aluno aprender que tem uma alma; pensa que *se ele aprender mais cedo, corre o risco de nunca sabê-lo*. Não quer ele pelo menos que a juventude seja suscetível ao conhecimento de seus deveres? Não, segundo ele, *apenas objetos físicos podem interessar às crianças, sobretudo àquelas que não tiveram a vaidade despertada e que não foram corrompidas prematuramente pelo veneno da opinião*. Conseqüentemente, ele quer que todos os cuidados da primeira educação sejam aplicados ao que há no homem de material e de terreno: *Exercitai*, diz ele, *seu corpo, seus órgãos, seus sentidos, suas forças; mas mantende sua alma ociosa tanto quanto possível*. É que essa ociosidade pareceu-lhe necessária para predispor a alma aos erros que

---

6. *Confissões*, livro I, cap. II.

ele se propunha a inculcar-lhe. Mas querer ensinar a sabedoria ao homem somente no momento em que ele estará dominado pelo ardor das paixões nascentes, não é isso apresentá-la com o propósito de que ele a rejeite?

X. Meus caríssimos irmãos, como essa educação é contrária à que prescrevem de comum acordo a verdadeira religião e a reta razão! Ambas querem que, de alguma maneira, um mestre sensato e vigilante observe em seu aluno os primeiros vislumbres da inteligência para ocupá-lo com os atrativos da verdade, os primeiros movimentos do coração para estabilizá-lo por meio dos encantos da virtude. Com efeito, quão mais vantajoso não é prevenir os obstáculos que ter de superá-los? Como não temer que, se as impressões do vício precedem as lições da virtude, o homem, tendo chegado a uma certa idade, careça de coragem ou de vontade para resistir ao vício? Uma feliz experiência não prova todos os dias que, após os desregramentos de uma juventude imprudente e irascível, retorna-se enfim aos bons princípios recebidos na infância?

XI. De resto, meus caríssimos irmãos, não nos surpreendamos que o autor de *Emílio* adie para um tempo tão distante o conhecimento da existência de Deus; ele não crê que esse conhecimento seja necessário à salvação.

"É claro", diz ele pela boca de um personagem quimérico, "é claro que um homem que chegou à velhice sem crer em Deus não será por isso privado de sua presença na outra, se sua cegueira não tiver sido voluntária; e digo que nem sempre ela o é."

Observai, caríssimos irmãos, que não se trata aqui de um homem desprovido do uso de sua razão, mas apenas de alguém cuja razão não teria sido auxiliada pela instrução. Ora, uma tal pretensão é sumamente absurda, sobretudo no sistema de um escritor que afirma ser a razão absolutamente sã. São Paulo assegura que, entre os filósofos pagãos, muitos chegaram ao conhecimento do verdadeiro Deus somente com as forças da *razão*.

"O que pode ser conhecido de Deus", diz esse apóstolo, "foi-lhes manifestado, uma vez que Deus permitiu esse conhecimento. A consideração das coisas produzidas desde a criação do mundo tornou visíveis

APÊNDICE

o que é invisível em Deus, seu próprio poder eterno e sua divindade. Eles não têm, portanto, desculpa, já que, tendo conhecido Deus, não o glorificaram como Deus e não lhe renderam graças; mas perderam-se na vaidade de seu raciocínio, e seu espírito insensato foi obscurecido. Dizendo-se sábios, tornaram-se loucos."[7]

XII. Ora, se tal foi o crime desses homens que, embora sujeitos pelos preconceitos de sua educação ao culto dos ídolos não deixaram de chegar ao conhecimento de Deus, como é que aqueles que não têm de vencer tais obstáculos seriam inocentes e justos a ponto de merecerem gozar da presença de Deus na outra vida? Como seriam passíveis de perdão (com uma razão sã, tal qual o autor a supõe) por terem, durante esta vida, gozado o grande espetáculo da natureza e terem, entretanto, desconhecido aquele que a criou, que a conserva e a governa?

XIII. O mesmo escritor, caríssimos irmãos, abraça abertamente o ceticismo em relação à criação e à unidade de Deus. "Eu sei", faz ele ainda dizer o suposto personagem que lhe serve de porta-voz, "sei que o mundo é governado por uma vontade poderosa e sábia; vejo-o, ou, antes, sinto-o; e é importante que o saiba. Mas é este mundo eterno ou criado? Há um princípio único das coisas? Há dois ou mais? E qual é sua natureza? Não sei nada sobre isso, e que me importa? Renuncio a questões ociosas, que podem inquietar meu amor-próprio, mas que são inúteis à minha conduta e superiores à minha razão."

O que quer dizer, então, esse autor temerário? Ele acredita que o mundo é governado por uma vontade poderosa e sábia; confessa que é importante saber isso e, entretanto, *não sabe,* diz ele, *se há apenas um princípio único das coisas* ou se há vários, e pretende que pouco lhe importa saber. Mas se há uma vontade poderosa e sábia que governa o mundo, seria conveniente que ela não fosse o único princípio das coisas? E pode ser mais importante saber uma coisa que a outra? Que linguagem contraditória! Ele não sabe *qual é a natureza* de Deus, e logo em seguida reconhece que esse Ser supremo é dotado de inteligência,

---

7. Romanos 1,19-22.

226

poder, vontade e bondade. Isso não é ter uma idéia da natureza divina? A unidade de Deus parece-lhe uma questão inútil e superior à sua razão, como se a multiplicidade dos deuses não fosse o maior de todos os absurdos! *A pluralidade de deuses*, diz energicamente Tertuliano, *é a anulação de Deus*[8]; admitir um Deus é admitir um ser supremo e independente, ao qual todos os outros seres sejam subordinados. Ele implica, portanto, a existência de muitos deuses.

XIV. Não é surpreendente, meus caríssimos irmãos, que um homem que faz tais desvios no tocante à Divindade se eleve contra a religião por ela revelada. Para ele, todas as revelações, em geral, *só fazem degradar Deus, atribuindo-lhe paixões humanas. Longe de esclarecer as noções do Ser supremo*, continua ele, *vejo que os dogmas particulares as confundem; que, longe de enobrecê-las, aviltam-nas; que aos mistérios que as envolvem acrescentam contradições absurdas.* Mas é antes a esse autor, caríssimos irmãos, que se pode criticar a inconseqüência e a absurdidade. É ele que degrada Deus, confunde e avilta as noções do Ser supremo, já que ataca diretamente sua essência, ao contestar sua unidade.

XV. Ele sentiu que a verdade da revelação cristã era provada por fatos; mas como os milagres formam uma das principais provas dessa revelação, e como esses milagres nos foram transmitidos por meio de testemunhos, exclama: *O quê! Sempre testemunhos humanos! Sempre homens relatando-me aquilo que outros homens relataram! Quantos homens entre Deus e mim!* Para que essa queixa fosse razoável, caríssimos irmãos, seria preciso poder concluir que a revelação é falsa pelo simples fato de não ter sido feita a cada homem individualmente; seria preciso poder dizer: Deus não pode exigir de mim que eu creia no que me asseguram que *ele* disse, porque ele não dirigiu a palavra diretamente a mim. Mas não há uma infinidade de fatos, anteriores mesmo ao da revelação cristã, dos quais seria absurdo duvidar? Por que outro caminho, senão pelos testemunhos humanos, o próprio autor conheceu, então, essa Esparta, essa Atenas, essa Roma de que exalta, tantas vezes e com tanta segurança, as leis, os costumes e os heróis?

---

8. Tertuliano, *Adversus Marcionem*, liv. I.

APÊNDICE

Quantos homens entre ele e os acontecimentos que concernem às origens e à sorte dessas antigas repúblicas! Quantos homens entre ele e os historiadores que conservaram a lembrança desses acontecimentos! Seu ceticismo, portanto, está fundado aqui apenas no interesse de sua incredulidade.

XVI. "Que um homem", acrescenta mais adiante, "dirija-nos as seguintes palavras: Mortais, eu vos anuncio as vontades do Altíssimo; reconhecei por minha voz aquele que me envia. Ordeno ao Sol que mude seu curso, às estrelas que formem uma composição diferente, às montanhas que se tornem planas, às ondas que se elevem, à Terra que tome um outro aspecto: diante dessas maravilhas, quem não reconhecerá imediatamente o Mestre da natureza?" Quem não acreditaria, meus caríssimos irmãos, que aquele que se exprime de tal maneira só está à espera de ver milagres para ser cristão? Ouvi, entretanto, o que ele acrescenta: "Resta, enfim", diz ele, "o exame mais importante na doutrina anunciada... Após ter provado a doutrina pelo milagre, é preciso provar o milagre pela doutrina. Ora, o que fazer em semelhante caso? Uma única coisa: voltar ao raciocínio e deixar de lado os milagres. Mais valeria não ter recorrido a eles." Quer dizer: que me mostrem milagres e eu acreditarei, que me mostrem milagres, e ainda assim recusar-me-ei a acreditar. Que inconseqüência, que absurdidade!

Mas aprendei, então, de uma vez por todas, caríssimos irmãos, que na questão dos milagres não se permite o sofisma criticado pelo autor do livro *Da educação*. Quando uma doutrina é reconhecida como verdadeira, divina, fundada sobre uma segura revelação, servimo-nos dela para julgar os milagres, isto é, para rejeitar os pretensos prodígios que impostores desejariam opor a essa doutrina. Quando se trata de uma doutrina nova, que se anuncia como emanada do seio de Deus, os milagres são produzidos como provas; isto é, aquele que assume a qualidade de enviado do Altíssimo confirma sua missão e sua prédica por milagres, que são o próprio testemunho da divindade. Assim, a doutrina e os milagres são usados respectivamente segundo os diversos pontos de vista assumidos no estudo e no ensino da religião. Nisso não há nem mau uso do raciocínio, nem sofisma risível, nem círculo vicioso. É o que já se demonstrou centenas de vezes; e é provável que o autor de *Emílio* não ignore essas demonstrações; mas, em seu plano de tornar nebulosa qualquer religião revelada, qualquer operação sobrenatural, ele nos imputa malignamente procedimentos que desonram a razão: representa-nos como fanáticos que um falso zelo cega a ponto de provar dois princípios um pelo outro, sem diversidade de objetos nem de método. Onde está então, meus caríssimos irmãos, a boa-fé filosófica com que se adorna esse escritor?

XVII. Acreditar-se-ia que, depois dos maiores esforços para desacreditar os testemunhos humanos que atestam a revelação cristã, o mesmo autor, entretanto, aceda a isso do modo mais positivo e mais solene. É preciso, para convencer-vos, meus caríssimos irmãos, e ao mesmo tempo para edificar-vos, colocar sob vossos olhos essa passagem de sua obra: "Confesso que a majestade da Escritura me espanta; a santidade da Escritura fala a meu coração. Vede os livros dos filósofos: com toda sua pompa, como são pequenos perto dela! É possível que um livro ao mesmo tempo tão sublime e tão simples seja obra dos homens? É possível que aquele de quem conta a história seja, ele próprio, um homem? É esse o tom de um fanático, ou de um ambicioso sectário? Que suavidade! Que pureza em seus costumes! Que graça impressionante em suas instruções! Que elevação em suas máximas! Que profunda sabedoria em seus discursos! Que presença de espírito, que fineza e exatidão em suas respostas! Que domínio de suas paixões! Onde está o homem, onde está o sábio que sabe agir, sofrer e morrer sem fraqueza e sem ostentação?... Sim, se a vida e a morte de Sócrates são as de um sábio, a vida e a morte de Jesus são as de um Deus. Diremos que a história do Evangelho foi inventada arbitrariamente?... Não é assim que se inventa, e os fatos da vida de Sócrates, de que ninguém duvida, são menos atestados que os da de Jesus Cristo... Seria mais inconcebível que vários homens se pusessem de acordo para forjar esse livro do que a idéia de um único homem ter lhe fornecido o assunto. Jamais os autores judeus teriam encontrado esse tom ou essa moral; e o Evangelho tem marcas de verdade tão grandes, tão impressionantes, tão completamente inimitáveis que seu inventor seria mais espantoso do que o herói."

Seria difícil, meus caríssimos irmãos, prestar uma mais bela homenagem à autenticidade do Evangelho. No entanto, o autor só a

APÊNDICE

reconhece em conseqüência dos testemunhos humanos. São sempre homens que lhe relatam o que outros homens relataram. Quantos homens entre Deus e ele! Ei-lo, pois, de maneira bastante evidente, em contradição consigo mesmo; ei-lo confundido por suas próprias declarações. Com que estranha cegueira pôde ele acrescentar: "Com tudo isso, esse mesmo Evangelho está repleto de coisas incríveis, de coisas que repugnam à razão, impossíveis a todo homem sensato de conceber e de admitir. O que fazer no meio de tantas contradições? Ser sempre modesto e circunspecto... respeitar em silêncio o que não poderíamos rejeitar nem compreender, e humilhar-se diante do Altíssimo que é o único a saber a verdade. Aqui está o ceticismo involuntário em que permaneci."

Mas, meus caríssimos irmãos, pode o ceticismo ser involuntário quando há a recusa de submeter-se à doutrina de um livro que não poderia ter sido inventado pelos homens? Quando esse livro traz marcas de verdade tão grandes, tão impressionantes, tão perfeitamente inimitáveis que o inventor delas seria mais espantoso que seu herói? Com certeza aqui se pode dizer que a iniqüidade põe a nu sua mentira.[9]

XVIII. Parece que esse autor, caríssimos irmãos, só rejeitou a revelação para se apegar à religião natural: "O que Deus quer que um homem faça", diz ele, "não lhe manda dizer por um outro homem, diz-lhe ele mesmo; escreve-o no fundo de seu coração."

Mas então! Deus não escreveu no fundo de nossos corações a obrigação de nos submetermos a ele sempre que estivermos certos de que foi ele quem falou? Ora, que certeza não temos de sua divina palavra? Os fatos da vida de Sócrates, de quem ninguém duvida, são, pela declaração do próprio autor de *Emílio,* menos comprovados que os da de Jesus Cristo. Logo, a própria religião natural conduz à religião revelada. Mas é certo que ele admita mesmo a religião natural, ou que ao menos reconheça sua necessidade? Não, caríssimos irmãos: "Se me engano", diz ele, "é de boa-fé. Isso me basta para que meu próprio erro não me seja imputado como crime. Se vos enganásseis do mesmo modo, haveria pouco mal nisso." Quer dizer que, segundo ele, basta persuadir-se de que se possui a verdade; que essa persuasão,

---

9. Salmos 26,12.

230

ainda que acompanhada dos erros mais monstruosos, não pode ser objeto de censura; que se deve sempre considerar como um homem sábio e religioso aquele que, adotando os próprios erros do ateísmo, disser que o faz de boa-fé. Ora, não é isso abrir a porta a todas as superstições, a todos os sistemas fanáticos, a todos os delírios do espírito humano? Não é permitir que haja no mundo tantas religiões e cultos divinos quanto o número de habitantes? Ah! Meus caríssimos irmãos, não se enganem sobre esse ponto. A boa-fé só é estimável quando é esclarecida e dócil. Foi-nos ordenado que estudássemos nossa religião e que acreditássemos com simplicidade. Temos como garantia das promessas a autoridade da Igreja. Aprendamos a conhecê-la bem e, em seguida, atiremo-nos em seu seio. Assim poderemos contar com nossa boa-fé, viver na paz e esperar sem inquietação o momento da luz eterna.

XIX. Que insigne má-fé não eclode ainda na maneira pela qual o incrédulo que refutamos faz raciocinar o cristão e o católico! Quantos discursos repletos de inépcias não atribui a um e a outro para torná-los desprezíveis! Ele imagina um diálogo entre um cristão, que chama de inspirado, e um incrédulo, que qualifica de *pensador;* e eis como faz o primeiro falar: "A razão vos ensina que o todo é maior que sua fração, mas eu vos ensino da parte de Deus que a fração é maior que o todo." A que o incrédulo responde: "E quem sois vós para ousar dizer que Deus se contradiz? A quem acreditarei preferencialmente, nele que me ensina verdades eternas por meio da razão, ou em vós que, de vossa parte, anunciais uma absurdidade?"

XX. Mas, meus caríssimos irmãos, com que afronta se ousa atribuir ao cristão tal linguagem? O Deus da razão, digamos, é também o Deus da revelação. A razão e a revelação são as duas vozes pelas quais lhe aprouve fazer-se entender pelos homens, seja para instruí-los da verdade, seja para lhes transmitir suas ordens.

Se uma dessas vozes fosse oposta à outra, é certo que Deus estaria em contradição consigo mesmo. Mas Deus se contradiz porque obriga a acreditar em verdades incompreensíveis? Dizeis, ó ímpios, que os dogmas que consideramos como revelados opõem-se às verdades eternas;

APÊNDICE

mas não basta dizê-lo. Se vos fosse possível prová-lo, há muito tempo o teríeis feito, e que gritos de vitória não teríeis lançado!

XXI. A má-fé do autor de *Emílio* não é menos revoltante pela fala que atribui a um pretenso católico: "Nossos católicos", ele o faz dizer, "propagam a autoridade da Igreja; mas o que ganham com isso se, para estabelecer essa autoridade, necessitam de uma quantidade tão grande de provas quanto as outras seitas para estabelecer diretamente sua doutrina? A Igreja decide que a Igreja tem o direito de decidir: não é essa uma autoridade bem provada?"

Quem não acreditaria, meus caríssimos irmãos, ao ouvir esse impostor, que a autoridade da Igreja é provada apenas por suas próprias decisões, e que ela procede assim: *eu decido que sou infalível, portanto o sou?* Que caluniosa imputação, meus caríssimos irmãos. A constituição do cristianismo, o espírito do Evangelho, os próprios erros e a fraqueza do espírito humano tendem a demonstrar que a Igreja estabelecida por Jesus Cristo é uma Igreja infalível. Asseguramos que, como esse divino legislador sempre ensinou a verdade, sua Igreja também a ensina sempre. Logo, provamos a autoridade da Igreja, não pela autoridade da Igreja, mas pela de Jesus Cristo; um procedimento tão exato quanto é ridículo e insensato aquele que nos reprovam.

XXII. Não é de hoje, caríssimos irmãos, que o espírito de irreligião é um espírito de independência e revolta. E como, com efeito, esses homens audaciosos, que recusam submeter-se à autoridade do próprio Deus, respeitariam a dos reis, que são as imagens de Deus, ou a dos magistrados, que são as imagens dos reis? "Imagina", diz o autor de *Emílio* a seu aluno, "que ela (a espécie humana) é composta essencialmente pela coleção dos povos; que se todos os reis... fossem retirados dela, quase não se notaria sua ausência, e as coisas não andariam pior... Sempre", ele diz mais adiante, "a multidão será sacrificada em proveito de uma minoria, assim como o interesse público em proveito do interesse particular; sempre esses nomes especiosos de justiça e de subordinação servirão de instrumentos para a violência e de armas para a iniquidade. Segue-se disso", continua ele, "que as ordens ilustres, que se pretendem úteis umas às outras, só são efetivamente úteis a elas mesmas, em detrimento das outras. É com base nisso que se deve julgar a consideração que lhes é devida segundo a justiça e a razão."

Assim, caríssimos irmãos, a impiedade ousa criticar as intenções daquele *por quem reinam os reis*[10]; assim, ela se apraz em envenenar as fontes da felicidade pública, sussurrando máximas que tendem apenas a produzir a anarquia e todas as desgraças conseqüentes. Mas o que vos diz a religião? *Temei a Deus, respeitai o rei...*[11] *Que todo homem seja submisso aos poderes superiores; pois não há poder que não venha de Deus; e foi ele que estabeleceu todos os poderes existentes no mundo. Assim, aquele que resistir aos poderes, resiste à ordem de Deus, e aqueles que a ela resistem atraem a condenação sobre si próprios.*[12]

XXIII. Sim, meus caríssimos irmãos, em tudo o que diz respeito à ordem civil, deveis obedecer ao príncipe e àqueles que exercem sua autoridade, como ao próprio Deus. Só os interesses do Ser supremo podem colocar limites a vossa submissão; e se quiserem vos punir por vossa fidelidade a suas ordens, deveríeis ainda sofrer com paciência e sem murmúrio. Os próprios Neros e Domicianos, que quiseram ser antes os flagelos da Terra que os pais de seus povos, eram responsáveis apenas diante de Deus pelo abuso de seu poder. *Os cristãos*, diz Santo Agostinho, *obedeciam-lhes na época por causa do Deus da eternidade.*[13]

XXIV. Nós vos expusemos, caríssimos irmãos, apenas uma parte das impiedades contidas nesse tratado *Da educação*, obra igualmente digna dos anátemas da Igreja e da severidade das leis. E o que mais é preciso para vos inspirar um justo horror contra ela? Que desgraça para vós, que desgraça para a sociedade, se vossos filhos fossem educados de acordo com os princípios do autor de *Emílio*! Como só a religião nos ensinou a conhecer o homem, sua grandeza, sua miséria, seu destino futuro, também cabe unicamente a ela formar sua razão, aperfeiçoar seus costumes, proporcionar-lhe uma felicida-

---

10. Provérbios 8,15.
11. I Pedro 2,17.
12. Romanos 13,1-2.
13. Agostinho, *Enarrat, in psal.* CXXIV.

APÊNDICE

de sólida nessa vida e na outra. Sabemos, caríssimos irmãos, quanto uma educação verdadeiramente cristã é delicada e laboriosa. Quanta luz e prudência ela exige! Que mistura admirável de suavidade e firmeza! Que sagacidade para adaptar-se à diferença de condições, de idades, de temperamentos e de caracteres, sem nunca se afastar em nada das regras do dever! Que zelo e que paciência para fazer frutificar nos jovens corações o germe precioso da inocência, para deles desenraizar, tanto quanto possível, as inclinações viciosas que são os tristes efeitos de nossa corrupção hereditária! Em uma palavra, para ensinar-lhes, seguindo a moral de São Paulo, *a viver neste mundo com temperança, segundo a justiça, e com piedade, aguardando a beatitude que é nossa esperança.*[14] Dizemos, pois, a todos que são encarregados da responsabilidade, igualmente difícil e honrosa, de educar a juventude: plantai e regai na firme esperança que o Senhor, assistindo a vosso trabalho, proporcionará o crescimento; *insisti na hora certa e fora de hora,* segundo o conselho do mesmo apóstolo, *servi-vos de reprimenda, de exortação, de palavras severas, sem perder a paciência e sem cessar de instruir.*[15] Uni, sobretudo, o exemplo à instrução: a instrução sem exemplo é um opróbrio para aquele que a oferece e um escândalo para aquele que a recebe. Que o piedoso e caridoso Tobias seja vosso modelo: *Recomendai com cuidado a vossos filhos que façam atos de justiça e de caridade, que se lembrem de Deus e o bendigam todo o tempo com sinceridade e com todas as suas forças*[16]; e vossa posteridade, assim como a desse santo patriarca, *será amada por Deus e pelos homens.*[17]

XXV. Mas em que tempo a educação deve se iniciar? Desde os primeiros lampejos de inteligência; e esses lampejos são, algumas vezes, prematuros. *Formai a criança no início de seu caminho,* diz o sábio, *e mesmo na velhice, ela não se afastará dele.*[18] Esse é, com efeito, o curso

---

14. Tito 2,12-13.
15. II Timóteo 4,1-2.
16. Tobias 14,11.
17. *Ibid.,* v. 17.
18. Provérbios 22,6.

ordinário da vida humana: no meio do delírio das paixões e no seio da libertinagem, os princípios de uma educação cristã são uma luz que se reaviva de vez em quando, para desvendar ao pecador todo o horror do abismo em que mergulhou e mostrar-lhe as saídas. Quantos, repetindo mais uma vez, após os desvios de uma juventude licenciosa, retornaram, pela impressão dessa luz, aos caminhos da sensatez, e honraram, por virtudes tardias mas sinceras, a humanidade, a pátria e a religião!

XXVI. Resta-nos, ao terminar, meus caríssimos irmãos, suplicar-vos, pela essência da misericórdia de Deus, que vos fixeis inviolavelmente nessa religião santa, em que tivestes a ventura de ser educados; que vos mantenhais contra a veemência de uma filosofia insensata que não se propõe a nada menos que devastar a herança de Jesus Cristo, tornar vãs suas promessas e colocá-lo no plano desses fundadores de religião, cuja doutrina frívola ou perniciosa provou sua impostura. A fé só é desprezada, abandonada, insultada por aqueles que não a conhecem, ou de quem perturba as desordens. Mas as portas do Inferno nunca prevalecerão contra ela. A Igreja cristã e católica é o começo do império eterno de Jesus Cristo. *Nada é mais forte do que ela,* exclama São João Damasceno; *é uma rocha que as vagas não derrubarão, é uma montanha que nada pode destruir.*[19]

XXVII. Por essas razões, considerando o livro que tem por título *Emílio, ou Da educação, de J.-J. Rousseau, cidadão de Genebra, em Amsterdã, por Jean Néaulme, editor, 1762;* depois de haver consultado a opinião de várias pessoas que se distinguem por sua piedade e sua sabedoria, e de ter invocado o santo nome de Deus, nós condenamos o dito livro como contendo uma doutrina abominável, própria a derrubar a lei natural e a destruir os fundamentos da religião cristã; estabelecendo máximas contrárias à moral evangélica; tendendo a perturbar a paz dos Estados, a revoltar os súditos contra a autoridade de seu soberano; contendo um grande número de proposições respectivamente falsas, escandalosas, plenas de ódio contra a Igreja e seus ministros,

---

19. Damasceno, t. II, p. 462-3.

APÊNDICE

transgressoras do respeito devido à santa Escritura e à tradição da Igreja, errôneas, ímpias, blasfematórias e heréticas. Em conseqüência, proibimos expressamente todas as pessoas de nossa diocese de ler ou possuir o referido livro, sob as penas da lei. E nossa presente Carta Pastoral será lida no sermão das missas paroquiais das igrejas da cidade, subúrbios e diocese de Paris; publicada e afixada em todo o lugar que seja necessário.

Escrito em Paris, em nosso palácio arquiepiscopal, no dia vinte de agosto de mil setecentos e sessenta e dois.

*Assinado:*
† CHRISTOPHE,
Arcebispo de Paris

Por Monsenhor
DE LA TOURE.

# Traduções brasileiras de obras de J.-J. Rousseau

*Carta a d'Alembert.* Tradução de Roberto Leal Ferreira; apresentação e introdução de L. F. Franklin de Matos. Campinas: Editora da Unicamp, 1993. (Coleção Repertórios)

*Considerações sobre o governo da Polônia e sua reforma projetada.* Tradução, apresentação e notas de L. R. Salinas Fortes. São Paulo: Brasiliense, 1982.

*As confissões.* Prefácio e tradução de Wilson Lousada. Rio de Janeiro: Ediouro, s/d.

*As confissões.* Tradução de Rachel de Queiroz. São Paulo: Athena Editora; 2. ed. 2 v. 1959.

*O contrato social; Discurso sobre as ciências e as artes; Discurso sobre a origem e os fundamentos da desigualdade entre os homens; Ensaio sobre a origem das línguas.* Tradução de Lurdes Santos Machado. São Paulo: Nova Cultural, 1997. (Os Pensadores)

*Os devaneios do caminhante solitário.* 2ª ed. Tradução, introdução e notas de Fulvia Moretto. Brasília: Editora da Universidade de Brasília/ Hucitec, 3ª edição, 1995.

*Discurso sobre a economia política e Do contrato social.* Tradução de Maria Constança Peres Pissarra. Prefácio de Bento Prado Júnior. Petrópolis: Vozes, 1995.

*Discurso sobre a origem e os fundamentos da desigualdade entre os homens.* Tradução de Iracema Gomes Soares e Maria Cristina Nagle; apresentação e notas de Jean-François Braunstein. Brasília: Editora Universidade de Brasília, 1985.

*Emile e Sophie ou Os solitários.* (edição bilíngüe) Porto Alegre: Paraula/Aliança Francesa de Florianópolis/Serviço Cultural da Embaixada Francesa, 1994.

*Emílio ou Da educação.* Tradução de Roberto Leal Ferreira. São Paulo: Martins Fontes, 1999.

*Emílio ou Da educação.* Tradução de Sérgio Milliet. Rio de Janeiro: Bertrand Brasil, 1992.

*Ensaio sobre a origem das línguas.* Tradução de Fulvia Moretto; apresentação de Bento Prado Jr. Campinas: Editora da Unicamp, 1998.

*Júlia ou a Nova Heloísa.* Tradução e introdução de Fulvia Moretto. São Paulo-Campinas: Hucitec / Editora da Unicamp, 1994.

ESTE LIVRO FOI COMPOSTO EM GARAMOND 11/13,2 E
IMPRESSO SOBRE PAPEL OFF-SET 75 g/m² NAS OFICINAS
DA BARTIRA GRÁFICA, SÃO BERNARDO DO CAMPO-SP,
EM OUTUBRO DE 2005